好讀出版

論語裡的品德課

【中華文化基本教材・列入高中課程必修】

喪家狗

上

／孔子不矯情／

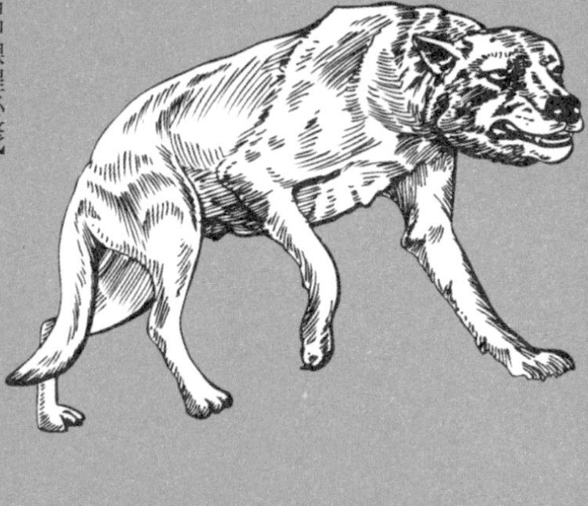

北京大學中文系教授
李零——著

目次

004 喪家狗典故由來
008 〈推薦序〉通達的求真精神 文／孫劍秋
010 〈自序〉論語，我心中最重要的經典

天生氣質VS.後天鍛鍊

021 人性＝【本質與改造／人的智力高下】
029 人品＝【聖人／仁人／有恆之人／善人／賢人／成人／君子／士／大人／野人／鄙夫／女子】

好好做人，一點不難

113 德行＝【仁／義／孝／友／忠／信／寬／恕／恭／敬／讓／敏／惠／中庸／掩飾／反鄉愿】
215 禮儀＝【立身／約束／三代之禮／和諧／富而好禮／禮與道德／禮與樂／禮與政刑／儉樸／禮與生活／禮壞樂崩／不知禮】
286 〈總結〉孔子留下的遺產
305 〈附錄〉有關《論語》
314 〈附錄〉有助讀懂《論語》的古今參考書

喪家狗典故由來

非李零的發明

「喪家狗」是個含義深刻的典故，語出《史記》等五部古書，講述者都是崇拜孔子的大學者。明代儒門創制〈聖跡圖〉，或彩繪，或版刻，或石刻，不但廣傳於世，還刊列在曲阜孔廟的聖跡殿。這些作品無論哪種形式，都有一幅講這個典故的圖〈累累說聖圖〉，上面的題辭也一模一樣，全是摘錄司馬遷的話。

然而，生當這個傳統文化如火如荼的傳揚時代，有人卻無知到連孔子的話都罵，還以為捍衛了什麼。他們甚至說，李零發明了「喪家狗」這個說法。

李零並沒有任何發明。庸人多自擾，古井本無波。

孔子適鄭，與弟子相失，孔子獨立郭東門。鄭人或謂子貢曰：「東門有人，其顙似堯，其項類臯陶，其肩類子產，然自要（腰）以下，不及禹三寸。累累若喪家之狗。」子貢以實告孔子。孔子欣然笑曰：「形狀，末也。而謂似喪家之狗，然哉！然哉！」（**《史記．孔子世家》**）

夫子過鄭，與弟子相失，獨立郭門外。或謂子貢曰：「東門有一人，其頭似堯，其頸似皋繇，其肩似子產，然自腰以下，不及禹三寸，儡儡如喪家之狗。」子貢以告孔子，孔子喟然而笑曰：「形狀，末也，如喪家之狗。然哉乎！然哉乎！」（**《白虎通・壽命》**）

孔子適鄭，與弟子相失，孔子獨立鄭東門。鄭人或問子貢曰：「東門有人，其頭似堯，其項若皋陶，〔其〕肩類子產。然自腰以下，不及禹三寸，傫傫若喪家之狗。」子貢以告孔子，孔子欣然笑曰：「形狀，末也。如喪家狗，然哉！然哉！」（**《論衡・骨相》**）

孔子適鄭，與弟子相失，獨立東郭門外。或人謂子貢曰：「東門外有一人焉，其長九尺有六寸，河目隆顙，其頭似堯，其頸似皋陶，其肩似子產，然自腰已下，不及禹者三寸，累然如喪家之狗。」子貢以告，孔子欣然而歎曰：「形狀，末也。如喪家之狗，然乎哉！然乎哉！」（**《孔子家語・困誓》**）

孔子出〔衛〕〔鄭〕之東門，逆姑布子卿，曰：「二三子使車避。有人將來，必相我者也。志之。」姑布子卿亦曰：「二三子引車避，有聖人將來。」孔子下步，姑布子卿迎而視之五十步，從而望之五十五步，顧子貢曰：「是何爲者也？」子貢曰：「賜之師也，所謂魯孔丘也。」

姑布子卿曰：「是魯孔丘歟？吾固聞之。」子貢曰：「賜之師何如？」姑布子卿曰：「得堯之顙，舜之目，禹之頸，皋陶之喙。從前視之，盎盎乎似有（王）〔土〕者；從後視之，高肩弱脊，循循固得之轉廣一尺四寸，此惟不及四聖者也。」子貢吁然。姑布子卿曰：「子何患焉？汙面而不惡，葭（豭）喙而不藉，遠而望之，羸（累）乎若喪家之狗，子何患焉？」子貢以告孔子。孔子無所辭，獨辭喪家狗耳，曰：「丘何敢乎？」子貢曰：「汙面而不惡，葭（豭）喙而不藉，賜以（已）知之矣。不知喪家狗，何足辭也？」子曰：「賜，汝獨不見夫喪家之狗歟？既斂而椁，布（器）〔席〕而祭，顧望無人，意欲施之。上無明王，下無賢（士）方伯。王道衰，政教失，強陵弱，眾暴寡，百姓縱心，莫之綱紀。是人固以丘爲欲當之者也。丘何敢乎？」（**《韓詩外傳．卷九．第十八章》**）

以上五則皆兩漢舊說。前四則基本上一樣，唯最後一則有些不同，並以相者爲姑布子卿（著名相者）。這個故事與子貢想樹孔子爲聖人有關。它想傳達的是，孔子熱心救世，世以爲有聖人之志。相者聞其聲名，但願一睹風采，是否眞有聖人相。他的判斷是，孔子像聖人又不像，有心救世像，遍爲諸侯皆不遇又不像。「喪家狗」絕非汙衊之詞，只是形容他的無所遇。子貢以相者語告孔子，孔子寧認喪家狗，不認聖人，原因在這裡。

此雖故事，卻頗具深義，眞可謂知孔子言。清代的崔述，什麼都疑，就是不疑道統，竟不加分辨，一上來就在《洙泗考信錄．卷三〈世家記適陳由鄭之謬〉》說「至比聖人於狗，造此說者，信此說者，皆聖門之罪人也！此乃齊東野人之語，故今皆削之。」，將司馬遷諸賢統統斥爲罪人，武斷之極。顧頡剛指出，崔述疑古有局限，他以大膽懷疑著稱，獨於聖道不疑，也不許人疑，有很多先入爲主之見。

通達的求真精神
——推薦序

國立台北教育大學語文與創作學系教授　孫劍秋

一般學界常以「通達」二字表彰一個人的學術成就，所謂的「通」在兼天人；所謂的「達」在明古今。而儒家對「通達」二字的最佳詮釋，我認爲應該是〈中庸〉上說的「極高明而道中庸」，「極高明」是學問通曉的極致，「道中庸」則是人生體悟的達境，在細讀李零教授大作後，我覺得他確實當之無愧。

清儒張之洞說「由小學入經學，其經學可信；由經學入史學，其史學可用。」李教授以其深厚的小學與史學根基，對《論語》這部經典進行疑難考證，這是縱的安排；將書中人物打散，重新詮讀，這是橫的聯繫，兼以對竹簡的熟稔，而提出許多新見解與發現，更是令人讚嘆。

最後，我覺得這本書的眞價值，不在學問堆積起來的書卷重量，而在處處透顯的純眞。從書中的「求眞精神」，可以概見李教授的眞性情。閱讀就是與作者進行心靈交流，我感受到李教授熱誠的學問求眞態度，也期待眾多學友能一起來體悟與學習。

論語，我心中最重要的經典

——自序

李零

近年來，《論語》很火，孔子很熱。我任教的北京大學中文系也開了《論語》課。課分三個班，我教其中一個班。二〇〇四年的下半年和二〇〇五年的上半年，我花兩個學期，一學期講半部，把《論語》從頭到尾講了一遍。這本書，就是根據我上課的紀錄整理而成。藉這個機會，我把《論語》有系統讀了一遍。受教的，首先是我自己，所以這本書其實是讀書筆記。

心目中的孔子

這本書的標題是「喪家狗」，首先我解釋一下什麼叫「喪家狗」？「喪家狗」是無家可歸的狗，現在叫流浪狗。讀《論語》，我的感受，兩個字：孤獨。孔子很孤獨。現在有人請他當心理醫生，其實他自己的心病都沒人醫。

在這本書中我想告訴大家，孔子並不是聖人。歷代帝王褒封的孔子，不是眞孔子，只是「人造孔子」。眞正的孔子，活著的孔子，既不是聖，也不是王，根本談不上什麼「內聖外王」。「若聖與仁，則吾豈敢」——這是明明白白寫在《論語》【述而7．34】裡面的；子貢說孔子是

「天縱之將聖」，也當即被孔子否認。讀了這本書你會明白，爲什麼孔子不接受這個榮譽，而他的學生卻非要給他戴上這頂帽子。我寧願尊重孔子本人的想法。

孔子不是聖，只是人，一個出身卑賤，卻以古代貴族（眞君子）爲立身標準的人；一個好古敏求，學而不厭、誨人不倦，傳遞古代文化，教人閱讀經典的人；一個有道德學問，卻無權無勢，敢於批評當世權貴的人；一個四處遊說，替統治者操心，拚命勸他們改邪歸正的人；一個古道熱腸，夢想恢復周公之治，安定天下百姓的人。他很恓惶也很無奈，唇焦口燥，顛沛流離，像條無家可歸的流浪狗。這才是眞相。

當年，西元前四九二年，六十歲的孔子，顚顚簸簸，坐著馬車前往鄭國，和他的學生走散，他獨自站在郭城的東門外等候。有個鄭人跟子貢說，東門外站著個人，腦門像堯，脖子像皋陶，肩膀像子產，腰以下比禹短了三寸，上半身倒有點聖人氣象，但下半身卻像喪家狗，垂頭喪氣。子貢把此人的話一五一十告訴孔子，孔子不以爲忤，反而平靜地說：形象並不重要，但說我像喪家狗，很對、很對。在這個故事裡，他只承認自己是喪家狗，不認聖人之說。

孔子絕望於自己的祖國，徒興浮海居夷之歎，但遍爲諸侯一無所獲，最後還是回到他的出生地。他的晚年，年年傷心。喪子，哀麟，回死由亡，讓他哭乾了眼淚。他是死在自己的家中——然而，他卻沒有家。不管他的想法對與錯，在他身上我看到了知識分子的宿命。任何懷抱理想，在現實世界找不到精神家園的人，都是喪家狗。

讀書與成長背景

這本書是用我的眼光寫成，不是人云亦云，我才不管什麼大師、小師怎麼講，只要不符合原典，對不起，我概不接受。我讀《論語》，是讀原典；孔子的想法是什麼，要看原書。我的一切結論是用孔子本人的話來講話——不跟知識分子起鬨，也不給世人拍馬屁；讀孔子的書，既不捧也不摔，恰如其分地講——他是個唐吉訶德。

其次我想講一下，爲什麼過去我不愛讀《論語》，現在卻用力讀，而且是當成一部最重要的經典來讀。我先講不愛讀《論語》是怎麼回事。坦白說，我讀《論語》是重新補課。這本書，我過去讀，中學就讀，但不愛讀，一直沒下過功夫一字一句仔細讀。當年讀《論語》，我的感受是此書雜亂無章，淡流寡水，看到後面，前面就忘了，還有很多地方沒頭沒尾，不知所云，除了道德教訓還是道德教訓，論哲理，論文采，論幽默，論機智，都沒什麼過人之處。我想如果沒有心理暗示，像我小時候一樣，也像很多外國人一樣，既沒人勸我尊，也沒人勸我不尊，很多人的感受可能會和我一樣（不讀《論語》也能直探孔子內心的人，不在此列）。

第二我不愛讀《論語》，還有其他一些原因，讓我慢慢講。予生也晚，我生於舊社會（只待過一年，沒印象），長於紅旗下，崔健唱的——「紅旗下的蛋」。我有我的閱讀背景。馬、恩、列、斯、毛、魯，我曾通讀，現在不時髦；灰皮、黃皮書，也曾泛覽，現在見不著。我的啓蒙是在文革時期，古書、雜書看了一大堆。辛亥革命後，康有爲、陳煥章的孔教會，我不及見；蔣介石、宋美齡的「四維」「八德」新生活運動，我沒趕上；新儒家的書，幾乎沒讀；尊孔教育，一點也沒接受過。

我不愛讀《論語》，不是因爲我只見過批孔，沒見過尊孔。近百年來，尊孔批孔，互爲因果，互爲表裡。它與中國備受欺凌的挫折感和鬱積心底的強國夢有不解之緣，既跟政治鬥爭有關，也跟意識形態有關，還有民族心理問題——忽而自大，忽而自卑。在我看來，這些都是拿孔子說事。

有人說，人對自己不喜歡的東西，往往最不瞭解；最不瞭解，也就最沒發言權。這話有點道理，但也不盡然。我沒嘗過梨子，也知道梨是甜的；沒吃過狗屎，也知道屎是臭的。更何況，尊也好，批也好，不是前提，而是結果。什麼對，什麼錯，都得閱讀原典。不讀原典的胡說八道，才最沒發言權。

上個世紀一劈兩半，我是後半截的人，代溝肯定存在，沒什麼了不起。小時候，我跟大人聽京戲、大鼓和相聲，除了相聲，幾乎都聽不下去。我總覺得——哐呔呔，哐呔呔，咿咿呀呀的長腔慢板，遠不如電影吸引人。有點興趣，那是後來的事。回想起來，我的態度和如今的「八〇後」，有程度差異，無本質不同。我看他們看不慣，我爸爸看我也看不慣。這不是大陸不大陸，臺灣不臺灣，而是現代化底下很普遍的問題。即使歐美國家，也是早就把古典教育撇一邊，在第二次世界大戰後徹底衰落，誰也別吹噓自己比別人更傳統。你說傳統是寶貝，有些東西處於瀕危要保護，我贊成；但非要弘揚，直到把孔子的旗幟插遍全世界，我沒興趣。誰若要說不讀《論語》就無以爲人，現在世道人心這麼壞（如貪汙腐化、製售假藥者流）都是因爲不讀《論語》、不敬孔子，那就太過了。其實，敬不敬孔子，這是個人愛好。不敬又怎麼樣？年紀比我小一點的王朔和王小波，他們說起這位老人就滿嘴沒好話。

「五四」打倒孔家店，孔家店變古董店，有人惋惜，我理解。但南懷瑾老前輩說，孔家店是糧食店（他說道教是藥店，佛教是百貨商店），此店關張，我們就沒飯吃，我不能苟同。

不愛聽人說教

過去我不愛讀《論語》還有個原因——我不愛聽人說教。人上點年紀，以爲曾經滄海就可以當道德老師，我認爲是爲老不尊。我一看誰說這類話，寫什麼人生哲學，頭皮就發麻。

我總覺得，不問世道好壞，一上來就說好人多，既無標準，也無統計，這種說法，極不可靠；好人活著做好事，做了好人好事，注定有好報，也是陳腔濫調。事情哪有這麼巧？這類善言早就叫人講完了，不光中國，全世界的說法都差不多。

我的理解是，道德和秩序，秩序更重要。就像文革，並不是因爲沒道德才沒秩序，而是因爲沒秩序才沒道德。道德很脆弱，也很實際——說好就好，說壞就壞。像是擠公共汽車，人太多，車太少，秩序大亂，誰排隊，誰都別想上；搭火車，千里迢迢，不是一時半會兒到得了，汽車可以讓座，火車就沒人讓，裡面的道理很簡單。道德，不管多好，社會一亂，說垮就垮，越是沒道德，才越講道德。

道德不是講出來的。歷史上，國家一治一亂，道德時好時壞，太正常了。遠的不說，明朝末年怎麼樣？清朝末年怎麼樣？野史筆記、舊小說還在，人和現在一樣壞，甚至更壞。大家別忘了，那時道德歸誰管？正是孔老夫子。

現在的「孔子熱」，熱的不是孔子，孔子只是符號。社會失範，道德失靈，急需代用品。就像戒菸的人抽尼古丁吸入劑，暫時過嘴癮；有人呼籲的鄉約民規、宗教道德，也都算尼古丁吸入劑。代用品，只要能代就行，不一定是哪種。像是俄國，人家就端出雙頭鷹、三色旗、彼得大帝、東正教。

什麼人會出來吆喝，說我不講道德？沒有。什麼時候都有人吆喝道德，特別是缺德的亂世。我還記得，文革之前沒人用力捧孔子，也沒人用力批孔子。但大家別以爲孔子不在，就沒人講道德，以爲道德是孔子的專利。道德，只要是管人的人都有此好，政治家愛，神學家更愛；沒有孔子，照樣有人講。

我念中學時，那時特別重視道德教育。我還記得有個人常來學校演講。他很會演講，講得我心驚肉跳。他說，人到晚年捫心自問，這輩子到底有哪些汙點？你要問自己。這些汙點留在心上，永遠抹不去。我心想，我的汙點那麼多，怎麼辦？心裡好難受。

但我是個自由散漫的人，現在也是。我最不喜歡過組織化的群體生活，無論是什麼樣的組織；也最不喜歡聽人說教，無論是什麼樣的教。讀《論語》，可以滿足某些人修養方面的需要，但我不需要。

五四運動還孔子真面目

文革批孔（一九七四年），我是趕上了，但沒參加。當時，「批林（彪）批孔（丘）」的主力是大學教師和工農兵學員，我，一介農夫，哪有資格？那時的我已經二十多歲，讀過不少古書，但對《論語》毫無興趣。他們怎麼批，我倒是記憶猶新。大家不要以爲，文革就是不讀書，特別是不讀古書。其實，舉國若狂讀古書（是讀《論語》）恰恰就是在那一陣，就連銀雀山漢簡、馬王堆帛書，它們得以整理出版也是乘了這股東風。

我的啓蒙是在文革時期。所謂啓蒙，就是不能再糊裡糊塗，更不能揣著明白裝糊塗。我崇拜知識，但不崇拜知識分子。我見過的知識分子，好人有，但很多不是東西。面對政治，好惡深，偏見生；學者要有超然獨立的學術立場。尊孔和批孔，做爲學術本來都可以講，變成政治就是打爛仗。

不過說起讀古書，港臺人常說大陸人不讀古書，不重傳統，除了考古，一無是處。這話不對。考古成就大，是託祖宗的福，而且中國大陸的考古學，就理論、方法而言，絕不比其他學科更先進。古書，我一直在讀，現在也是靠「三古」（考古、古文字、古文獻）吃飯。

今天說起五四，我還是充滿敬意。五四運動是啓蒙運動。啓蒙啓蒙，啓什麼蒙？關鍵是確立西學或新學的主導地位。當時對孔子不管說過什麼過頭的話，都要從當時的環境來理解。中國的現代化，是揍出來的現代化，只有招架之功，沒有還手之力，不把華夏傳統的小巧玩意兒擱一邊，就無法擺脫被動局面。這一步，非走不行。不走，不能迎新；不走，不能保古。更何況，孔子當聖人，他依託的科舉制，這張皮都沒有了，毛將焉附？大家把孔子從聖人的地位請下來，讓他與諸子百家平起平坐，有什麼不好？無形中，這等於恢復了孔子的本來面目。

五四挽救了孔夫子，挽救了傳統文化——我一直這麼看，今天也沒有變。傳統中斷，是危言聳聽；孔子只是符號。大陸不完全是傳統文化，臺灣、香港也不是。兩岸三地，彼此彼此。所謂傳統文化，都是以現代化為前提，都是現代化的邊角料，只有擺脫現代化的壓力，才能騰出手來保一保，就像孔子說的「行有餘力，則以學文」（【學而1・6】）。過去，中國大陸的現代化，孤立無援，基礎薄弱，態度最激進，水準最低下，西化不強，保古不力，乃環境使然，現在喘過一口氣，不要忘乎所以。

資本主義是個全球化的體系，天似穹廬，籠蓋四野。這個世界已變得只有「主流國家」和「非主流國家」，名字叫什麼，喜歡不喜歡，並不重要。「傳統」（過去叫「封建」）的尾巴就算割不斷，也早就不成其為「社會」。

一九八〇年代，大家罵中國太傳統（「太封建」也「太專制」），現在又罵中國太不傳統（「太不民族」也「太不世界」），到底哪個說法對？自己抽自己耳光，到底能抽幾回？兩種危言聳聽，都高估了傳統文化。傳統就是過去，沒必要當祖宗供著，不分好壞，聞之必拜。

最後，我要說一下，為什麼我要讀《論語》，我又是怎麼讀。最近幾年，有三個刺激逼我重讀《論語》。

第一是竹簡熱。一九九〇年代，郭店楚簡、上博楚簡都是以儒籍為主，內容涉及孔子，涉及他的主要弟子，不但和《論語》有關，也和大戴（德）小戴（聖）的《禮記》有關，爲古代儒家的研究提供了不少新線索。過去研究儒家主要是讀孔、孟、荀，孔、孟之間的七十子，反而不講，漏洞太大。我雖不同意以儒家做中國文化的代名詞，但儒家出現早，地位高，影響大，不容懷疑。我們若想把這些新材料吃透，還是要返回來讀《論語》。此課不補，沒有發言權。像是宋儒講道統，有人說出土發現證明了這個道統，這不是瞎說嗎？孔、孟之間明明有很多人，不只子思和曾子，怎麼證明就是宋明道統？我們只要認眞讀古書就會發現，古書和這些發現並無矛盾，眞正有矛盾反而是「聖化」的曲解。

第二是孔子熱。現在和一九八〇年代不同。什麼叫八〇年代，我還記得很清楚，想不到如今已成老宮娥坐談開元天寶年間事。八〇年代，主要氣氛是痛批傳統，怨天尤人罵祖宗。現在風氣陡變，傳統又成香餑餑。向左轉，向右轉，誰都拿孔子說事（連監獄都在讀《論語》），孔子眞是左右逢源。從罵祖宗到賣祖宗，這個大彎是怎麼轉過來的？前因後果，値得深思。美國學者史嘉柏（David Schaberg）有篇書評，是介紹西方自一九九〇年代以來的《論語》譯本，文章題目是〈沽之哉，沽之哉〉（Sell it! Sell it!: Recent Translations of Lunyu），用在我們這邊，也合適。傳統和孔子都在熱賣之中。現在的世界，保守主義浪潮和復古風席捲全球，做爲文化現象，我們要想弄清「孔子熱」的含義是什麼，也得重讀《論語》，它本身就是復古經典。

第三是讀經熱。怎麼讀古書，確實是問題。現在我在北大講「四大經典」，《論語》是其中之一。我想認眞思考一下古書的經典化，以及現在如何選經典、讀經典的問題。說實話，我讀

《論語》主要是拿它當思想史。古代思想史有很多爭論，我是像看戲一樣坐在臺下看，並沒打算加入哪一撥。馬克思說，青年黑格爾派是「德意志意識形態」。《論語》也是中國的意識形態。歷史上捧孔子有三種捧法，一是圍繞政治（治統），這是漢儒；二是圍繞道德（道統），這是宋儒；三是拿儒學當宗教（或準宗教），這是近代受西方宗教刺激的救世說。三種都是意識形態。

我讀《論語》，就是要挑戰這套咒語。我的讀法是——

・查考詞語，通讀全書。按原書順序，一字一句、一章一節、一篇一篇，細讀。先參合舊注（以程樹德的《論語集釋》爲主），梳理文義，再考證疑難，把全部細節過一遍。

・以人物爲線索，打亂原書順序，縱讀。第一是孔子，第二是孔門弟子，第三是書中的其他人物。借這種考察，爲各章定年，能定的定，不能定的闕如，把《論語》當孔子的傳記讀。

・以概念爲線索，打亂原書順序，橫讀。我把全書歸納爲若干主題，每個主題下分若干細目，按主題摘錄，看這本書裡的孔子思想是什麼模樣，與《墨子》《老子》有什麼區別。

・最後，是我的總結。我想思考的是知識分子的命運，用一個知識分子的心，理解另一個知識分子的心，從儒林外史讀儒林內史。

孔子這本書，有不少道德格言，有些比較精彩，有些一般。孟子在《孟子・盡心下》說：「盡信《書》，則不如無《書》。吾於《武成》，取二三策而已矣。」我對《論語》，也是如此。讀《論語》要心平氣和——去政治化，去道德化，去宗教化。目的無他，我們需要的是一個眞實的孔子，特別是在這個禮壞樂崩的世界。

第1講 人性

孔子很少談到性，但他認為人和人在本性上是彼此接近的。人與人之間的不同主要是後天培養的習慣不同。「性」和「生」字有關，是生而具有的東西。生而具有，人曰潛質、天賦，這其實是很生物本能的東西，卻被說得很神祕。

孔子對人性的看法

綜論

孔子關心人，但並不關心人的身體。他對人的關心不是生物學和醫學上的關心，不像道家那樣強調養性命，通神明。他更關心的是人性。人性是什麼？孔子沒說。不過，儒家比墨家、道家更關心人性，尤其是孔子的後學出來別善惡，就是填補這個空白，但他們的著眼點不一樣——孟子講性善，是著眼於教化；荀子講性惡，是致力於禮法①。

然而，「性」字與「生」字有關，是與生俱來的東西。郭店楚簡的〈性自命出〉篇說「性自命出，命自天降」，意即孔子認為「人性來自天命」。特別聰明特別傻或特別好特別壞的人只是少數。人和人之間大致上水準差不多，只是後天的教化習染差異，才讓我們不太一樣。這是他講教化的依據。

根據智力，孔子把人的智力分為三等：一種上等／上智，即特別聰明的人，但這樣的人很少——只有聖人才能「生而知之」；一種是下等／下愚，即特別愚蠢的人，這種人也不太多；一種是中等／中人，介於兩者之間，絕大多數都是中人，是「學而知之」和「困而學之」。

上智是「生而知之者」，孔子說他不是。下愚是天生的傻瓜，他也不是（他沒這麼說，我們可以替他說）。他對自己的評價並不高，他喜歡說「吾猶人也」，也就是一個普通人，他並不認為自己智力超常。普通人又分兩種：一種是「學而知之者」，即主動好學，藉由學習才變得聰明的人；一種是「困而學之者」，即出於困惑、被迫學習的人。這兩種人都是需要學習的人。孔子認為自己只能算是中人的上等，需要學習，是「學而知之者」。「性相近也，習相遠也」，是針對中人而言。另外的兩種人則不需要學習——生而知之者（上智）不需要學習，困而不學者（下愚）也不需要學習（【季氏16·9】）。

人性的本質與改造

子貢曰：「夫子之文章，可得而聞也；夫子之言性與天道，不可得而聞也。」【公冶長5·13】

「夫子之文章」指什麼，似乎是問題。這裡說「可得而聞也」，似乎是寫下來可以流傳後世的東西。《皇疏》②引太史叔明說「謂是六籍」，即這些流傳下來的東西是六藝之書，但這些文

① 法家講性惡，並把人的缺點和弱點如貪財好色、好利好名、怕苦怕死等等當寶，當做制定政刑法令的直接依據，驅民耕戰。
② 此為《論語》古注，即《論語集解義疏》（皇侃的集解和疏，本書簡稱《皇疏》）。

獻都不是孔子寫的，所以不能說是孔子的文章，朱注③則說是「威儀文辭」。

「性與天道」，也是問題。這裡說「不可得而聞也」，並不是說孔子一點也不講，只不過這兩大問題太深奧，比較難講，也講得比較少罷了。子貢所謂的「天道」，屬於宇宙論，古代研究這類問題是指數術之學；「性」屬於生命科學，古代研究這類問題是指方技之學。過去大家說，儒家不關心天道、性命，道家才關心。發現了郭店楚簡後，大家又說孔子也講天道、性命，但孔子講的天道、性命到底是什麼，仍是值得討論的問題，而且和後來的道家比較，區別很明顯。他講天道，主要不是天，而是做官的運氣；講性命，也不是身體，而是人性的本質和人性的改造。

《論語》直接提及「天道」這兩個字者，除了【公冶長5．13】這條，別的沒有。（本章重點：人性與天道）

子曰：「性相近也，習相遠也。」【陽貨17．2】

《三字經》的「性相近，習相遠」本於此。孔子很少談到性，但他認爲人和人之間在本性上是彼此接近的，我們的不同主要是後天培養的習慣不同所致。這是一般情況。下面的話是必要補充：「性」和「生」字有關，是生而具有的東西。生而具有，人曰潛質、天賦，其實這是很生物本能的東西，卻被說得很神祕。上博楚簡有〈恆先〉篇，一先一後的「先」，我們常把「先」說成潛質和天賦。郭店楚簡和上博楚簡都有〈性自命出〉篇，說法是「性自命出，命自天降」。（本章重點：人性的改造）

人的智力高下

子曰：「視其所以，觀其所由，察其所安，人焉廋哉？人焉廋哉？」【爲政2·10】

觀察歷史，都是以現在爲觀察點，從這個點逆溯過去，順推將來。人也是如此。

「視」是看；「觀」是粗看，看全景；「察」是細看，看細節。三個字，都是察看的意思。「所以」，是現在怎麼樣；「所由」，是過去怎麼樣；「所安」，是將來怎麼樣；合起來是說，知人要知根知底，要有徹頭徹尾的瞭解。

此章有兩種解釋：一種是訓「以」爲用，訓「由」爲經，訓「安」爲樂（《集解》④），即知所憑依，知所經歷，知所樂處；一種是訓「以」爲爲，訓「由」爲從，「安」字的解釋則相同（《集注》③）。他們解釋爲「所樂」的「所安」，是指最後習而處之之地，其實也就是《爾雅·釋詁下》說的「安，止也」，是其歸宿之地。上述兩種說法的主要不同是：前說，「以」指過去，「由」指現在；後說，「以」指現在，「由」指過去。我取後說。

「人焉廋哉」，「廋」讀「搜」，是藏匿的意思。孔子的意思是說，你對一個人有徹頭徹尾的瞭解，還會有什麼看不透的地方？什麼都在眼前，藏都藏不住。（本章重點：如何看透人）

---

③ 此為《論語》古注，即《論語集注》（朱熹的注，本書簡稱《集注》，隨文敍述則稱「朱注」），北京：中華書局，一九八三年。

④ 此為《論語》古注，即《論語集解》（何晏的集解和邢昺的疏，本書簡稱《集解》；若單指《邢昺疏》，則簡稱《邢疏》）。

子曰：「中人以上，可以語上也；中人以下，不可以語上也。」【庸也6・21】

孔子說「唯上知（智）與下愚不移」（【陽貨17・3】），他把人分爲三等：上智、中人、下愚。他認爲，中人可以跟他講上智，下愚不行。（本章重點：人分三品）

子曰：「我非生而知之者，好古，敏以求之者也。」【述而7・20】

孔子把人的智力，按照好學、不好學的程度分爲四等：「生而知之者」是上等，「學而知之者」是中等之上，「困而學之」是中等之下，「困而不學」是下等。聖人是生而知之的聰明人，但孔子不承認自己特別聰明，更不承認自己是天生聰明，他自認非上等之人，只承認自己比較用功，比較刻苦好學。好學，學些什麼？學古代。孔子對聖人生活的古代尤其嚮往，他是以勤補拙，對古代遺風求知心切，學得很用力，如此而已。可見，他是以中等之上自居。（本篇重點：我非生而知之者）

子曰：「蓋有不知而作之者，我無是也。多聞，擇其善者而從之，多見而識之，知（智）之次也。」【述而7・28】

以此戒無知妄作；孔子說，我沒這種毛病。他說自己多聞多見，善於學習，聽見好人好事就照著做，見到值得記下來的東西就趕緊記下，這是因爲他只有次一等的智力罷了。（本章重點：孔

子說自己不聰明）

子曰：「文莫，吾猶人也。躬行君子，則吾未之有得。」【述而7·33】

「文莫」讀成「民慕」，是黽勉、勤勉的意思。

在孔子的人物品級中，君子比仁者低，比聖人更低。但就連當個君子也要努力，才配得上這一稱號。孔子說，努力呀，我和別人沒什麼兩樣。要讓自己做得像個君子，我也還沒做到呀。（本章重點：孔子謙虛）

子曰：「聽訟，吾猶人也，必也使無訟乎。」【顏淵12·13】

「聽訟」，是聽人告狀。孔子當大司寇時，聽人告狀是他的工作內容，但他老人家並不怎麼熱愛這份工作。他說自己聽訟判案的能力很一般，和普通人沒什麼兩樣，因爲他的理想是——根本沒人需要打官司。天下訟息，是古人幻想的理想世界。孔子熱愛這種理想，當然不可能熱愛打官司，也注定當不了法家。（本章重點：必也無訟）

孔子曰：「生而知之者，上也；學而知之者，次也；困而學之，又其次也；困而不學，民斯爲下矣。」【季氏16·9】

孔子品評人物，若以智力論高下，有此四等。「生而知之」是天生聰明，不學就會，爲第一等。「學而知之」是透過後天學習才會，是第二等。「困而學之」是碰到麻煩，繞不過去了，才學一下，是第三等。「困而不學」是碰到麻煩也不學，是第四等。

孔子也說過：「唯上知（智）與下愚不移」「中人以上，可以語上也；中人以下，不可以語上也」，意即這四等之中，第一等是上智，只有聖人才能達到。這和血統論的概念有關。貴族，得天獨厚，比一般人有知識，有教養，有天生的優越感，孔子不可能，他從不承認自己是這一等。第二、第三等，大致相當於中人，無論是主動學被動學，總要學，他只承認自己是第二等，即屬於求知若渴，勤勉努力，拚命學習，並能持之以恆的一類。第四等是下愚，不可施教，沒法改造，只能任由他傻下去。（本章重點：智有四等）

子曰：「唯上知（智）與下愚不移。」【陽貨17・3】

孔子認爲，人性相近，但仍有差別。

「上知」即上智，是生而知之，聰明絕頂。「下愚」是困而不學，愚蠢至極。介於兩者之間，是所謂「中人」，我們大多數人都是這一種。孔子他老人家說，上智和下愚都無法藉由後天教化而改變，可以改變的只有中人。「性相近，習相遠」爲一般情況，這是針對中人而言，但上智和下愚是例外，他們兩者的「性」並不相近。（本章重點：上智和下愚之人）

第2講

人品

孔子論人有品級之分。他把古往今來的人分成很多種，品級最高的要屬聖人。聖人是帶有復古色彩的概念。聖人是什麼人？都是死人，沒有一個是活人，所以孔子說他見不著。當聖人要有兩個條件：一是聰明，天生聰明；二是有權，安民濟民。沒有這兩個條件，不能當聖人。

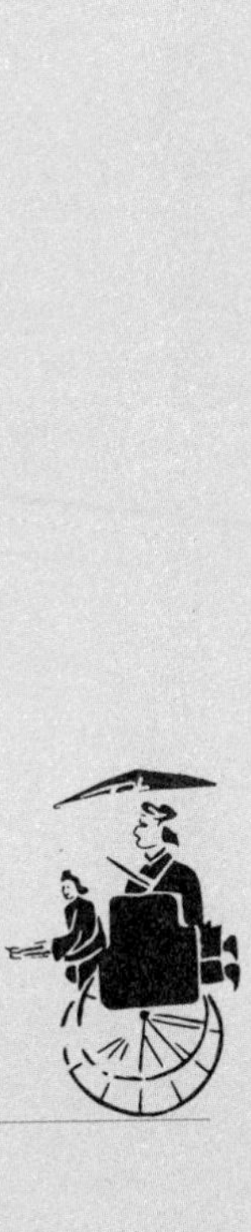

孔子對人品的看法

綜論

我這個人比較多疑，凡是熱鬧的東西我都懷疑，像是現在的「孔子熱」，我就懷疑。我讀《論語》是為了破除迷信。第一要破，就是「聖人」。

研究孔子，我們不要忘記，他本人出身寒微，但祖上非常榮耀，是宋國的大貴族。他的學生很多都是窮孩子，但他教他們讀古書，習古禮，完全依照貴族標準。他想借此挽救當時早已喪失理想的上流社會，讓他們瞧瞧什麼才是真君子。他對所有問題的看法，都貫穿著這一點。聖人，是貴族標準的頂點，是孔子追求的理想。

在《論語》一書中，孔子對人的評論很有意思。過去講道德，大家都說「誰人背後無人說，哪個人前不說人」，口不臧否人物，那是修養到家。但有趣的是，孔子特愛評論人，絕非口不臧否，而是有褒有貶，包括活人，也包括死人；包括當權者，也包括隱士，還有他自己的學生。《論語》中被他品評的人物有一百五十五人。他把人分為以下幾種來談：聖人、仁人、有恆之人、善人、賢人、成人、君子、士、大人、野人、鄙夫、女子，此單元將依序談論。

聖人

孔子論人有品級之分。他把古往今來的人分成很多種，品級最高的要屬「聖人」。我們先說聖人。聖人也叫聖者，其實是聖王，先秦古書都這麼講。翻成現代話，就是英明領袖。孔子說「君子有三畏：畏天命，畏大人，畏聖人之言」（【季氏16·8】），聖人，誰敢不敬？《論語》《墨子》《老子》都敬。《老子》講聖人，比孔子還多，三分之一篇幅都是拿聖人說事。他們都相信聖人是好人中的大好人，是一級的好人，幾百年才出一個，那可不是鬧著玩的。俗話說好人總是占多數，只有莊子說壞人占多數，甚至在《莊子·胠篋》說「聖人不死，大盜不止」。

聖人是帶有復古色彩的概念。聖人是什麼人？都是死人，沒有一個是活人，所以孔子說他見不著。當聖人要有兩個條件：一是聰明，天生聰明；二是有權，安民濟民。沒有這兩個條件，不能當聖人。首先我們要注意，「聖」的意思是聰明。古文字，聖人的「聖」本來寫成左耳右口，和「聽」是同一個字，所以聖人是聽天下之政的人，得特別聰明。古語所謂聰明，聰是耳朵靈，明是眼睛明；俗話說眼見爲實，耳聽爲虛，其實聽比看，知道的事要多得多。古人更強調耳朵。

天生聰明、絕頂聰明，是貴族血統論的概念。沒錯，聖人是天才，天生聰明。孔子相信這一點，古人都相信這一點。但他卻沒說自己是天才，反而一再聲明他不是這種人；這第一個條件，他說他沒有。其次我們要注意，孔子說的聖人，都是古代的聖王。宋人講道統，孔子之前，堯舜禹湯、文武周公，這些聖人都是有權力的人，可以聽天下之政的人，沒問題。孔子崇拜這些人。但他說的聖人，就《論語》而言，主要是堯、舜。

孔子也提倡「仁」，仁當然是很高的要求，但聖還是比仁高。有一次，子貢問孔子，如果有人能「博施於民而能濟眾」，這算不算仁？孔子說，這何止是仁，簡直就是聖，即便堯、舜在世都很難做到。他說，仁者只能推己及人，「己欲立而立人，己欲達而達人」，雖然和聖人有相似處，但還不等於聖人（【雍也6．30】）。孔子說的「人」，是與「民」相對而言，含義有別；人是君子，上流社會，民是百姓，下層大眾。

我們要知道，只有全國人民的大救星才叫聖人，這是孔子心裡的一把尺。還有一次，子路原本是問孔子有關君子的事。孔子的答案是「修己以敬」，即把自己的道德修好，要顯得很恭敬。子路問更高的要求是什麼，孔子說「修己以安人」，即不僅要修好自己的道德，還能安定上流君子，這種比君子更高的人，從各方面看顯然是仁人。子路又追問更高的要求是什麼，孔子說「修己以安百姓」，他說的「修己以安百姓，堯、舜其猶病諸」，這顯然是指聖人（【憲問14．42】）。這充分說明，子路問到的三種人，聖人最高，仁人其次，君子最低。所以說，聖人的第二個條件，孔子也不具備。我們稱他爲聖人，等於罵他，他絕不會自比於堯、舜。

什麼叫聖人

子曰：「聖人，吾不得而見之矣；得見君子者，斯可矣。」子曰：「善人，吾不得而見之矣；得見有恒者，斯可矣。亡而爲有，虛而爲盈，約而爲泰，難乎有恒矣。」【述而7．26】

好人是稀有動物，鳳毛麟角。孔子在此章談到四種好人，其中以「聖人」最高，是有德有能，也有權有位，可以兼濟天下的人。孔子所承認的聖人很少，主要是堯、舜一類聖王。這種人都是死人，只存於上古盛世，根本見不到。「君子」則不一樣，少歸少，還是有活著的，像是衛國的蘧伯玉，魯國的宓不齊，都是孔子當世的人，宓不齊甚至是他的學生；按孔子的說法，他們都是君子。

「善人」這個詞共在《論語》出現五次（另外四次在【先進11・20】【子路13・20和13・29】【堯曰20・1】），善人當然是好人；如《墨子・尚同下》提到，善人的反面是暴人，暴人是壞人，善人是好人。但孔子說的善人，好，好到什麼程度？卻值得討論。大家常說，世上還是好人多。什麼叫好人？從古至今沒標準，沒尺度，誰也沒做過調查，誰也沒做過統計，所有人卻都這麼說，儼然天經地義。只有《莊子・胠篋》唱反調：「天下之善人少而不善人多」「聖人之利天下也少而害天下也多」「聖人不死，大盜不止」。在孔子的語彙中，聖人是天生聰明、絕頂聰明的人，頭一等人。善人比它低一點，但也非常高，高到活著見不到，和它比較接近的只有仁人。所謂仁人，不光潔身自好，還能助人爲樂，比聖人低，比君子高，不死不能當，絕非今之慈善家所敢領受。孔子在【述而7・34】說「若聖與仁，則吾豈敢」，聖人和仁人，都是很高的境界，連他自己都不敢當。「有恆之人」，則是一輩子做好事，樂此不疲的人，層次比聖人、善人低，大概和君子差不多，或者就是君子之一德，就像孔子自稱「學而不厭，誨人不倦」（【述而7・2】），他就是屬於有恆之人。

孔子認爲聖人都是古人，早已死光光，根本見不到，有幾個君子見見就不錯了。當世的人不是有德無位，就是有位無德，沒有一個配稱聖人；善人也很少，他也見不到，有幾個堅持做好事的人就不錯了。「聖人」和「善人」是理想目標，「君子」和「有恆之人」是現實目標。

堅持做好事，難在哪裡？孔子在此章說「亡而爲有，虛而爲盈，約而爲泰」，主要是這三難。這三句話一般解釋是，人有虛榮之心，口袋裡明明沒錢還裝闊，所以挺不住。但我的理解不太一樣，我認爲是指人不能堅持做好事，更大的難題是人沒見過錢，打死也要奔向錢去，從無到有，從虛到滿，這是本能的衝動，擋也擋不住。從無到有，「有」就是一切，也不管有的是什麼，反正聊勝於無。「無」的這一關怎麼過？只有一個辦法，就是有，一有就讓他有個夠。過去，賣點心的店主怕夥計偷吃，一進門，便先讓他只吃點心不吃飯，讓他吃個上吐下瀉，從此見了點心就犯嘔。《金瓶梅》也是這樣，「戒色」是靠「宣淫」。人就這麼點能耐，只有解決了「有」，才能跟他討論該有點什麼，或沒什麼不行，像是非某不娶，非某不嫁。那時，你才會懂得什麼是「聊勝於有」，爲什麼有人會墮入空門，上吊自殺。或者還有一個辦法更好，就是壓根別讓他瞧見有，不見可欲則心不亂，《老子》講的是這一套。

從這一章我們知道，君子和有恆者可以是看得到的活人；聖人和善人一定是死人，看不到，所以孔子的苦惱很深刻。（本章重點：好人是稀有動物）

子游曰：「子夏之門人小子，當洒掃應對進退則可矣，抑末也。本之則無，如之何？」子夏聞之，曰：「噫！言游過矣！君子之道，孰先傳焉？孰後倦焉？譬諸草木，區以別矣。君子之道，焉可誣也？有始有卒者，其惟聖人乎！」【子張19．12】

「洒掃應對進退」，是指接待賓客的各種禮儀細節。「灑掃」是灑水掃地，清潔房屋；「應對」是接待賓客時的一問一答；「進退」是待客的一進一退，說話要得體，動作要得體。

「孰先傳焉？孰後倦焉」，是問誰先傳道，誰後疲倦。俗話說萬事起頭難，但結束也不容易。古人說「靡不有初，鮮克有終」《詩．大雅．蕩》，也是說開頭容易，堅持到最後難。

「譬諸草木，區以別矣」，就像草木，要一樣樣分類，從細節差異著手。

「有始有卒者，其惟聖人乎」，能做到有始有終只不過是有恆之人，根本不是聖人。子夏爲了強調有始有終的重要，說恐怕只有聖人才做得到，這不太合乎孔子的標準。子夏這麼講，有違夫子之道。

子游和子夏皆長於文學，但彼此不合。子游批評子夏，認爲他有末無本。他的學生太注意禮儀的微末細節，失去了禮儀的根本，也就是失去了「道」。子夏的特點是細，因爲細，所以行動遲緩，孔子曾說「商也不及」（子夏名「卜商」），原因在這裡。孔子批評子夏，他不敢不服；子游批評他，他不以爲然。他說，學道應循序漸進，貴在有始有終；沒有始，焉有終。人都是從小事做起，沒有小，焉有大。學道，就要從「洒掃應對進退」這些小事做起。

子夏重小道，子游重大道，這是兩人的不同。此章是以子游作對比，但主要是講子夏。（本章重點：本末和始終）

孔子絕不承認自己是聖人

孔子絕不承認自己是聖人，他說過「若聖與仁，則吾豈敢」，那麼孔子是怎麼變成聖人的？是靠學生。他是靠學生出名。請看《孟子·公孫丑上》——

宰我說，老師比堯、舜強多了（以予觀於夫子，賢於堯、舜遠矣）。

子貢說，自有人類，沒人比得上他老人家（見其禮而知其政，聞其樂而知其德，由百世之後，等百世之王，莫之能違也。自生民以來，未有夫子也）。

有若說，何只人有高下？任何一類東西都如此。聖人和百姓都是人，但老師出類拔萃，自有人類以來，沒人比孔子更偉大（豈惟民哉？麒麟之於走獸，鳳凰之於飛鳥，太山之於丘垤，河海之於行潦，類也。聖人之於民，亦類也。出於其類，拔乎其萃，自生民以來，未有盛於孔子也）。

這些吹捧，不但肉麻，而且違反孔子的意思，孔子根本想不到。其中，最爲大樹特樹者，以子貢最賣力。

子曰：「若聖與仁，則吾豈敢？抑爲之不厭，誨人不倦，則可謂云爾已矣。」公西華曰：「正唯弟子不能學也。」【述而7·34】

孔子說，「聖」和「仁」這兩條，我怎麼敢當？我也不過是比較努力，比較勤奮，盡我所能追求這種境界，並拿這兩樣教誨別人，如此而已。中國的客氣話，有些只是客氣，不能當眞，但這裡的話不能這麼看。要知道，「聖」和「仁」都是孔子心中的最高境界，絕不輕易許人。不僅他的學生誰都不夠格，就連孔子他本人，自己也不敢當。爲什麼孔子要這麼講？我以六個小段落解釋一下，而且是用孔子自己的話解釋。

什麼叫「聖」？什麼叫「仁」？簡單說，「聖」是聰明人（聖的本意，就是聰明），不是普通聰明，而是天生聰明，絕頂聰明（這是血統論的概念，貴族社會的概念），屬於「智」的概念。孔子在【雍也6．30】說「夫仁者，己欲立而立人，己欲達而達人」，不但自己修養好，還要能推己及人，拿人當人，對自己身邊的人，也就是對上流社會的人施展仁愛之心。

「聖」和「仁」的區別是什麼？主要是「聖」比「仁」要高一個層次。「仁」還屬於道德範疇，積德行善，施惠於人（但只限上流社會的人）。「聖」不一樣，它是由絕頂聰明的人傾聽天下之政，屬於政治範圍。聖人推己及人，絕不只是親戚朋友或身邊的人，而是普天下之百姓。孔子說，安民濟眾，這已超出「仁」的範圍，屬於「聖」，這樣的事談何容易，就連堯、舜都頭疼（【雍也6．30】【憲問14．42】）。堯、舜是聖人，有權有位，尚且頭疼，何況是沒有權位的仁人，怎做得來。

聖人位居做人最高層次。孔子說，君子是「修己以敬」，仁人是「修己安人」，聖人是「修己安民」，做人分爲這三個層次。第一個層次是把自己培養成道德合格的君子；第二個層次是對他人推廣仁愛，安定他人；第三個層次是對人民推廣仁愛之心，安定民眾。可見聖人最高，仁人其次，君子又其次。

聖人和仁人，都是不可得見的。孔子說，聖人，我是見不到的，我能見到一些君子就不錯了；善人（可能和仁人差不多），我也見不到，我能見到一些有恆之人就不錯了。在他眼裡，聖人比君子高，仁人比有恆之人高。聖人如堯、舜，仁人如微子、箕子、比干、伯夷、叔齊，全是死人。活人，他自己、他自己的學生，只能做君子和有恆之人。像是這一章的「爲之不厭，誨人不倦」，其實就是指有恆之人。

孔子拒絕承認自己是聖人，道理很簡單。第一，他出身卑賤，好學深思，很多本事都是從民間學來的，完全是靠後天學習而得，他並不認爲自己聰明，更不認爲自己是天生聰明，絕頂聰明。第二，他雖當過官，但時間很短，沒有任何權力，不可能安民濟眾。孔子說，「聖和仁」二字，他當不起，這不是故作謙虛。當時人的想法，只有堯、舜這樣的明君聖主才配叫聖人。孔子不是貴族，沒有權勢，根本不可能叫聖人。他不會糊塗到自比堯、舜，這麼叫，等於罵他，讓他丟人現眼。

孔子被聖化，是學生的傑作。大樹特樹，子貢倡之，宰予、有若和之，孟子、荀子也推波助瀾。孔子布衣，無權無勢，無法當全國人民的大救星，子貢當然明白。但他不忍心，不忍心看著自己的老師默默無聞，比自己的學生還不受人重視。他心想，我的老師雖然無權無勢，但學問很大，聰明總還夠格吧？所以，當太宰問子貢，「夫子聖者與（歟）？何其多能也」，他說，孔子是「天縱之將聖，又多能也」；重要的是，就連這一條也當場遭到孔子的否認（【子罕9·

6】）。孔子說，人，好學不好學分四等，「生而知之」是第一等，「學而知之」是第二等，「困而學之」是第三等，「困而不學」是第四等，他只是其中的第二等，他只承認自己比別人好學，勤奮刻苦，持之以恆。

「爲之不厭，誨人不倦」，和【述而7·2】的「學而不厭，誨人不倦」類似，也是強調孔子有恆心。這裡的「爲之」是指自己矢志追求「聖與仁」，「誨人不倦」是不知疲倦地教導別人追求「聖與仁」。《孟子·公孫丑上》提到，昔者子貢問於孔子曰：「夫子聖矣乎？」孔子曰：「聖則吾不能，我學不厭而教不倦也。」子貢曰：「學不厭，智也；教不倦，仁也。仁且智，夫子既聖矣。」就是講子貢想樹老師爲聖人這件事。子貢認爲，我的老師學而不厭，智已經夠了；誨人不倦，仁也夠了，完全達到聖人的標準，憑什麼不是聖人？這是孟子的修正主義。

「公西華」，即公西赤，這裡是以字稱。他說，這正是弟子沒法學的地方。

子貢要樹老師爲聖人，孔子不答應，當學生的都認爲這是老師謙虛。孔子死了，子貢接著樹，孔子本人已無法說話，說話的權利在子貢手裡。老師不當聖人，誰當？子貢不答應，其他學生也不答應。後來，公孫丑又用同樣的問題問孟子：您老人家是不是已經達到「聖」了呢，孟子說，嘿，你這叫什麼話，「聖」就連孔子都不敢當，你這叫什麼話。但孟子提到孔子，已是「聖人聖人」不絕於口。當學生的就要想了，你既然這麼稱呼你的老師，學生也該早圖之。孔子活著，已經有人考慮樹他爲聖人；死後，也果然當了聖人。老師不當聖人，學生怎麼當？大樹老師的結果，是學生自己也當了聖人。前後的邏輯一模一樣。

這一章講得很清楚，聖、仁是很高的境界，連孔子都不敢當。他說仁不敢當，也許太謙虛，但聖不敢當，絕不是謙虛。你若說他是聖人，就等於說他是活祖宗，這樣的頭銜，他會接受嗎？肯定不會。宋以來，儒者喜歡講「內聖外王」，從「內聖」開出「外王」。其實，孔子既不是聖，也不是王，哪裡談得上什麼「內聖外王」？（本章重點：孔子不是聖人）

顏淵喟然歎曰：「仰之彌高，鑽之彌堅。瞻之在前，忽焉在後。夫子循循然善誘人，博我以文，約我以禮，欲罷不能。既竭吾才，如有所立，卓爾，雖欲從之，末（蔑）由也已。」【子罕9·11】

「仰之彌高，鑽之彌堅。瞻之在前，忽焉在後。」這是顏淵對老師的頌揚，形容老師的學問博大精深，難以捉摸。

「博我以文，約我以禮」（可參看【雍也6·27】），這裡是說，用「博學於文，約之以禮」要求我。

「雖欲從之，末（蔑）由也已」是說，雖欲追隨，卻不知走哪條路。「末」通「蔑」，「蔑」是完全沒有的意思。（本章重點：顏回讚孔子）

孔子在世時，子貢就想樹他為聖人

子貢是孔子晚年的得力弟子。他對老師無限忠誠，無限熱愛，無限信仰，無限崇拜。有一次，魯太宰問子貢：你的老師是「聖者」嗎，為什麼這麼多才多藝？子貢說：「固天縱之將聖，又多能也。」要注意的是，「天縱聰明」這個詞，可是後世當官的拍皇上馬屁的話。子貢的意思是說，那當然了，我的老師是天生的聖人。但孔子聽說後，卻不以為然，說這位太宰哪裡瞭解我，我是因為小時候苦，出身卑賤，所以才學了這些本事，君子（上等人）有這些本事嗎？沒有。他當場否認了子貢的頌揚。

> 太宰問於子貢曰：「夫子聖者與（歟）？何其多能也？」子貢曰：「固天縱之將聖，又多能也。」子聞之，曰：「太宰知我乎？吾少也賤，故多能鄙事。君子多乎哉？不多也！」【子罕9．6】

子貢受業，是在孔子周遊列國之際，這段對話估計發生在孔子晚年回到魯國後（西元前四八四～四七九年），約在子貢三十、四十歲時。

「太宰」，是哪一國的太宰？舊有吳、宋、魯、陳四說，都是猜測。太宰問子貢：孔子是不是「聖者」，如果不是，他怎麼有這麼多本事。子貢說，那當然，他是天生的聰明人，渾身都是本事。

「天縱之將聖」，老天一心要造就的聖人。子貢說自己的老師很完美，不但本來就天生聰明，而且還多才多藝。這個評價不得了。孫悟空自稱「齊天大聖」，「齊天」是和玉皇大帝平起平坐，「大聖」是大聰明人。「聖」，本來是後人稱美上古帝王的話，相當今語所謂的「英明」，只有堯、舜、禹、湯、文、武，才當得起這類頭銜。古人往往用「天縱聰明」吹捧時君，如唐太宗和李衛公討論兵法，李靖說「陛下天縱聖武，非學而能」「聖慮天縱，聞一知十」，就是吹捧唐太宗。

「太宰知我乎」，應點問號。子貢是個能幹的人，他以自己的老師多才多藝而自豪，但孔子卻並不以此自豪。他一聽說這番話，馬上對子貢說：這位太宰眞的瞭解我嗎？我年輕時出身卑賤，所以才學來這些本事。君子有很多本事嗎？沒有。這等於間接否定了太宰的推測。孔子認爲，「多能」與「聖者」沒有直接關係，就他個人而言，不但和高貴出身無關，還正好相反，是少年卑賤所造成。這裡値得注意的是，子貢比孟子早開始大樹孔子，幸虧被老師及時糾正。

人們爲了崇拜自己心目中的偉人，甚至不惜違背偉人本身的意願，特別是偉人死後已無法替自己講話，誰敢出來反對將會承受巨大壓力。這是偉人的悲哀。孔子的學生對孔子的崇拜也是如此。他們讀孔子的書，聽孔子的話，做孔子的好學生，但在事關孔子名譽的問題上，他們卻堅決不照他老人家的指示做。

孔子晚年碰上了這個大問題，子貢要樹他爲聖人，他還活著就要樹。子貢自然知道當聖人的兩個條件，國家社會的大救星，肯定不是；但他想，我的老師本事這麼多，學問這麼大，聰明這一條總夠了吧？所以，他是從這一條下手。子貢回答太宰的問題，說我的老師當然是天生的聖人。但孔子斷然否認，他說，我小時候的事，太宰怎麼知道？我是辛苦之人，才從事了很多卑賤的工作，當君子的有這些本事嗎？沒有。孔子沒忘本，他還記得自己是苦孩子出身，一切都靠學習而得，並非天生聰明。關於貴族的文化，他是學來的。（本章重點：多能非君子，更非聖人）

孔子死後，子貢繼續捍衛他的光輝形象

後來，孔子死了，魯國有人捧子貢，貶孔子，攻擊孔子，說孔子如何如何不好，比起子貢差得遠了。孔子死後，子貢是掌門弟子，他覺得老師不在，自己更有必要樹老師，他多次站出來講話，堅決捍衛自己的老師。但子貢說什麼呢？他說，你們的攻擊也太不知高深了，我哪裡比得上我的老師。子貢的日月之喻，宮牆之喻，都是說老師高不可及，他在【子張19．24／19．25】中分別提到「仲尼，日月也，無得而逾焉」「夫子之不可及也，猶天之不可階而升也」。把孔子樹為聖人，這是子貢開的頭。大樹孔子，以子貢的聲音最有力。他把老師捧上了天，為孟子留下了深刻印象。

孟子的弟子公孫丑也吹捧老師，說：您已經是聖人了吧？孟子說：「惡！是何言也？」昔者子貢問於孔子曰：「夫子聖矣乎？」孔子曰：「聖則吾不能，我學不厭而教不倦也。」子貢曰：「學不厭，智也。教不倦，仁也。仁且智，夫子既聖矣。」夫聖，孔子不居，是何言也。」

（《孟子·公孫丑上》）就像孔子當年一樣，孟子並不承認自己是聖人，但對子貢捧孔子的話，他完全接受，但後來孟子自己也當了聖人。孟子說孔子是「聖之時者也」，等於說活人也可以是聖人。這是第一個修正。荀子說，孔子是「聖人之不得埶（勢）者也」，等於說孔子雖無權勢，仍然是國家社會的大救星，這是第二個修正。他們都接受子貢的說法，稱孔子爲聖人。

孔子一生的遺憾都是通過追封來彌補，生前沒有的，後來都有。歷代帝王褒封孔子，除去聖，還有很多頭銜（如王、侯、公）。像是唐代，就稱孔子爲文宣王，但當皇上的聽了總不太舒服，天無二日，人無二主，在他們看來，還是把王字去掉更好。

其實，孔子的頭銜，除了師，沒一個是眞的。這些死後的追認，孔子想不到。孔子不是聖人。

子禽問於子貢曰：「夫子至於是邦也，必聞其政。求之與（歟）？抑與之與（歟）？」子貢曰：「夫子溫、良、恭、儉、讓以得之。夫子之求之也，其諸異乎人之求之與（歟）！」【學而1·10】

「子禽」，是陳亢的字，他在《論語》中出現過三次。《史記·仲尼弟子列傳》沒有單獨立陳亢傳，而是把陳亢附述於子貢之下，根據的就是《論語》。《論語》三見，他兩次都是向子貢請教，學者懷疑他是子貢的學生。孔子的學生，有些是學生的學生。

「子貢」，是端沐賜的字。端沐賜，古書亦作「端木賜」。子貢，古書亦作「子贛」，漢石經和楚簡也這樣寫，「子贛」才是本來面貌，「子貢」反而是簡化。他是孔門第二期的學生，孔門十哲之一，長於言語，擅長應對賓客，嫻熟公關、外交。孔子死後，子貢的威望最高，孔子能當聖人，是他的功勞。

「夫子至於是邦也」，「夫子」是指孔子，「是邦」指某個國家。這裡的「是邦」是哪一邦，估計應是孔子晚年周遊列國到過的某一個國家。子貢比孔子小三十一歲，孔子早年適周、適齊時，他還是個不到五歲的小孩，不可能和子禽討論這類問題。孔子周遊列國時，他可能正值二十四至三十七歲。

「必聞其政」，其實是「必問其政」。孔子喜歡調查研究，如【八佾3・15】中的「子入太廟，每事問」。聞、問同源，古文字早先沒有專表問答的問字。「聞」是雙重含義，孔子要打聽的事，既可以是聽來的，也可以是問來的。後來爲了區別主動和被動，才另外造了個問字①。這裡的「聞」，到底是問還是聞，正是子禽所問。

「求之」是問，「與之」是聞。子貢的回答是，孔子的消息是靠「溫、良、恭、儉、讓」德行得來的，他和一般人就教的方式不一樣，他非常謙虛，非常和氣，人家當然樂意跟他講；說是打聽，其實也可以說是別人主動告訴他的。

「其諸」，表示不肯定，意如「恐怕」。（本章重點：孔子謙和請益）

---

①《說文・口部》有「問」字，戰國璽印和秦簡也有，不過戰國璽印中的問字，是人名用字。

子貢曰：「紂之不善，不如是之甚也。是以君子惡居下流，天下之惡皆歸焉。」【子張19・20】

小孩愛聽好人和壞人的故事，大人也一樣；這樣的故事，線條明快。如堯、舜和桀、紂，就是代表；堯、舜成了好人的符號，桀、紂成了壞人的符號，任何持平之論都很難立足。道德和輿論是放大鏡，好，便越說越好，壞，則越說越壞，爲了把好說得更好，壞就得說得更壞。

子貢說「紂之不善，不如是之甚也」，意思是紂未必像大家醜化的那樣。他敢爲壞人說公道話，實在了不起。

「是以君子惡居下流，天下之惡皆歸焉」，是說君子最怕處於紂那樣的不利地位，什麼壞事都堆到他一人身上，就像地勢低下的汙水池，什麼髒水都朝那兒潑。

古人說「眾口鑠金」，今語云「破鼓亂人捶，牆倒眾人推」。這些都是講輿論的可怕。孔子死後，不知怎麼回事，有一股貶孔子而抬子貢的潮流。子貢是有感於此吧？（本章重點：君子惡居下流）

子貢曰：「君子之過也，如日月之食焉：過也人皆見之；更也人皆仰之。」【子張19・21】

這段話是在講誰？恐怕也是孔子。

子貢說，君子有過錯，如日月之食，他的過錯大家都會看到，但只要改掉，大家仍會尊重他，就像光明被遮蓋只是暫時的，黑暗過去，大家還是仰視其明。

孔子死後，子貢有賢名，當時的流言可能是抓住孔子的某些過失，攻其一點，不計其餘。子貢挺身而出替老師辯護。這類的攻防，下面還有好幾章。（本章重點：君子之過，如日月食）

> 叔孫武叔語大夫於朝曰：「子貢賢於仲尼。」子服景伯以告子貢。子貢曰：「譬之宮牆，賜之牆也及肩，窺見室家之好。夫子之牆數仞，不得其門而入，不見宗廟之美，百官（館）之富。得其門者或寡矣。夫子之云，不亦宜乎？」【子張19．23】

「叔孫武叔」，出叔孫氏，謚武，行叔，名州仇，也叫武叔懿子。詆毀孔子，他最賣力。

「子貢賢於仲尼」，這是抬子貢，貶孔子。

「子服景伯」，可見【憲問14．36】說公伯寮到季孫氏那裡說子路的壞話，子服景伯氣得要殺公伯寮，那是孔子生前的事，這一章的背景則是孔子死後。子服景伯對孔子非常崇敬。

「百官（館）之富」，「官」是古館字，這裡讀「館」。館是屋舍，富是多的意思。

「夫子之云，不亦宜乎」，夫子是指叔孫武叔。

孔子死後，叔孫武叔在朝臣中散佈流言，說子貢比孔子還強，所有有頭有臉的貴族大概都聽到了。子服景伯也在場，他便將這話告訴子貢。子貢說，我和孔子怎麼比？咱們以房屋的院牆打比方吧。我的院牆不過是齊肩矮牆，因爲牆矮，很容易就看見院子裡有什麼好房子。孔子的院牆不一樣，它有數仞之高，你如果找不到它的門，從門進入院子，就看不見院裡的宗廟有多美，院裡的房子有多少。叔孫武叔懂什麼，他連孔子的門都不知在哪兒，難怪會這麼說。（本章重點：夫

子的院牆有數仞之高）

叔孫武叔毀仲尼。子貢曰：「無以爲也！仲尼不可毀也。他人之賢者，丘陵也，猶可踰也；仲尼，日月也，無得而踰焉。人雖欲自絕，其何傷於日月乎？多見其不知量也。」【子張19．24】

「叔孫武叔毀仲尼」，前一章是抬子貢，這裡是毀孔子。他到底說了什麼壞話，這裡一個字也沒說。

「無以爲也」，是不要這麼說。

「仲尼，日月也」，可參考【子張19．21】，這裡也以日月爲喻，也許是同一回事。

「多見其不知量也」，《集解》說此句的意思是「適足自見其不知量也」。「多」，伏虔本作「衹」，解云：「衹，適也。」王引之《經傳釋詞》卷九有「古人多、衹同音」說，其中就有這個例子。

這一章是講叔孫武叔詆毀孔子。子貢再次提到「日月」。他以日月比喻孔子，說普通人再高，也不過如丘陵，只要你想爬，就能翻越它。但孔子不同，他的高明如同日月，詆毀孔子是不自量力。（本章重點：仲尼高如日月）

陳子禽謂子貢曰：「子爲恭也？仲尼豈賢於子乎？」子貢曰：「君子一言以爲知，一言以爲不知，言不可不愼也！夫子之不可及也，猶天之不可階而升也。夫子之得邦家者，所謂立之斯

立，道（導）之斯行，綏之斯來，動之斯和。其生也榮，其死也哀，如之何其可及也？」【子張19．25】

「猶天之不可階而升也」，見《周髀算經》。

「得邦家」，孔注說，「謂爲諸侯及卿大夫」。

「其生也榮，其死也哀」，說明孔子已不在人世。

孔子死，除了叔孫武叔說子貢比孔子強之外，還有陳國的子禽。子禽即陳亢，除了此章，還見於【學而1．10】【季氏16．3】，這裡是以字稱。前人懷疑子禽是子貢的弟子，這很有可能。他這樣拍子貢，讓人想起公孫丑捧孟子——孟子還沒死，他就想樹孟子爲聖人。我從自己的生活經驗體會到，子禽太有可能是子貢的學生了。現在，大學講尊師重道，尊師往往被理解爲捧師，而且一代代往下傳。他們心如明鏡似的：老師不捧捧誰？拍老師的，多半都是學生。

子禽跟子貢說，您也太客氣了吧，仲尼眞比您強嗎？子貢說，君子只憑一句話，就能看出你懂什麼、不懂什麼，你說話可不能不小心。他明確告訴子禽，孔子是高不可及的。他如果當諸侯之政、管大夫之事，肯定該立的立，該行的行，遠人來服，一呼百應。他活得很光榮，死得很悲哀，我怎麼趕得上他。

《史記．孔子世家》說，子路死於衛，孔子病，子貢趕回魯國看老師。孔子說「賜，汝來何其晚也」，孔子自是知道，回死由亡後，子貢最重要。孔子死後，弟子皆服喪三年——「三年心喪畢，相訣而去，則哭，各復盡哀；或復留。唯子贛廬於塚上，凡六年，然後去」。

孔子死後，叔孫武叔帶頭群非孔子，以爲他不如子貢賢，但子貢捍衛了他的老師。（本章重點：其生也榮，其死也哀）

仁人

仁，是孔子思想的中心概念，但不是最高概念。仁是什麼？簡單講，就是拿人當人，先拿自己當人，自己愛自己，自尊自愛，然後生愛人之心，推己及人，也拿別人當人。

仁人也叫仁者，就是有仁德的人。什麼叫仁人？孔子的解釋是「修己以安人」（【憲問14．42】）「己欲立而立人，己欲達而達人」（【雍也6．30】）。這裡的「人」範圍比較小，不等於「民」。孔子說的仁人其實標準很高：比聖人低，比君子高。對於這個頭銜他很吝嗇，絕不輕易許人，哪個人有這種資格，他可不鬆口。像是孔門弟子中，仲由、冉求有政事之材，公西赤諳習禮儀，都是他的得意弟子；因此孟氏家族的孟武伯問他，這三個人可稱得上仁嗎（【公冶長5．8】）？還有楚國的令尹子文、齊國的陳文子，二子皆有令名，子張也曾問孔子他們是不是能稱得上仁？孔子說，這只能算忠，哪裡能算得上仁。子張又問孔子，那崔子呢？孔子又說，這只能算清，哪裡稱得上仁（【公冶長5．19】）。從這些例子我們可以看出，孔子說的仁，不是本事，而是德行；不是一般的忠誠或清高，而是更高的東西。這些人都稱不上仁。

那麼，孔子說的仁人到底有誰？我們從《論語》看，明確有據主要是六個人：微子、箕子、比干、伯夷、叔齊、管仲。這些都是生在孔子之前的死人。微子、箕子、比干是商代的不合作者，爲了抗議商紂的暴政，微子憤而出國，箕子佯狂爲奴，比干強諫被殺，孔子稱爲「三仁」（【微子18·1】）。伯夷、叔齊則是商周之際的不合作者，爲了抗議武王的以暴易暴，不食周粟，餓死於首陽山下，孔子稱爲「求仁而得仁，又何怨」（【述而7·15】）。伯夷，無權無位，不可能安民濟民，按孔子的標準，不能算聖人；但孟子另立標準，把伯夷，還有伊尹、柳下惠和孔子列入聖人（《孟子·公孫丑上》），他根本不聽老師的話。管仲的年代離孔子近一點，但這個人比較複雜，孔子對他不太滿意，但對他的「尊王攘夷，九合諸侯，一匡天下」作爲卻感恩不盡，稱他「如其仁！如其仁！」（【憲問14·16／14·17】）。

孔子心中的好學生還有很多，如德行科的顏回、閔損、冉耕、冉雍，還有有若和曾子，他們是不是能稱得上仁？孔子沒說。但他自己曾在【述而7·34】說「若聖與仁，則吾豈敢」，可見他自己都不敢當，誰還敢當？孔子說不敢當，照我看絕非謙虛。「修己安人」，雖仍非安定天下，但這四個字對他來說分量也不輕。把上流社會搞好，談何容易？

什麼是仁人

子曰：「里仁爲美。擇不處仁，焉得知（智）？」【里仁4·1】

「里仁」，就是「處仁」。里，本來是古代的面積單位，即長寬各三百步。古代以計里畫方安置居民，很有傳統，里等於是居民組織的基本單位。里的面積大小和人口數量沒有一定，但一般而言比較小。現在有些小地名仍以里爲名。

「擇」，古書引用或作「宅」，作「宅」更好。

前人注釋此章一般都是照字面理解，認爲孔子強調的是跟什麼人做鄰居一定要愼重，不選仁人，不行。我們現在買房子，要看地點、交通、景觀，周圍的環境怎麼樣，學校、商店、飯館、醫院怎麼分佈。如果住在美國還有一項最重要，就是鄰居，富人和窮人，什麼人和什麼人住一塊兒，絕對不能忽略。孔子卜宅，也很看重鄰居。如果舊注不誤，那麼他是想跟仁人住在一塊兒。這種想法很有意思。我也想過，如果能跟自己要好的朋友住在一塊兒，多好。

至於孔子的理想社區，是盼望成員全是仁人，還是有一、兩個就夠了，不知道，反正爲富不仁的人，他絕對不接納。有錢可以，必須捐出來。我們不妨設想一下，孔子當校長兼教授，周圍是莘莘學子，慕名者自遠方來，他們買房賃屋，越聚越多，好像大學城，把曲阜闕里弄得像個君子國，多好。孔子說，不跟仁人住在一塊兒，太傻。（本章重點：與仁人爲鄰）

子曰：「唯仁者能好人，能惡人。」【里仁4·3】

以仁爲鄰，誰是仁者？

仁者以仁爲標準，好惡以此定；其所好之人是仁人（或近仁之人），所惡之人是不仁之人。

（本章重點：好惡的判斷）

子曰：「德不孤，必有鄰。」【里仁4·25】

此章是說，有德者並不孤立，總會有相同想法的人站在你一邊。不一定吧？（本章重點：好人不怕孤立）

子貢曰：「如有博施於民而能濟眾，何如？可謂仁乎？」子曰：「何事於仁，必也聖乎！堯、舜其猶病諸！夫仁者，己欲立而立人，己欲達而達人。能近取譬，可謂仁之方也已。」【雍也6·30】

這段話很重要，爲我們區別了「仁」與「聖」。

子貢問「博施於民而能濟眾」，這算不算「仁」？孔子說「何事於仁，必也聖乎」。「何事於仁」，朱注解爲「何止於仁」。這是從上下文推測。其實，「事」有立於某種位置的意思，即今語所謂的定位。

孔子在這裡說，「博施於民而能濟眾」何只是「仁」，如果一定要講它到底算什麼，那也是「聖」。「聖」是更高的境界，就連堯、舜想做到這一點都很頭疼。「堯、舜」是傳說的上古帝王，堯是唐國的國君，舜是虞國的國君，他們正是孔子口中的「聖人」。

「能近取譬，可謂仁之方也已」，能拿身邊的事打比方，也就知道仁是怎麼一回事了。

「仁」和「聖」的區別是什麼？孔子說，「仁」是「己欲立而立人，己欲達而達人」，它強調的是從自己做起，將心比心，推己及人；這主要是個人修養。個人修養好，不一定就能普施恩惠於民，救助天下的百姓。博愛，光有愛心不行，還得有權。「聖」是王者之道，孔子無權無勢，根本做不到。

讀這一段，大家最好參考底下接著談到的【憲問14．42】。該章是孔子答子路問。子路的問題是：「什麼是君子？」孔子的回答分三個層次：第一步是「修己以敬」，即從我做起，先從自己的道德修養下手，對周圍的人心存敬意；第二步是「修己以安人」，即不但自己有很好的道德修養，還能推展仁愛之心，安定身邊的人，即我們這一章的「己欲立而立人，己欲達而達人」；第三步是「修己以安百姓」，即不但推展仁愛之心於身邊的人，還能安定下層大眾，也就是孔子在下一章所說的「修己以安百姓，堯、舜其猶病諸」。由此可知，前兩層是「仁」，後一層是「聖」。

我們要注意，「人」是上流君子，「民」是下層大眾。（本章重點：仁與聖的區別）

子路問君子。子曰：「修己以敬。」曰：「如斯而已乎？」曰：「修己以安人。」曰：「如斯而已乎？」曰：「修己以安百姓。修己以安百姓，堯、舜其猶病諸。」【憲問14．42】

這一章很重要，涉及孔子所定義三種最高層次的人。大家讀這段話，一定要和前一章【雍也6．30】對照參看，裡頭提到的「博施於民而能濟眾」是「聖」的境界，「己欲立而立人，己欲達而達人」是「仁」的境界。比仁更低是什麼？他沒講。

至於此章內容，是子路問孔子有關做君子，三問三答，講人的三種境界，一層比一層高。

第一層，子路問孔子什麼是君子？孔子答，把自己的修養修好，也敬重別人，就是君子，但這只是一般的君子；「以」是而的意思。第二層，子路問到此為止了嗎？孔子答，更高的要求是把自己的修養修好，也能安定別人。這個層次當然也是君子，但已超出一般的君子，而這狹義的君子與【雍也6．30】的「己欲立而立人，己欲達而達人」相對照，可知是指仁人。第三層，子路問到此為止了嗎？孔子答，更高的要求是把自己的修養修好，也能安定天下的百姓，但這件事就連堯、舜都頭疼。這個層次，也是君子，但比仁人更高，等於是【雍也6．30】的「博施於民而能濟眾」，可知是指聖人，是連堯、舜都不好當的聖人。

所以，能夠「修己以安人」的人就是仁人。這裡值得注意的是，孔子說的立人、達人、愛人、安人，都是圍繞「人」，而不及於「民」。前面說過，安民是聖人的事，比仁人更高。這裡再次強調，在孔子的語彙中，人與民是相對的，人與（民）「眾」「百姓」不一樣。「人」是上流君子，「眾」或「百姓」是下層大眾，只有能安百姓或大眾的人才叫聖人。（本章重點：子路問君子）

孔子不輕易以仁許人

孔子的學生之中，仲由、冉求、公西赤、令尹子文、陳文子都還稱不上是仁人。

孟武伯問：「子路仁乎？」子曰：「不知也。」又問，子曰：「由也，千乘之國，可使治其賦也，不知其仁也。」「求也何如？」子曰：「求也，千室之邑，百乘之家，可使爲之宰也，不知其仁也。」「赤也何如？」子曰：「赤也，束帶立於朝，可使與賓客言也，不知其仁也。」【公冶長5．8】

「孟武伯」是誰，可見【爲政2．6】。他問孔子，你的學生仲由、冉求和公西赤，他們哪個能夠稱得上仁？

「子路」，是仲由的字。他是孔門第一期的學生，年紀比孟武伯大，這裡稱字。「冉求」，字子有，是孔門第二期的學生，這裡稱名。「公西赤」，字子華，是孔門第三期的學生，也是稱名。《論語》中同時提到這三個學生，還有兩章，都在〈先進〉篇，分別是【11．22／11．26】，可以對照著看。

孔子對仲由、冉求和公西赤的看法是：仲由年紀最大，本事最大，志氣也最大。孔子說他「千乘之國，可使治其賦」，他的特長是爲大國斂財理財，富國強兵，是治國用兵的人才。「賦」是徵發糧秣、車馬、兵甲和兵役的制度，即軍賦制度。《周禮》說，治賦是太宰的事；孔子的意思是，仲由的能耐很大。但子路只當過季桓子的宰，沒當過魯君的宰，渾身的本事還有很多沒使出來。孔子曾問他志向如何，子路口氣很大，說「千乘之國，攝乎大國之間，加之以師旅，因之以饑饉。由也爲之，比及三年，可使有勇，且知方也」（【先進11．26】），他的行政才能和軍事才能非常突出，當季氏宰委屈了他。

冉求的年紀小一點，爲人比較低調。「千室之邑，百乘之家，可使爲之宰也」，是指爲魯君當邑宰（公邑的長官），或爲卿大夫當家臣（私邑的長官），不是治一國，而是治一邑。仲由之後，冉雍之後，他也當過季氏宰，爲季氏管家。孔子曾問冉求的志向，冉求說「方六七十如五六十，求也爲之，比及三年，可使足民」，「足民」二字可以說明他的才能是在理財方面。當季氏宰，正適合他。

公西赤的特長是言語應對，「束帶立於朝，可使與賓客言也」。孔子曾問他志向如何，公西赤說「宗廟之事如會同，端章甫，願爲小相焉」。他想當的是「小相」，負責主持儀式、接待客人。公西赤曾奉命出使齊國（【雍也6·4】），也是參加外交活動。他在三子之中年紀最小，比仲由、冉求更低調。仲由、冉求長於政事，公西赤長於言語，他們全是行動型的人才。孔子對他們的評價都是「不知其仁」，和仲弓一樣。（本章重點：孔子評仲由、冉求、公西赤）

子張問曰：「令尹子文三仕爲令尹，無喜色；三已之，無慍色。舊令尹之政，必以告新令尹。何如？」子曰：「忠矣。」曰：「仁矣乎？」曰：「未知，焉得仁？」「崔子弒齊君，陳文子有馬十乘，棄而違之。至於他邦，則曰：『猶吾大夫崔子也。』違之。之一邦，則又曰：『猶吾大夫崔子也。』違之，何如？」子曰：「清矣。」曰：「仁矣乎？」曰：「未知，焉得仁？」

【公冶長5·19】

「子張」，是孔門第三期的學生，他和孔子談話，當在孔子的晚年。

「令尹子文」，姓鬥，名穀於菟（讀「屋途」），字子文，是楚成王的令尹，先於孔子。他三次為令尹，三次被解職，這一說法也見於《國語．楚語下》。

「陳文子」，齊大夫，名須無，是陳完的曾孫，先後事齊靈、莊、景三公，與孔子同時。

「崔子」即齊大夫崔杼。

崔杼弒齊莊公，陳文子因其不仁而流亡，他到過兩個國家，但其他古書沒提到。「違之」，是離開的意思。原文是說，陳文子對所到國家的大臣不滿，覺得他們和崔子一樣壞。

令尹子文可上可下，忠於職守，可以稱得上「忠」；陳文子譴責亂臣賊子，不合作，可以稱得上「清」。孔子對他們的評價都不錯，說他們都是好人，但孔子認為他們還不能稱得上「仁」。看來，「忠」和「清」都低於「仁」。（本章重點：孔子評令尹子文、陳文子）

孔子所稱仁者

從《論語》看孔子眼中的仁人，只有以下這幾位：微子、箕子、比干、伯夷、叔齊、管仲。

子路曰：「桓公殺公子糾，召忽死之，管仲不死。」曰：「未仁乎？」子曰：「桓公九合諸侯，不以兵車，管仲之力也。如其仁！如其仁！」【憲問14．16】

孔子非常欣賞齊桓公，因而對管仲也非常欣賞。他的學生子路對此有不同意見。子路是性情中人，臨難不苟，寧肯死節。他覺得管仲、召忽共佐公子糾，爭政失敗後，召忽以死殉節是好榜樣，管仲還活著是恥辱，他恐怕未達到「仁」。但孔子不同意，他認爲桓公九合諸侯，是衣裳之會，非兵車之會，這是管仲之力，他對尊王攘夷有大功，完全當得起「仁」這個字。

孔子評價一個人，無論是時人還是前人，他都很少使用「仁」字，但對管仲，他用了「仁」字。（本章重點：管仲是仁人）

子貢曰：「管仲非仁者與（歟）？桓公殺公子糾，不能死，又相之。」子曰：「管仲相桓公，霸諸侯，一匡天下，民到于今受其賜。微管仲，吾其被髮左衽矣。豈若匹夫匹婦之爲諒也，自經於溝瀆而莫之知也。」【憲問14．17】

「被髮左衽」，「被」同披，披頭散髮、衣襟向左是夷狄的特點，華夏是束髮右衽。

「匹夫匹婦之爲諒也」，「匹夫匹婦」是指普通百姓。「諒」是周南、召南和衛地表示守信的方言字，這裡指小信；「諒」亦作「亮」，《孟子．告子下》提到「孟子曰：『君子不亮，惡乎執。』」，看來孔子和孟子都認爲義之所在是大信，大信必須守；小信可以變通，不知變通，一味固守，屬於諒。

「自經於溝瀆」，即自己把自己勒死在溝渠中。

孔子對管仲的評價非常高，子貢對此也有異議。他認爲，齊桓公殺了管仲的主子，管仲不但未能死節，還背叛主子，反過來輔佐齊桓公，幫助自己過去的敵人，實在不像話。但孔子還是念叨管仲的好處，說大家都應該感謝他，因爲如果沒有管仲，咱們就會披髮左衽，淪爲夷狄，他不認爲管仲應該像匹夫匹婦，爲了小信，隨隨便便就自殺。（本章重點：孔子評管仲）

有恆之人

孔子曾說，若說聖與仁，他是不敢當的；聖人和善人，他是見不到的；他能得見的，僅有有恆者（【述而7·26】）。有恆者是持之以恆的人，孔子說自己並不聰明，更不是天生聰明，他只是「學而不厭，誨人不倦」（【述而7·2／7·34】）。「學而不厭，誨人不倦」，就是有恆。孔子自己就是個持之以恆的人。

子貢樹孔子，正是以此爲根據。他拿有恆者當作聖人，這可是降低了孔子的標準。同樣地，子游批評子夏的學生，子夏也說過一句話「有始有卒者，其惟聖人乎」（【子張19·12】），這也降低了孔子的標準。

有恆之人，只是中人之上等，和聖人絕對不一樣。

子曰：「默而識之，學而不厭，誨人不倦，何有於我哉？」【述而7·2】

這是講做學問，因爲知之、好之、樂之，不知滿足，不知疲倦，持之以恆。

「默而識之」，是默默記在心裡。「識」讀「至」，是記下來的意思。

「學而不厭，誨人不倦」是孔子的名言，大家引用時多半都掐頭去尾，只要這兩句。「不厭和不倦」，就是「有恆」。孔子曾在【述而7．26】說，「聖人」和「善人」（即仁人），他是見不到的，能夠見到「君子」和「有恒者」就不錯了，「難乎有恒」。他老人家也在【子路13．22】說「南人有言曰：『人而無恒，不可以作巫醫』」。這裡，他強調的就是一個「恆」字。「何有於我哉」，這對我算得了什麼。這種說法曾多次在《論語》中出現。

在學習的問題上，我提倡玩，玩強調樂。用體育打比方，我更喜歡的是個人玩的那一種，不是團體項目，更不是競技項目。我認爲，學習是自娛自樂，教書是助人爲樂，即使不那麼高尚，只當謀生工具，或消愁解悶、打發時光，也很好。我最討厭的一種人是像《野叟曝言》中文素臣那樣的人，他不喜歡和尚就發誓要殺光所有的和尚，一直追到東南亞。這種有澄清天下之志的人，如果做學問會非常可怕，他「學而不厭」是爲了「毀人不倦」，見人就滅，以爲天下之大，只有他那點學問才叫學問，別人的學問都不是學問，不是冠軍不許入場。這叫自討沒趣。自己把學問弄得沒意思，讓別人也覺得沒意思。學問和人都毀了。（本章重點：什麼是有恆者）

子曰：「譬如爲山，未成一簣，止，吾止也。譬如平地，雖覆一簣，進，吾往也。」【子罕9．19】

朱熹引《書．旅獒》「爲山九仞，功虧一簣」爲注。〈旅獒〉屬於所謂的古文尚書。

「簣」，是擔土的筐。孔子說，我打個比方，堆土成山眼看就要堆成了，哪怕只差一筐土，你停了下來，這個山便堆不成；平地上，哪怕才剛倒下一筐土，只要你繼續往上倒土，早晚也會堆成山。他的意思是有志者事竟成，無論什麼事都貴在堅持，做就成，不做就不成，一切全在你自己。他說的「吾」，泛指一切主體。（本章重點：勿功虧一簣）

子曰：「語之而不惰者，其回也與（歟）？」【子罕9．20】

這是孔子誇顏淵。顏淵最優秀，什麼地方優秀？在「語之而不惰」。老師講話時，他越聽越認眞，別的學生可比不上，因爲孔子一講得多，他們就會「惰」。（本章重點：顏回不惰）

子謂顏淵曰：「惜乎！吾見其進也，未見其止也！」【子罕9．21】

顏淵做學問一直努力持續不懈，這也是講他「不惰」。（本章重點：顏回不惰二）

子曰：「南人有言曰：『人而無恒，不可以作巫醫。』善夫！不恒其德，或承之羞。」子曰：「不占而已矣。」【子路13．22】

這恐怕是節錄孔子的話，原來應該比較長。《禮記．緇衣》的最後一章（第二十三章）有類似的話，作「南人有言曰：人而無恒，不可以爲卜筮。古之遺言與？龜筮猶不能知也，而況於人乎？《詩》云：『我龜既厭，不我告猶。』〈兌命〉篇曰：『爵無及惡德，民立而正事，純而祭祀，是爲不敬；事煩則亂，事神則難。』《易》曰：不恆其德，或承之羞。恆其德偵，婦人吉，夫人凶。」上博楚簡、郭店楚簡也有〈緇衣〉篇，但文字不太一樣，一是「南人」作「宋人」，二是「巫醫」作「卜筮」，三是引文只有《詩》《易》，沒有《書》，〈兌命〉篇的引文是多出來的。這些，都對閱讀此章有幫助。

「南人有言曰」，什麼是「南人」，比較費解，孔注說是「南國之人」，不能確指是哪一國。上博簡和郭店簡的〈緇衣〉篇都作「宋人」，這很重要。因爲宋在魯的西南，所謂「南人」其實是指宋人。宋是商人的後代，而商人最熱中卜筮。《漢書・藝文志・數術略》著龜類有《南龜書》廿八卷，與《夏龜》廿六卷並列，可能就是宋人所傳的卜法。

「人而無恒，不可以作巫醫」，〈緇衣〉說這可能是「古之遺言」。「巫醫」的意思，〈緇衣〉篇的各個本子都作「卜筮」。卜筮是數術，巫醫是方技，不一樣。這裡，還是以作「卜筮」更好。商代特重卜筮，卜筮的特點是連續性，天天占卜，前後相繼，術語叫「習」。卜筮比方技使用得更頻繁。占卜和科學不同，科學講究重複率，占卜不講這套，這種方法不行就換另一種，持之以恆。如《左傳》提到的占卜種類很多，卜筮相習，卜不靈，就用筮，筮有三易，也是換著用。它的「恆」，主要是表現在堅持不懈地進行占卜。

「不恒其德，或承之羞」，出於《易・恒》，意思是如果沒有恆心，就會招致羞辱。

「不占而已矣」，是說「不恆」的原因沒別的，只不過是缺乏恆心，不再占卜罷了。

孔子認爲，卜筮關天意，龜策是靈物，卜筮者用龜策反覆占卜，仍常常得不到答案，更何況是人呢？如果沒有恆心，什麼事都辦不成。孔子特別強調「有恆」，反對荒嬉怠惰，反對半途而廢。如【述而7．26】所言：「子曰：『善人，吾不得而見之矣；得見有恒者，斯可矣。亡而爲有，虛而爲盈，約而爲泰，難乎有恒矣。』」他對自己的勉勵，對學生的教誨，到處都貫穿著這種精神。（本章重點：人貴有恆）

曰：「驥不稱其力，稱其德也。」【憲問14．33】

「驥」是千里馬，「稱」是稱謂之稱。

「驥不稱其力，稱其德也」，馬有什麼「德」可稱？鄭玄以爲「調良」，即訓練得好。但「德」可訓「得」，也可能是指牠跑的結果究竟如何，無論是騾子還是馬都拉出來遛遛看，能跑到終點的馬才叫好馬。（本章重點：什麼是好馬）

善人

「善人」是個老詞，這個詞是什麼意思？其實並不複雜。從字面意思看，是指好人。而好人，是個模糊字眼。孔子說，他不僅見不到聖人，即使是善人他也見不到（【述而7．26】），可見這是個很高的層次。莊子倒是在《莊子．胠篋》中說過，世上善人少而不善人的多，難道孔子也這麼憤世嫉俗嗎？恐怕不是。我懷疑《論語》中的說法，善人和仁人的層次差不多。

《論語》提到善人只有五次，但話並未說得很清楚，但我們從〈子路〉篇的【13．11／13．29】兩章來看，孔子說的善人，也是屬於有權有位、可以施展政治才能的人。

子張問善人之道。子曰：「不踐迹，亦不入於室。」【先進11．20】

我們已經在【述而7．26】討論過，「善人」是大好人，跟「仁人」是同一個層次。

子張問該怎麼做一個善人，孔子說「不踐迹，亦不入於室」。這兩句話比較費解，過去有兩種解釋：一種是不循舊跡，有所創造，但還沒入聖人之室（孔注、《集解》）；一種是如果不循舊跡，也就不能入室（清孔廣森《經學卮言》、陳澧《東塾讀書記》）。我認爲，前說比後說好一點。

在孔子的語彙中，善人比較高，但不是最高，比起聖人還差一點。我想這裡是說，善人不同凡俗，不隨大流，但仍不到最高境界。（本章重點：善人不隨俗）

子曰：「『善人爲邦百年，亦可以勝殘去殺矣。』誠哉是言也！」【子路13．11】

「善人爲邦百年，亦可以勝殘去殺矣」，孔注說：「古有此言，孔子信之。」這兩句是孔子引用成語歎賞之，應該加引號。原文說得很清楚，聖人、善人是見不到的，這與君子、有恆之人不一樣。善人的層次肯定比君子、有恆之人要高，即便低於聖人，也和仁人屬於同一層次。

「善人」，在《論語》中出現過五次；《皇疏》說，這裡的「善人」是指「賢人爲諸侯」。要注意，這裡的「善人」並非一般人，而是統治者。在古代國家，酷刑和殺人少不了，古語說善人治國，要花百年，才能制止，可見仁政難施。（本章重點：仁政難施）

子曰：「善人教民七年，亦可以即戎矣。」【子路13．29】

「善人」，這裡也是指統治者。「即戎」，讓人民投入戰爭。

《公羊傳》桓公六年提到，秋八月壬午，魯國舉行大閱；何休注解釋「故比年簡徒謂之蒐，三年簡車謂之大閱，五年大簡車徒謂之大蒐」，即步兵訓練得每年一次，車兵訓練得三年一次，步兵和車兵混在一起訓練得五年一次。當時，訓練軍隊很費時間，爲了使參加訓練的人達到實戰要求，孔子說得花七年。這段話很有史料價值。下一章也是講教民作戰。（本章重點：孔子論兵）

子曰：「以不教民戰，是謂棄之。」【子路13．30】

「以不教民戰」，應斷句讀成「以——不教民——戰」，「以」是用的意思，「不教民」是一個詞，指沒有受過軍事訓練的老百姓。受過訓練的士卒叫「練士」「教卒」，沒訓練的叫「驅眾」「白徒」。

古書引文，有時會去掉「以」字，作「不教民戰」，意思就完全變了，成了不教老百姓作戰。古人有「三時務農而一時講武」的說法，通常是在冬季農閒的時候，用打獵的方式教民作戰。孔子對軍事訓練很重視，認爲用未經訓練的老百姓打仗，等於白白讓他們送死，這麼做是「不仁」。「善人」是仁人，當然不能這麼做。（本章重點：善人用兵之道）

賢人

賢人，也叫賢者，大概的意思是道德高、本事大。這個詞也是模糊字眼，在《論語》一書中，孔子所稱的賢人，有死人，也有活人。

伯夷、叔齊是死人，孔子稱爲「古之賢人」，而且是「求仁得仁」，可見仁人屬於賢人。柳下惠，是離孔子比較近的一位賢人，那臧文仲卻占著茅坑不拉屎，明知柳下惠賢能，卻不肯給他一個位子（【衛靈公15．14】）。柳下惠也早於孔子，是死人。

對於顏回，孔子說「賢哉回也」，這是活人。但賢人和善人好像還不太一樣，比起善人，好像尺度鬆一點。子夏說「賢賢易色」，即孔子說的「好德如好色」，也就是「吾未見好德如好色者也」。此外要注意，儒、墨都尚賢，但道家不尚賢。

孔子尚賢

子夏曰：「賢賢易色，事父母能竭其力，事君能致其身，與朋友交言而有信，雖曰未學，吾必謂之學矣。」【學而1．7】

「子夏」，是卜商的字。他是孔門第三期的學生，孔門十哲之一，長於文學。

「賢賢易色」，前一個「賢」字是動詞，即以賢爲賢，尊重賢人，推崇賢人。前人對「易」字有三種理解，代替、改易、輕視；我認爲第一說最好，第三說最壞。「賢賢易色」就是孔子兩次提到的「好德如好色」，意思是要像「好色」一樣「好德」。可見，色可以是好的。

色是性感的外貌，主要指女人在男人眼中的性感外貌，即女色。男色則不太有人提。喜歡漂亮的女人沒什麼不對，不對的是心裡好之，嘴上又賤之，說什麼「兄弟如手足，妻子如衣裳」，不拿妻子當衣裳，就是重色輕友。

用「好德」代替「好色」，不是戒色，而是修養道德要像男人喜歡女人那樣，有內在衝動，情不能已。女人又不是什麼壞東西，誰說非戒不可。子夏移好色之心以好賢，完全符合老師的教導。（本章重點：以德代色）

子曰：「見賢思齊焉，見不賢而內自省也。」【里仁4・17】

「見賢思齊」，現在已是成語。（本章重點：見賢思齊）

子曰：「已矣乎，吾未見能見其過而內自訟者也。」【公冶長5・27】

這話不知是說給誰聽。

孔子說，算了吧，我可沒見過有誰能發現自己的錯誤，而勇於自我批評。可見這事不容易。「自訟」，是自己和自己辯論，自我批評。（本章重點：能自我批評的人太少）

子曰：「吾未見好德如好色者也。」【子罕9・18】

此語又見【衛靈公15．13】。

「好色」，是生理反應，往往情不自禁。「好德」不一樣，往往要壓抑本能。孔子希望大家「好德如好色」，難。（本章重點：好德如好色）

子問公叔文子於公明賈曰：「信乎夫子不言、不笑、不取乎？」公明賈對曰：「以告者過也。夫子時然後言，人不厭其言；樂然後笑，人不厭其笑；義然後取，人不厭其取。」子曰：「其然？豈其然乎？」【憲問14．13】

「公叔文子」，公叔氏出獻公之子成子當，即吳季札所稱「衛國六君子」之中的公叔發（《左傳》襄公二十九年）。公叔是氏，文子是謚，其名爲發。

「公明賈」（生卒不詳），也是衛臣，公明是氏，賈是名。

公叔文子是衛國的賢達，很有風度，孔子聽說他的特點是「不言、不笑、不取」，因此向公明賈打聽是否眞如此。公明賈說這是傳話的人把話傳錯了，公叔文子只是舉止得體罷了。他是該說的說，不該說的不說；高興才笑，不高興不笑；該拿的拿，不該拿的不拿。所以別人對他的言、笑、取一點也不討厭。孔子說，是嗎？眞是這樣嗎？這段對話應發生在孔子兩次仕衛期間，即前四九五～前四九三年，或前四八八～前四八五年。（本章重點：公叔文子是怎樣的人）

子曰：「不逆詐，不億（臆）不信，抑亦先覺者，是賢乎！」【憲問14．31】

「不逆詐」，是不逆料別人究竟是否欺詐。

「不億（臆）不信」，是不去猜測別人是否不講信用。「億」，是猜測的意思。

孔子說，如果你不這麼做（不億不信），還是能預先察覺對方的陰謀，算你高明。（本章重點：怎樣才能不上當）

子曰：「已矣乎！吾未見好德如好色者也。」【衛靈公15·13】

這一章與【子罕9·18】重複。孔子說，算了吧，我還沒見過誰能像好色一樣好德。

司馬遷說，衛靈公與夫人南子同車，命孔子在後一輛車上跟著，招搖過市，孔子便講了這段話，因此去衛（《史記·孔子世家》）。但【衛靈公15·1】卻說孔子去衛是因爲靈公問陳，也許兩個原因都有。

這裡的「已矣乎」是表示徹底絕望。如果司馬遷的說法可靠，則這段話應說於前四九三年。

（本章重點：如何鍛鍊品德）

孔子所稱賢人

孔子所稱的賢人僅有：伯夷、叔齊、柳下惠、顏回。

哀公問：「弟子孰爲好學？」孔子對曰：「有顏回者好學，不遷怒，不貳過。不幸短命死矣。今也則亡，未聞好學者也。」【雍也6・3】

「顏回」，孔子這是直呼其名。孔子說，顏回最好學，可惜短命，現在沒有別人了，沒聽說有誰更好學。

「不遷怒，不貳過」，即指顏淵道德修養高不會拿別人出氣，而且聞過必改，絕不犯同樣的錯誤。「遷怒」是人類釋放情緒的慣用手法，它和古書常說的「移禍」屬於同一類，人類學家叫「轉移巫術」，主子有氣罵奴才，大人有氣打孩子，指桑罵槐，摔盆打碗，都是屬於宣洩或淨化（catharsis）。「宣洩」和「排泄」本來是一個詞，拉屎撒尿必須找個地方一泄了之。無所發洩，憋在心裡，會得精神病。拿別人出氣，常見。犯錯也一樣。很多人狗改不了吃屎，老錯誤一犯再犯。只有道德修養極高的人，才能不遷怒於人，不犯同樣的錯誤。

「不幸短命死矣」，古人把病死、戰死等非正常死亡叫「夭」「殤」，漢代的說法是「不幸死」。顏淵是死於孔子存世的最後幾年，死時只有四十一歲。古人認爲活不到五十歲就是短命夭殤，現在追悼會上的用詞叫「英年早逝」。我們可以斷定，此章的對話時間當在顏淵死後，即前四八一～前四七九年之間。（本章重點：顏回好學）

曾子曰：「以能問於不能，以多問於寡；有若無，實若虛，犯而不校，昔者吾友嘗從事於斯矣。」【泰伯8・5】

「以能問於不能，以多問於寡，有若無，實若虛」，這句話的意思是不恥下問。孔子說，孔文子死後之所以諡爲「文」，主要是因爲他「敏而好學，不恥下問」（【公冶長5．15】）。這是指好學的態度。

「犯而不校」，別人欺負你，一點不反抗。這裡的「校」是抵抗，而不是計較，包咸說是「報也」。《司馬法．仁本》說「雖遇壯者，不校勿敵」，其中的「校」也是這個意思；意思是，不要抵抗，即使是壯年人也不要拿人家當敵人，見了就殺。

「吾友」，馬融說是顏回，前面加上「昔者」，說明這話是追述，說話時間當在顏回死後，即前四八一年後。曾子是孔門弟子中年紀較小的學生，他講這話可能在顏回死後，這倒合情合理。（本章重點：顏回的美德）

子曰：「回也非助我者也，於吾言無所不說（悅）。」【先進11．4】

孔子批評顏回，說他總是光聽老師的話，而且竟然每句話都喜歡，毫無異議。這是明貶暗褒。（本章重點：拐彎稱讚顏回）

子曰：「臧文仲其竊位者與（歟）！知柳下惠之賢而不與立（位）也。」【衛靈公15．14】

「臧文仲」，即臧孫辰，可見【公冶長5．18】。

「立」，與「位」同源。

「柳下惠」，是魯國的賢人。舊注都說此人即《左傳》僖公二十六年和文公二年的展禽。展禽，名獲字禽，排行爲季，也叫展季。柳下，是以居於柳樹下爲號，古代邑里往往以樹而名。惠是謚。他的官職是士師，士師專管貴族獄訟。

臧文仲知柳下惠賢能，卻占著位子不給柳下惠，孔子罵他是「竊位者」。「竊位」即俗話說的「占著茅坑不拉屎」。校園裡有很多教授都有退休恐懼症，就像有些當官的，一旦從崗位上退下來馬上身心崩潰，甚至一命嗚呼。他們常常找各種藉口賴著不走；不但不走，還嫉賢妒能，絕不讓位，這種人就是「竊位者」。（本章重點：臧文仲是竊位者）

成人

《老子》②第四十五章說「大成若缺」，成與缺相對，是完滿的意思。成人，就是完人、全才，這個詞只在《論語》出現過一次。子路問孔子什麼叫成人，孔子有兩種答案。一種是「若臧武仲之知（智），公綽之不欲，卞莊子之勇，冉求之藝，文之以禮樂，亦可以爲成人矣」，即道德或才能等某一方面很完美；還有一種，標準低一點，「今之成人」不一定非如此，只要能「見利思義，見危授命，久要不忘平生之言」，也可以算得上成人。

② 本書引用的《老子》，都是根據馬王堆帛書本。

子路問成人。子曰：「若臧武仲之知（智），公綽之不欲，卞莊子之勇，冉求之藝，文之以禮樂，亦可以爲成人矣。」曰：「今之成人者何必然？見利思義，見危授命，久要不忘平生之言，亦可以爲成人矣。」【憲問14．12】

「成人」，猶言完人（《集注》）。

「臧武仲之知（智）」的「臧武仲」，看來是個很聰明的人。他是魯大夫，即臧孫紇；武是謚，仲是行輩，紇是名。

「公綽之不欲」的「公綽」，即孟公綽，看來他是個清心寡欲的人。

「卞莊子之勇」的「卞莊子」，《集解》周生烈注謂之魯卞邑大夫，戰國秦漢時期，關於他的傳說很多。《荀子．大略》：「齊人欲伐魯，忌卞莊子，不敢過。」《左傳》襄公十六年：「齊侯圍郕，孟孺子速邀之。齊侯曰：『是好勇。去之以爲之名。』」前人懷疑，前文的「卞莊子」就是後文的「孟孺子速」，孟孺子速，即孟莊子，也叫仲孫速。孟莊子因食採於卞，也叫卞莊子，但程樹德③認爲證據不足。

「冉求之藝」，冉求擅長政事，多才多藝。

孔子說，有此四德，再加上禮樂的修養，就可以算「成人」；這是孔子的回答。

第二個「曰」字以下，有人認爲是孔子的話（《集注》），有人認爲是子路的話（《集注》引胡氏說）。從語氣看，我認爲是子路的話。孔子說的主要是指前輩（冉求例外），子路喜歡頂嘴抬槓，他是以「今之成人」來修正孔子的標準。子路的標準只有三條：一是「見利思義」，這是「不欲」；二是「見危授命」，這是「勇」；三是「久要不忘平生之言」，「要」讀「約」，則是雖處困境而不改其志，仍恪守諾言。這三條都符合子路的性格，但其中沒有「智」「藝」，也沒有「禮樂」。

仲由自己也是卞邑人，正以仲爲氏，他和仲孫氏或有什麼關係，哪怕是祖上有什麼關係，這值得思考。孔子所稱的臧武仲和孟公綽，年代都早於他，卞莊子可能也是，只有冉求比孔子小廿九歲。這段話的說話時間不詳。（本章重點：成人就是完人）

君子

在孔子的語彙中，「君子」比聖人、仁人、善人的層次低。孔子好古，他心中的好人、能人，淨是死人；他心中的君子，是古代的貴族、古代的君子，或是在他那個時代仍懷有古君子之風的人。君子是比較現實的目標，可以透過培養而成，因此在《論語》中君子一詞出現得很頻繁。但君子是什麼？本來是指貴族。孔子說的君子有雙重含義，一是身分君子，有貴族身分，但不一定有道德學問，像是當時的上流社會；二是道德君子，沒有貴族身分，藉由學習照樣擁有道德學問，像是孔子自己和他的學生。

在孔子之前的古君子，他們有身分，也有道德、學問，名實統一；但孔子當時的統治者（上

③此為《論語》的集注類書籍，是我讀論語的主要參考書。程樹德，《論語集釋》，北京：中華書局，一九九〇年。

流社會）中，很多人徒有貴族身分，卻沒道德也沒學問，是僞君子。而孔子教書育人，直接目標就是培養眞君子（也叫「士」），雖不同於聖人、善人和仁人，但凡是好學生都可能成爲君子。他的學生很多都來自社會下層，但孔子培養他們的標準，是用貴族標準。孔子論君子，可從以下兩個方面來看——

與小人相對（泛論君子）

與君子在意義上相反的，是「小人」。下層民眾，只要不學依然是小人。當然，孔子說的小人，主要是著重於道德方面，即做爲道德君子反義詞的小人。而孔子之所以區別君子與小人，是爲了講給學生聽，讓弟子們牢記在心、清楚分別。

君子的特點是有修養、有道德學問，能夠「修己以敬」，小人則全然相反，君子與小人的對比，可見：【里仁4·16】的「君子喻於義，小人喻於利」、【述而7·37】的「君子坦蕩蕩，小人長戚戚」、【衛靈公15·21】的「君子求諸己，小人求諸人」。

至於孔子所稱的君子僅有：宓不齊（【公治長5·3】）、子產（【公治長5·16】）、南宮适（【憲問14·5】）和蘧伯玉（【衛靈公15·7】）。

子曰：「學而時習之，不亦說（悅）乎？有朋自遠方來，不亦樂乎？人不知而不慍，不亦君

子乎？」【學而1·1】

「子曰」當然就是「孔子說」，《論語》全書的「子曰」都是孔子說。古代子書，是以「子」稱老師。如《孫子》十三篇，每篇開頭多作「孫子曰」；《墨子》的〈尚賢〉等十篇，每篇開頭也作「子墨子曰」。這樣的「子」是對老師的尊稱。研究《論語》，我們要知道中國最早是怎麼稱呼老師的，學生稱孔子爲「子」，這個「子」是什麼意思？

「子」本來是貴族子弟的稱呼。西周時期，貴族子弟多被稱爲「小子」，就連君王在神祖面前也自稱「小子」。春秋時期，人們以「夫子」或「子」稱呼卿大夫，即當時的貴族官僚；「夫子」是第三人稱，相當他老人家，「子」是第二人稱，相當您老人家。「夫子」也可簡稱爲「子」。「夫子」和「子」都是尊稱。而孔子當過魯大夫，雖然時間很短只有三年，但他的學生便以這個頭銜稱呼老師。這裡的「子」是「夫子」的省略。古代最初只有一門學問，即做官的學問，長官就是老師，這叫「官師之學」；孔子強調讀書就要做官，這不是他的發明，而是官師之學的傳統。「諸子」的「子」是源於官師，和稱呼老師、首長是一樣的。

「時習」，一說是「學者以時誦習之」（《集解》引王肅），即按時複習；一說是「既學而又時時習之」（《集注》），即時時複習。楊伯峻④認爲，前說才是周秦古書的用法，後說是以後代的詞義解釋古書，不可取。《國語·魯語下》：「士朝而受業，晝而講貫，夕而習複。」這

④楊伯峻，《論語譯注》，北京：中華書局，一九五八年初版、一九八〇年二版。

表示複習應在晚上。

「朋」，古人把同學、同事、同僚等同輩人叫「朋」「友」或「朋友」，這裡指同學。東周的編鐘銘文常以「父兄」（或「兄弟」）「婚媾」「朋友」並說，父兄（或兄弟）是血緣關係，婚媾是婚姻關係，朋友是社會關係或政治關係。

這一章的內容好像學生初入學時，聽導師的訓話，主要是講學習的快樂。第一樂是個人的快樂，你們來到我的門下，聽我傳道，按時複習，樂在其中。第二樂是和同學在一起，你們不光自己學，還不斷有人慕名而來成爲你們的同學，弦歌一堂，豈不快哉？第三樂是師門以外的別人不瞭解我們，千萬別生氣，因爲你學習的目標是成爲君子，學習是爲自己學，別人不知道，但你有君子的快樂，內心的快樂，不也很好嗎？孔子好學，把學習當快樂，認爲求知的快樂比求知本身還重要（【雍也6．20】）。這幾句話的共同點是「快樂」。「說」即悅，是愉悅；「樂」是快樂；「不慍」也仍然是感到愉悅或快樂。《論語》以此爲第一章，很好。

這一章提到了「君子」，「君子」是孔子思想的重要概念。什麼是君子？什麼是小人？後面會反覆提到。孔子說的君子、小人有兩種含義：一種是身分，意即貴族、有地位的人就是君子，奴隸、沒有地位的人則是小人；一種是道德，道德高尚的人是君子，道德低下的人是小人。

君子、小人之辨，本來是血統論的概念；貴族社會的特點，就是講血統論。階級之仇可遺傳，作用之大遠遠超出我們的想像，即使到了今天也沒稀釋完。文革後，幹部的孩子還是當幹部，演員的孩子還是當演員，知識分子的孩子領導出國新潮流。最近，時光倒轉，還多了「貴族熱」，互相比闊。我是誰？少爺。有形資產沒了比無形資產，看誰能吃會喝，精通美食。什麼都拉扯上貴族，哪怕是有錢人家的廚子。

其實，孔子的祖上也很光榮，但他本人早已平民化，吃過民間疾苦，遭過貴族白眼，這是很好的教育。他對貴族的驕奢淫逸非常看不慣。但孔子反對血統論還不夠徹底，在當時並不容易徹底。他的態度是「有成分論——不唯成分論——重在表現」。老貴族，他欣賞、奉爲榜樣，但他更重的還是當時怎麼樣，看誰更有道德、學問，這特別反映在他用的「君子」一詞上。

孔子所說的「君子」，是用舊名詞裝新概念。在他看來，過去的貴族不但血統高貴，有身分地位，也有道德學問、君子風度。但他當世的貴族不一樣，往往只有身分地位，沒有內在。因此，他賦予「君子」新的含義，意即有道德學問，卻不一定有身分地位的人。這種人有點像日本的浪人，是邊緣分子；一部分像他，出身高貴，但家道中落，在家當老二、老三，屬於庶子或餘子，沒有繼承資格；一部分是藉由學習而知書達禮的鄉巴佬，如子路、顏回。這種邊緣分子，就是孔門施教的對象，是後來「士文化」的主體。

中國的貴族制度崩潰得特別早，除了皇親國戚，早就沒什麼像樣的貴族（像歐洲那樣的貴族）。科舉制下的大富大貴之人，很多都來自窮鄉僻壤。但每個時代都有一批有身分地位、沒道德學問，或是有道德學問、卻沒身分地位的人。誰是君子？誰是小人？還是問題。

讀書做官是孔夫子的理想和遺產，我不喜歡。我更喜歡沒官做的孔夫子。吳敬梓諷刺讀書人，諷刺爲做官讀書的人。寫完這類人，做爲理想，他特意在小說結尾寫了四個奇人，「琴」

「棋」「書」「畫」各一位，但沒有一個是大富大貴之人，全是隱於市井的平民。他說「看官！難道自今以後，就沒有一個賢人君子可以入得《儒林外史》的麼……」，這最後一位叫荊元，奏一曲高山流水，令老者淒然淚下，語極傷心。這是吳敬梓筆下的君子。（本章重點：學習的快樂）

子曰：「君子食無求飽，居無求安，敏於事而愼於言，就有道而正焉，可謂好學也已。」

【學而1．14】

「食無求飽，居無求安」，是安貧。

「敏於事而愼於言」，是做事勤快，說話謹愼。

「就有道而正焉」，是向有道德學問的人求教。（本章重點：什麼叫好學）

子曰：「君子不器。」【爲政2．12】

孔子是博通之人，博通是爲了追求「道」，避免像現代人一樣，陷於學術分工的泥淖而不可自拔。

「器」是用來載道的。

君子追求的是道、不是器，就像人吃的是飯、不是飯碗。器，各有各的用途，知識分子的毛病是泥於小道，不知會通——因爲追求器，自己也變成了器。所以，孔子說「君子不器」。（本章重點：君子求道不求器）

子貢問君子。子曰：「先行其言，而後從之。」【爲政2·13】

這是講「言」和「行」的關係，即先做後說，並且繼續做下去。但簡本無「其言」這兩個字。（本章重點：做了再說）

子曰：「君子周而不比，小人比而不周。」【爲政2·14】

「比」是拉拉扯扯，「周」是和衷共濟。

北京人、東北人，和上海人、江浙人比，好像比較豪放。前者喜歡說後者斤斤計較。但這種豪放有時很可怕，有時候說我們用不著分你我呀，一下子就豪放到你的錢包裡了。中國，要命的問題就是拉拉扯扯。中國人和西方人比，最大的不同就是我們人多，喜歡搞小團體，傳播是非，製造矛盾，彼此的界限分不清。西方人特別認同上海人，上海人在待人接物上和他們有相近之處。在道德問題上，我對西方有敬意，主張進口道德，原因之一就是我不喜歡吹吹拍拍、拉拉扯扯這一套。

讀這段話，大家還可以參看【述而7·31】的「君子不黨」，以及【衛靈公15·22】的「群而不黨」。「比」是朋黨，小集團、小宗派。小集團不好，我不參加。大集團，我也不參加。人，只有獨立才有自由，但獨立和孤立分不開。（本章重點：少來小團體這一套）

子曰：「居上不寬，爲禮不敬，臨喪不哀，吾何以觀之哉？」【八佾3·26】

「居上」是居上位。「寬」是寬容。曾子也說過類似的話：「臨事而不敬，居喪而不哀，祭祀而不畏，朝廷而不恭，則吾無由知之矣。」（《大戴禮·曾子立事》）

這三條，都是講體面人應有的體面。（本章重點：君子應有的體面）

子謂子賤，「君子哉若人！魯無君子者，斯焉取斯？」【公冶長5·3】

「子賤」，宓不齊，字子賤，孔門第二期的學生。孔子品評人物，有聖人、仁人、君子三等，宓不齊是君子這一等。

孔子說，如果魯國眞的沒有君子，那他又是從哪裡學來的呢？答案很清楚，他是從魯國的君子，尤其是孔子那裡學來的呀！（本章重點：子賤是君子）

子謂子產，「有君子之道四焉：其行己也恭，其事上也敬，其養民也惠，其使民也以義。」【公冶長5·16】

「子產」，是公孫僑的字，鄭卿。

這裡的四大美德「恭、敬、惠、義」，「恭和敬」是一對，「惠和義」是一對。恭和敬，是用於君子，屬於禮。恭和敬不一樣，「恭」是用於表現自己，讓別人感覺自己的臉色、談吐很客氣；「敬」是用於伺候上司和尊長，對他們非常尊敬。惠和義也不一樣，「惠」

是養民，讓人民過得好；「義」是使民，讓他們做事合乎義。

這一章的「使民以義」，用的是「義」，孔子曾說「君使臣以禮」（【八佾3・19】），用的則是「禮」，這是因為使民和使臣不一樣。禮是用於君子，和老百姓無關。雖然君子對君子，君子對民的方式完全不一樣，但這四句話的主語都是君子，故曰「君子之道四焉」。（本章重點：君子的四大美德）

子謂子夏曰：「女（汝）為君子儒，無為小人儒。」【雍也6・13】

「君子儒」「小人儒」，孔子嚴格區分君子、小人，這種區分也用於儒者本身。他常講君子、小人之分給學生聽，主要是為了讓他們區分這兩種儒。儒本是一種賤業，靠教書相禮、為人操辦紅白喜事混飯吃。「小人儒」學本事，只是為了混飯吃，沒有理想。「君子儒」不一樣，多是精研典籍，注重修養，是眞正懂得禮學精義的人。孔子提倡的儒是後一種。

孔子為什麼跟子夏說這種話？大概是認為他有點「小人儒」的毛病吧？（本章重點：君子與小人的分別）

子曰：「質勝文則野，文勝質則史。文質彬彬，然後君子。」【雍也6・18】

「質勝文則野，文勝質則史」，「質」是內在本質，樸實無華；「文」是外在修飾，賞心悅目。「野」是粗陋、鄙俗，「史」是精巧、文雅。《儀禮・聘禮》：「辭多則史，少則不達。」

孔子認爲，文、質是相需而用，文太多或質太多都不好，最好能協調兩者。

「文質彬彬」，就是折衷文、質，讓兩者恰如其分。這個詞的含義現在已產生變化，「文質彬彬」變得只強調「文」，不與「質」相對，而與「武」相對。這不是孔子的原意。

【雍也6·2】引《說苑·修文》裡記載孔子見伯子的故事，就是講文、質的關係。（本章重點：文質彬彬的本意）

子曰：「君子坦蕩蕩，小人長戚戚。」【述而7·37】

這是講君子、小人的心理狀態不同。

君子於人無所不容，故襟懷坦蕩。小人成天算計別人，所以老是一肚子牢騷。（本章重點：君子與小人的心理狀態）

曾子有疾，孟敬子問之。曾子言曰：「鳥之將死，其鳴也哀；人之將死，其言也善。君子所貴乎道者三：動容貌，斯遠暴慢矣；正顏色，斯近信矣；出辭氣，斯遠鄙倍（背）矣。籩豆之事，則有司存。」【泰伯8·4】

「曾子有疾，孟敬子問之」，孟敬子即仲孫捷，孟武伯的兒子，生卒不詳。曾參比孔子小四十六歲，此事應在前四八〇年後。

「動容貌」「正顏色」，屬於儀容。古書中的「容」和「色」有關，都是肢體語言。今人所謂「體面」，有體有面，但主要是面。人活臉，樹活皮。面子是尊嚴，但不能講得太過分。中國有面子文化，經常死要面子活受罪，就是過於看重面子。「顏色」，今語可指圖畫的顏色，但古語不同，顏字從頁，本指眉宇之間，加上色字，其實是指臉色。

此章講曾子生了大病，孟敬子去看他，他以爲自己快死了，所以說「鳥之將死，其鳴也哀。人之將死，其言也善」。這話很有名，人快死了，和平常的體會就是不一樣。司馬遷也是體會過這種瀕死狀態的人，他的〈報任安書〉一文寫的就是苟活之人與將死之人的對話。他有這種體會，所以寫「人之將死」特別精彩。像是李斯，照理說是個大壞蛋，他這一生殺人無數，但臨死也有善言。他對他的孩子說，我眞想和你們像當年那樣，牽黃犬出上蔡東門，到郊外打兔子，這樣的事還會再有嗎？然後，父子抱頭痛哭（《史記・李斯列傳》）。陸機臨死前，也說「欲聞華亭鶴唳，可復得乎」（《世說新語・尤悔》）。

「籩豆」，是籩的別名（不是通常說的籩，那種籩是誤稱）。青銅籩，一般都是淺盤，短校（束腰的把），圈足鏤空，仿竹器，或加蓋，器形似豆，用來盛稻粱；豆，與前者類似，但往往有高校，用以盛羹醬。

人之將死應該說點掏心的話、眞心話、有意思的話。但曾子的話卻很沒意思，全是講君子的儀容。他留給孟敬子三句話：一是控制自己的感情流露，絕不可讓人覺得粗暴和不耐煩；二是擺一臉正氣，務必讓人覺得十分可靠；三是說話得體，絕無粗俗和悖理之處。至於該擺點什麼，怎麼擺，曾子說，你們去問主持儀式的「有司」。怎麼聽上去，和喪禮的預演差不多？沒錯，儒家本來就是幫人辦紅白喜事的，我在鄉下當老師時，經常被請，像是寫輓聯、記禮帳，完了有飯。曾子學這些學了一輩子，是不是最後也想拿自己練一把？（本章重點：君子的儀容）

曾子曰：「可以託六尺之孤，可以寄百里之命，臨大節而不可奪也，君子人與（歟）？君子人也。」【泰伯8·6】

此章也是記曾子言。「六尺之孤」的「六尺」約合一三八點六公分，是當時十五歲左右小孩的身高，這裡指幼主。「百里之命」的「百里」是所謂一同之地（一同是長寬各一百里），古代的小國一般只有這麼大。

這裡說的「君子人」是輔弼明君的忠臣，第一，可以託付幼主；第二，可以託付國土；第三，事關大節能經受考驗，於節不虧。林則徐說「苟利國家生死以，豈因禍福避趨之」（《赴戍登程口占示家人》），就是這個意思。（本章重點：君子責任重大）

子曰：「論篤是與。君子者乎？色莊者乎？」【先進11·21】

「論篤是與」，「論篤」是言辭老實的人，「與」是讚許之意。

這段話的意思是說，應該讚許言辭老實的人，但要看他是真君子，還是表面上裝得很老實。

（本章重點：稱讚老實之人）

司馬牛問君子。子曰：「君子不憂不懼。」曰：「不憂不懼，斯謂之君子已乎？」子曰：「內省不疚，夫何憂何懼？」【顏淵12．4】

司馬牛可能很愛煩惱，他請教孔子什麼是君子？孔子說，君子就是不煩惱，也不害怕。司馬牛又問，不煩惱、不害怕就可以叫君子了嗎？孔子還是不正面回答，只說，如果一個人反躬自問，問心無愧，他還煩惱什麼，怕什麼？（本章重點：司馬牛問君子）

棘子成曰：「君子質而已矣，何以文爲？」子貢曰：「惜乎，夫子之說君子也，駟不及舌。文猶質也，質猶文也。虎豹之鞹猶犬羊之鞹。」【顏淵12．8】

「棘子成」，是衛大夫，《論語》中僅見於此章。

「質」是內在本質，「文」是外部裝飾。孔子認爲對君子來說，文、質都很重要，文、質應相得益彰，如「質勝文則野，文勝質則史。文質彬彬，然後君子」（【雍也6．18】）。但棘子成卻將兩者加以對立，認爲君子光有質就夠了，何必還要文。子貢批評棘子成，您這麼講君子也太可惜了，這可是一言既出，駟馬難追。文和質，其實同等重要，如果沒有文光有質，那就像虎豹之皮和犬羊之皮，如果把毛去掉，兩者就無法區別了。

人，或稱裸猿，毛最短，幾乎有皮無毛，最符合質；但我們有衣冠，還發明各種時裝，比誰都文。時裝就是我們的文。（本章重點：文不可少）

子曰：「君子成人之美，不成人之惡。小人反是。」【顏淵12．16】

「成人之美」是以正面表揚為主，「成人之惡」是以負面攻擊為主。前者是君子，後者是小人。但我覺得，現在檯面上的很多評論如文學評論、影視評論，多半是托關係拉朋友，捧人居多，經常和口碑分不開；反之，網路上的評論，則以批倒批臭為主。前者是偽君子，後者是真小人，都說不上厚道。（本章重點：真心的讚揚）

子曰：「君子易事而難說也。說之不以道，不說也；及其使人也，器之。小人難事而易說也。說之雖不以道，說也；及其使人也，求備焉。」【子路13．25】

這是講君子、小人之分。

「事」「使」同源，從古文字材料看，都是從「吏」字分化。下奉上曰「事」，上使下曰「使」，兩者相對。至於兩個「說」字，舊注皆讀為「悅」。

孔子的意思是，事奉君子容易，但要說服他卻難，因為怕自己講得不對所以不敢說，畢竟他待下屬寬容，總是知人善任。事奉小人難，但要說服他卻容易，因為即使講得不對也敢說，反正他待下屬苛刻，總是求全責備。（本章重點：事奉君子和小人）

子曰：「君子而不仁者有矣夫，未有小人而仁者也。」【憲問14．6】

在孔子的價值體系中，仁人的層次要比君子高。

孔子嚴格區分君子、小人，他說的這兩類人有兩種不同含義，一是身分地位的高下，一是道德教養的高下，但兩套概念有矛盾。孔子認爲，身分君子未必是道德君子，君子也有不仁者，不能一概而論，但身分小人和道德小人基本概念卻是重合的——身分地位低，道德教養肯定也低，只能一概視爲不仁。（本章重點：小人一概不仁）

子曰：「君子上達，小人下達。」【憲問14·23】

「君子上達」是達於天命，「小人下達」是達於眼前的利益。可進一步與【憲問14·35】互相參看。（本章重點：眼界不同）

子曰：「君子道者三，我無能焉：仁者不憂，知（智）者不惑，勇者不懼。」子貢曰：「夫子自道也。」【憲問14·28】

仁慈的人不煩惱，聰明的人不糊塗，勇敢的人不害怕；孔子說，這三條屬於「君子道」，可惜自己沒法做到。子貢很會說話，他說，老師說的正是老師您自己。（本章重點：君子之道）

子曰：「群居終日，言不及義，好行小慧，難矣哉！」【衛靈公15·17】

這是講小人搞小團體的情況。

「小慧」，是小聰明。「難矣哉」，是形容自己很難這麼做。孔子的類似感歎也見於【陽貨

17・22】：「子曰：『飽食終日，無所用心，難矣哉』」，他在該章感歎，認爲下棋都比這強。這一章的意思也非常相近。

孔子認爲，君子整天圍成一團聊天，蜚短流長，言不及義，對他來說簡直不可想像。現在我們稱爲「組織」的地方，便經常有這種氣氛，總是唧唧喳喳，拉拉扯扯。（本章重點：小人堆）

子曰：「君子義以爲質，禮以行之，孫（遜）以出之，信以成之。君子哉！」【衛靈公15・18】

「君子以義爲質」的「義」是藏在心裡的東西，屬於質。質是內在的東西，他要展示這樣的東西給別人看，不能張牙舞爪，一定要謙遜，這叫做「孫（遜）以出之」。

「禮以行之」，是把禮當做執行義和維護義的標準，怎麼執行，怎麼維護？靠的是信，說到做到。孔子認爲能做到這四點，才算君子。（本章重點：君子有義有信）

子曰：「君子矜而不爭，群而不黨。」【衛靈公15・22】

「矜而不爭」，是自愛自尊，不與人爭。

「群而不黨」是合群，把自己當普通人，甘當群眾的一分子，而且不拉幫結派，搞小團體。我很喜歡這句話。另還可參看【述而7・31】的「君子不黨」。

每次填表單，「政治傾向」我都填「群眾」「無黨派」。我一直說自己是「群而不黨」。但有人告訴我，你別臭美了，「無黨派人士」就像「愛國人士」或「民主人士」，只有那種年紀一大把、享有某種特殊身分的人才可以叫，你也配？你只是群眾。我聽了眞有點糊塗，唉，群眾當然是糊塗的。（本章重點：君子自重且合群）

子曰：「君子不以言舉人，不以人廢言。」【衛靈公15・23】

「舉」和「廢」相反，舉是不廢，廢是不舉。

「人」和「言」不同，好人可能說壞話，壞人可能說好話，同一個人的話也有好有壞，所以不能以言舉人，也不能以人廢言。

但是，「不以言廢人」和「不以言舉人」還是不太一樣。「不以言舉人」，是不憑你講了幾句正確的話，就全面肯定你、極力推舉你；「不以言廢人」，是不憑你說了幾句錯誤的話就全盤否定你、從此不用你。（本章重點：君子持平）

子曰：「君子不可小知而可大受也，小人不可大受而可小知也。」【衛靈公15・34】

這段話是說，君子不可用小事考驗，但可委以重任；小人不可委以重任，但很容易能夠瞭解他。（本章重點：君子和小人）

子曰：「君子貞而不諒。」【衛靈公15・37】

「貞」，孔注、《皇疏》訓「正」；貞可訓正，亦見《廣雅・釋詁一》。「貞」字，古文字本來是假鼎字爲之，在古書中經常假爲定字，後來加卜於上，則又用作表示卜問之意的貞字。卜辭命辭常用「貞」字引出待定之事，有些是問句，有些不是。但西方學者說，「貞」與「問」無關，統統不是問句，我不同意。古文字的「問」與「聞」本來都作聞，意思只是弄清事實，取得可靠消息，是否爲問句並不重要，訓「定」與訓「問」毫無矛盾。

這一章的「貞」是守信的意思，守信的含義是從「定」引申而來。

「諒」的意思，可見【憲問14．17】。「貞」和「諒」都是信，但卻不太一樣。「貞」是遵守原則的信，只要不違反原則，可以有所變通。「諒」不同，它是拘泥小信，死守諾言。孔子說「言必信，行必果」是「硜硜然小人哉」（【子路13．20】），孟子也說「大人者，言不必信，行不必果，唯義所在」（《孟子．離婁下》）。死守「言必信，行必果」，將流於偏執，不知變通，就是這裡所指的「諒」。（本章重點：君子要知變通）

孔子曰：「益者三樂，損者三樂。樂節禮樂，樂道人之善，樂多賢友，益矣。樂驕樂，樂佚遊，樂宴樂，損矣。」【季氏16．5】

這是講君子的嗜好。孔子說，喜歡用禮樂節制自己的行爲，喜歡講別人的好話，喜歡多交好朋友，這很有益；喜歡縱情亟欲，喜歡閒遊閒逛，喜歡吃喝玩樂，這有損。這叫「益者三樂，損者三樂」。

這一章與郭店楚簡《語叢三》的一段話形式相似——「與爲義者遊，益。與莊者處，益。起習文章，益。與褻者處，損。與不好學者遊，損。處而無習也，損。自示其所能，損。自示其所不足，益。遊佚，益。崇志，益。在心，益。有所不行，益。必行，損」（簡9—16）。有趣的是，《論語》說「樂佚遊」屬於「損」，但簡文卻說「遊佚，益」。（本章重點：到處遊玩究竟好或不好）

孔子曰：「君子有三戒：少之時，血氣未定，戒之在色；及其壯也，血氣方剛，戒之在鬥；及其老也，血氣既衰，戒之在得。」【季氏16．7】

《淮南子．詮言》也有類似的話，作「凡人之性，少則倡狂，壯則強暴，老則好利」。《皇疏》說，「少之時」是廿歲以下，「及其壯也」是卅歲以上，「及其老也」是五十歲以上。古人對「少」「壯」的講法比較統一，但「老」的概念則不太確定，五十歲是老，六十歲是老，七十歲也是老。這段話是說君子有三戒：廿歲以下，血氣未定，要戒好色；卅歲到四十歲，血氣正盛，要戒好鬥；五十歲以上，血氣衰竭，要戒貪得（貪財）。

古人認爲，人的好色、好鬥、貪財，全都和血氣有關；尤其是好鬥，我們的動物界老前輩就是這樣。中國的醫學講血氣，以血爲陰，以氣爲陽。現代醫學認爲，人的性衝動和應變反應，與內分泌所產生的激素（荷爾蒙）多寡有關；好色與雄激素有關，好鬥和腎上腺素有關。

年輕人氣血旺盛，好色好鬥，這類衝動可以轉移。太監被閹後，據說好吃，嘴頭特別壯。人老了，豪放不起來，「了不起」變成「老不起」（馬王堆帛書〈養生方〉的術語），好色、好鬥的欲望歇了沒關係，老頭、老太太另有愛好，像是買股票、買彩券。這種遊戲特別刺激，令花甲老人也似脫韁野馬，但孔子說「戒之在得」，如果志在必得，心臟、血管會受不了。（本章重點：君子有三戒）

子曰：「色厲而內荏，譬諸小人，其猶穿窬之盜也與（歟）！」【陽貨17・12】

「色厲而內荏」，外表看似厲害，內心很虛弱。

「穿窬之盜」，指穿牆打洞的小偷。孔注、《皇疏》讀「窬」如「逾」，把「穿」解釋爲穿壁，把「窬」解釋爲逾牆，其實窬本身就有打洞的意思。小偷善於打洞，老鼠也善於打洞，我們稱爲「鼠竊」。鼠竊狗偷之輩，都是色厲內荏。（本章重點：小人色厲內荏）

子曰：「飽食終日，無所用心，難矣哉！不有博弈者乎？爲之猶賢乎已。」【陽貨17・22】

「博弈」，是指中國古代的兩種棋藝。「博」是六博，戰國秦漢時期非常流行，失傳已久（估計在唐以後）。此棋有不少出土實物，行棋路線也已知道（透過尹灣漢簡〈博局占〉），但具體的下法還是不知道。「弈」是圍棋，現在人還下。這兩種棋藝到底是什麼時候的發明，不清楚。《左傳》襄公二十五年提到「弈棋」，但未及博戲。此章同時提到「博」「弈」，是年代較早的紀錄，尤其是「博」，這是最早的紀錄。

孔子說，整天吃飽喝足沒事做，一點腦筋都不動，其實是很難受的事。他說，下棋都比這樣

混日子強。（本章重點：沒事，就下棋吧）

子貢曰：「君子亦有惡乎？」子曰：「有惡。惡稱人之惡者，惡居下（流）而訕上者，惡勇而無禮者，惡果敢而窒者。」曰：「賜也亦有惡乎？」「惡徼以爲知（智）者，惡不孫（遜）以爲勇者，惡訐以爲直者。」【陽貨17・24】

在這裡，「惡」與「好」相反，「好」是喜歡，「惡」是憎惡。

「居下流」，漢石經作「居下」，沒有「流」字，「流」字應刪。

「訕」，是誹謗。

「窒」，一說是壅塞之意，一說是忿戾之意。

「徼」，孔注說是抄襲之意。

「訐」，是指當面攻擊，攻人之短，揭人隱私，讓對方下不了臺，漢代也叫「面折」（《史記・汲鄭列傳》）。

孔子說，君子憎惡四種人：一種是說人壞話的人，一種是誹謗上位的人，一種是勇而無禮的人，一種是頑固不化的人。子貢也說他憎惡三種人：一種是以抄襲爲聰明的人，一種是以無禮爲勇敢的人，一種是以當面攻擊爲直爽的人。（本章重點：君子所憎惡）

子夏曰：「小人之過也，必文。」【子張19・8】

子夏說，小人犯錯，一定會文過飾非，遮遮掩掩。（本章重點：小人不光明正大）

子夏曰：「君子有三變：望之儼然，即之也溫，聽其言也厲。」【子張19．9】

子夏說，君子給人的感覺是——遠遠望去很有派頭，近距離接觸卻很溫和，但聽他說話又很嚴厲。現在這話已經變了意思，常被用來吹捧各種大師和小師，尤其是自己的老師，讀之令人肉麻。（本章重點：君子給人的感覺）

與野人、鄙夫、女子相對

孔子經常掛在嘴邊的君子，是道德君子、眞君子。但在孔子時代還有一種君子，他們是有貴族身分的君子。孔子曾說自己小時候很卑賤，所以在民間學了很多賤本事，但君子有這些本事嗎？沒有。（【子罕9．6】），這一章所指的君子就是（貴族）身分君子；他老人家還說，早年跟他學禮樂的很多都是野人，是後來才跑出許多君子跟他學禮樂（【先進11．1】），這裡指的君子也是所謂的身分君子。《論語》中和這種身分君子相對的，是孔子口中的「野人」，另還有一個和野人類似的詞——「鄙夫」，他們都是本來意義上的「小人」，身分是小人。

古代有國野之分，國是國都，野是鄉村，君子住在城裡，野人住在鄉下。「鄙」則是邊遠縣邑的鄉下，比「國」周圍的「野」還要遠；意即野人住在鄉下已經很遠，但鄙夫住得更遠，簡直是窮鄉僻壤，因此鄙夫比野人地位更低，指稱起來也更難聽，等於是粗人、鄉巴佬，寓有貶低智力的含義。像是【憲問14．39】中出現的「鄙哉」一詞，就比【子路13．3】的「野哉」更難聽，相當今語所謂的「土」「傻」。孔子的學生很多都是野人，尤其是早期的學生，他們都是藉由學習才摘掉野人的帽子。但有些學生本性難改，如子路說孔子「迂」，孔子便罵他「野哉」。

我們在這裡對照野人、鄙夫和君子，主要是講他們的出身、身分不同，並不是指實質內涵、道德上是小人或君子。總的來說——君子，分爲眞君子、僞君子，孔子自有兩套標準。但小人不需要分別、不用僞裝，他們全是眞小人。

此外還有女性，在孔子看來，她們是與小人類似的一種人。他說「唯女子與小人爲難養也，近之則不孫（遜），遠之則怨」。這種歧視婦女、賤視婦女、忽視婦女的概念，在過去算得了什麼？今天有了男女平等思想，以及女性主義、女權主義，學者因此感到孔子的話有損他老人家形象，因而不惜口舌，曲爲之辯。何必。

子曰：「吾有知乎哉？無知也。有鄙夫問於我，空空如也。我叩其兩端而竭焉。」【子罕9．8】

「吾有知乎哉？無知也」，「知」是知識，孔子說自己無知，這是他的自知之明。

「有鄙夫問於我，空空如也」，「鄙夫」是鄉巴佬、土包子、傻瓜。

「空空如也」的「空空」，就是【泰伯8．16】中「悾悾而不信」的「悾悾」；這個詞有雙重含義，正面含義是誠實，負面含義是無知。這兩句承前面的「無知」句，我的理解是，孔子說自己無知，肚子裡什麼都沒有，而不是像何晏所說是形容鄙夫「其意空空然」，或像鄭玄、包咸、朱熹等人說是鄙夫忠厚老實、虛心向孔子求教。他們認爲孔子說自己無知，這怎麼可以？無知的只能是鄙夫。其實，這裡的「空空如也」是採負面含義，和【泰伯8．16】一樣。

「我叩其兩端而竭焉」的「叩」有敲擊之意，或叩問之意。「兩端」，從字面上講是一件東西的兩個頭，舊注說是「本末」（鄭玄）或「終始」（何晏）。一般認爲，這是孔子幫鄙夫啓蒙，從正反兩面開導他；但我認爲是孔子講自己，別忘了，孔子教學講究的是「不憤不啓，不悱不發，舉一隅不以三隅反，則不復也」（【述而7．8】），鄙夫是傻到家的人，孔子怎麼會趕著去教他。

這段話究竟該如何理解，一直有問題。舊注的解釋是，孔子太謙虛。他說，我有知識嗎？沒有。有鄉巴佬問我，他老實得一塌糊塗，眞心誠意地向我請教，我還有什麼好藏著的，一定要毫無保留地從問題「兩端」，一頭一尾，原原本本，耐心開導他，讓他徹底明白。

我對這種解釋很懷疑。因爲大家說，孔子知無不言，誨人不倦，耐心教鄙夫，但這話跟「吾有知乎哉？無知也」有什麼關係？現在的讀本很有意思，大家多承認「空空如也」是孔子說自己「空空如也」，但你如果「空空如也」，爲什麼還要教別人？而且是教比自己更「空空如也」的傻瓜？難道孔子的意思是說，我無知，還有個比我更無知的，所以即便我不聰明，教個鄙夫也還是綽綽有餘的。這不成了傻瓜教傻瓜了嗎？

楊伯峻先生對此章的翻譯是，「孔子說：『我有知識嗎？沒有哩。有一個莊稼漢問我，我本來是一點也不知道的；我從他那個問題的首尾兩頭去盤問，才得到很多意思，然後儘量告訴他。』」但如果這樣理解，孔子便成了蘇格拉底（柏拉圖筆下的蘇格拉底）。因爲蘇格拉底和人討論問題時，總是一上來就先說自己無知，引對方說話，從正反兩面替對方分析，揭露出對方的矛盾，然後一步步引導對方，也讓自己達到正確的結論。哲學史上，大家把這種講話方式叫「產婆術」；老太婆不會生孩子，但可以幫助沒有生育經驗的少女順順利利把孩子生下來。孔子的話是「產婆術」？未必。

我的理解是，孔子這番話全是講自己無知。鄙夫來問，不是鄙夫「空空如也」，而是孔子自己「空空如也」。「我叩其兩端而竭焉」，不是叩傻瓜，而是叩自己，自己把自己當個空空如也的罐子，像魔術師敲道具，上面敲敲，下面打打，告訴觀眾這裡面可是什麼也沒有呀。孔子認爲「下愚」是無法改變的（【陽貨17・3】）。我懷疑，他是說在傻瓜面前，我一無所知。（本章重點：一無所知的時刻）

子曰：「先進於禮樂，野人也；後進於禮樂，君子也。如用之，則吾從先進。」【先進11・1】

這番話可能是孔子晚年講的，帶有回顧意味。他回頭看自己的學生，早期晚期弟子並不一樣。我也在書裡把孔門弟子分爲三期，早晚有什麼不同，確實値得研究（編按：請見《喪家狗》下冊〈有關孔門弟子〉一文）。

「先進」和「後進」，這兩個概念怎麼理解向來有爭論。前人有兩種解釋：一種是仕進的先後、做官的先後（《集解》引包咸注）；一種是進學的先後、畢業的先後（《鄭注》⑤）。兩說當以後說爲是。

還有一種理解，是以住在城裡或鄉下區分，朱熹說「先進後進，猶言前輩後輩。野人，謂郊外之民。君子，謂賢士大夫也」（《集注》）。李澤厚⑥發揮此說，謂「野人」指住在郊外的殷遺民，「君子」指住在城裡的周貴族。這種說法似乎有理，但孔子一貫從周，怎麼會從殷之先進，李自己也不得其解。

前人諸說，我覺得最值得注意的還是劉寶楠⑦所說，「先進」和「後進」是指弟子進學的先後。「野人」是先學過禮樂，有了本事才做官，即所謂「學而優則仕」；「君子」靠世祿，沒學過禮樂也可做官，學習禮樂反而是做官以後的事。此說是從《邢疏》⑧變化而出，後被楊伯峻採用，這的確比其他說法更合理。

另外，劉逢祿還有一種說法，「此章類記弟子之言行夫子所裁正者。先進謂先及門，如子路諸人，志於撥亂世者。後進謂子游、公西華諸人，志於致太平者」（《論語述何》），則更加以「先進」和「後進」爲及門之先後，這論點也值得注意。

我的理解是，古代的大學主要是學禮樂。孔子培養學生的最高目標也是學禮樂。「先進於禮樂」是先完成高等教育的學生，「後進於禮樂」是後完成高等教育的學生。「野人」和「君子」，就是指這兩類學生，他們的家庭出身、身分地位並不一樣。《論語》中的「君子」有兩種意思，一種是出身高貴的人，一種是道德高尙的人。古人認爲謀得溫飽後才講文明禮貌。貴族社會認爲，身分高，道德自然好；身分低，道德自然差。但春秋以來情況變了，富貴之人未必有道德。孔子強調的，還是道德的高下。「君子」的反面是「小人」「野人」。「小人」可指身分低下，也可指道德低下。但「野人」和「君子」相對，卻是指身分的低下；對此，前面朱熹的講法，大體是對的——「野人」是住在郊外的鄉巴佬，「君子」是住在城裡享有爵祿地位的人。我懷疑這段話是說，孔子的弟子中，早期學成的多半是寒門，地位低賤；晚期學成的多半是世家，做官的人很多。

「如用之，則吾從先進」，是說孔子更看重苦孩子，寧用苦孩子，不用闊孩子。孔子開門授徒，類似後世幫會。韓非子說「儒以文亂法，俠以武犯禁」（《韓非子・五蠹》），武幫會是俠，文幫會是儒，都是民間組織。當時只有出身寒微、渴望學習的學生才會來求學，有些還任俠使氣、有流氓作風，甚至有犯罪紀錄在案。闊學生，多半是因爲孔子名氣大了才慕名而來；但這只是一種大致估計，因爲孔子有很多學生都出身不詳。

孔子早年居魯時（卅五歲之前）收的學生，幾乎全是苦孩子出身：如顏氏家族的弟子，顏

⑤ 此為《論語》古注，即《論語鄭氏注》（本書簡稱《鄭注》）。
⑥ 李澤厚，《論語今讀》，北京：三聯書店，二〇〇四年。
⑦ 此為《論語》古注，即《論語正義》（劉寶楠的集解和疏），北京：中華書局，一九九〇年。
⑧ 請見第1講「人品」的注釋4。

無繇是顏回的爸爸，兒子顏回貧居陋巷，唯能糊口，可見他不是闊爸爸；冉耕與冉雍、冉求同族，出身是「賤人」；仲由則是「鄙人」或「野人」，漆彫啓「刑殘」，當過勞改犯；閔損的出身則不太清楚，好像也不是富貴人家。孔子適齊、適周，返魯後（卅六～五十四歲）收的學生：冉雍、冉求和顏回是苦孩子，但端木賜是「衛之賈人」，很有錢。巫馬施、高柴、宓不齊則出身不詳。孔子周遊列國時（五十五～六十八歲）收的學生：原憲很窮，樊須、公西赤、有若的出身不詳；卜商，家境貧寒；澹臺滅明、言偃、曾參的家境可能好一點。孔子晚年居魯時（六十九～七十三歲），身邊有顓孫師，這也是個出身卑賤、作奸犯科的人；但宋國的司馬牛，比孔子早死兩年，卻是個大貴族。

另外，孔門弟子在孔子早年皆隱，無官可做，到了孔子晚年他們才紛紛出仕。如仲由先爲魯季氏宰，後爲衛國的蒲大夫；冉雍和冉求也當過季氏宰；端木賜仕魯，善於外交；言偃爲武城宰；卜商爲莒父宰；宓不齊爲單父宰；高柴爲費宰，這些幾乎都是孔子晚年的事。

「先進」和「後進」的概念，現在也用，但意思正好相反。就像文質之辯，文勝於質是進化論，質勝於文是退化論。古人都是退化論。他們說的「先進」是前輩，「後進」是後輩（《集注》），我們現在講的「先進分子」都是指後來居上、遠邁前修的分子，這樣的分子按原來的講法，反而屬於「後進分子」。（本章重點：什麼是先進、後進）

子曰：「君子泰而不驕，小人驕而不泰。」【子路13・26】

「驕泰」，古書連言，用作合成詞好像差別不大：驕是傲慢，泰是奢侈，都有負面含義。但孔子卻說「君子泰而不驕，小人驕而不泰」，他把驕當壞詞，泰當好詞，很奇怪。

我懷疑，孔子的話是文字遊戲、語言變形。我們都知道，古書中，「驕」是完全負面，但「泰」卻不一定，它的本意是「大」，引申還有「通、寬、安」等意思，都是好詞。孔子可能賦予「泰」字新的含義如大或安，讓泰是自尊，而非自大，或泰然自若，自安其處。

「君子泰而不驕」是有自尊，但對人並不傲慢。「小人驕而不泰」是對人傲慢，但缺乏自尊。（本章重點：君子和小人之分）

子曰：「鄙夫可與事君也與（歟）哉？其未得之也，患〔不〕得之；既得之，患失之；苟患失之，無所不至矣。」【陽貨17．15】

「鄙夫」，是指鄉巴佬。鄙，是都縣一類次級城邑的鄉下，住在那裡的人當然是鄉巴佬。

「患（不）得之」，蘇東坡認爲，當作「患不得之」（宋沈作喆《寓簡》）。《荀子．子道》和《潛夫論．愛日》正作「患不得之」，可見應於此句補「不」字。

鄉巴佬是苦孩子，本來的優點是淳樸可愛，埋頭苦幹，特別有衝勁，但皦皦者易汙，他們容易受到利益驅使，見利忘命，做壞事也特別有幹勁。土氣，眼界未開，最應見世面，但錢關、權關、美人關難過，階級仇、民族恨一時難報，憋得慌。沒見過錢，當然對錢看不開。沒有，唯恐得不到；有了，難免捨不得；捨不得，就會不擇手段，什麼爛事都做。這是很多苦孩子的悲劇。

（本章重點：鄙夫的翻身與沉淪）

子曰：「唯女子與小人爲難養也，近之則不孫（遜），遠之則怨。」【陽貨17．25】

「唯女子與小人爲難養也」，這是孔子的名言，現在很受批判。但孔子確實把女子與小人歸爲一類。「女子」，是泛稱廣大婦女同胞。「小人」，朱注以爲是「僕隸下人也」，並把「女子與小人」解釋爲「臣妾」。

曾有人說，男人只有一部分曾當過奴隸，婦女卻是全部且永遠都當奴隸。婦女才是原始意義上的奴隸。現在，世界上還有兩千萬奴隸，主要是沒有人身自由的妓女和童工。據說，妓女是最早的職業。說好聽一點，家似乎是微型社會，女子、小人都是供國家棟梁（當然是男的）練本事的。蘇老泉也說過「治兵如禦僕妾」（《嘉祐集》），管好小老婆和丫環、下人，說不定就能指揮千軍萬馬。

「近之則不孫（遜），遠之則怨」，「孫」在《論語》中多讀爲「遜」。《左傳》僖公二十四年富辰語說：「女德無極，婦怨無終。」杜注：「婦女之志，近之則不知止足，遠之則忿怨無已。」都與這段話相似。我發現，孔子對女人很有體會，像是【顏淵12．10】的「愛之欲其生，惡之欲其死。既欲其生，又欲其死」，就是很敏銳的觀察，他還引用了《詩經》的「誠不以富，亦祇以異」，這也是形容棄婦。而「婦人之仁」就是拿男人當孩子疼，當然會有尋死覓活的情狀。

這一章挨批，是因爲它帶有性別歧視，女權主義者不同意，廣大婦女同胞也不同意。但有人打圓場，說這不算性別歧視，因爲孔子也提到了小人，小人總是男的吧？但孔子說的女子是全稱，小人只占男性的一部分，他確實全面否定了女子，歧視之意是無法否認的。在孔子那個時代，歧視婦女是理所當然，不歧視反而是咄咄怪事。像是孔門弟子，七十子也好，三千弟子也好，都是男的，女生一個都沒有，有了倒是怪事，可能惹得別人說傷風敗俗耍流氓。別說孔子的時代，就是五四或民國元年以前，也不可能。

劉東⑨說，孔子這麼講沒什麼不對，因爲它是「現象描述」，不是「價値判斷」，這也是爲孔子辯護。他說，女子、小人是不是靠君子供養？是。女子、小人是不是沒教養？是。他們是不是「近之則不孫（遜），遠之則怨」？是。既然是，那不就是「難養」嗎？孔子雖有歷史局限性，但他老人家懷有「泛愛大同之心」「根深蒂固的普泛人本理想」，他那麼愛人，那麼愛教人，「假如孔子能活到女性已經有權平等受教育的今天，他很可能第一個就要修正自己的『難養論』」。劉東建議現代讀者，男的別把「孔子當時的某種『現象描述』誤解爲永世不移的『價値判斷』」，女的也別「總是對孔子當年對婦女的鄙視態度表示恨恨不平」，與其如此「還不如充分利用目前業已相對平等的受教育權力，以圖空前地發展女性的人格」。總之，他就是要大家趕

⑨劉東，〈「難養論」釋正〉，收入所著《浮世繪》，瀋陽：遼寧教育出版社，一九九六年，一六四—一七〇頁。

緊提高自己的教養。

李澤厚也有類似的看法，「這章最爲現代婦女所詬病。好些人寫文章來批評，好些人寫文章來辯說，其實都不必要。相反，我以爲這句話相當準確地描述了婦女性格的某些特徵。對她們親密，她們有時就過分隨便，任意笑罵打鬧。而稍一疏遠，便埋怨不已。這種心理性格特徵本身無所謂好壞，只是由性別差異產生的不同而已；應說它是心理學的某種事實，並不包含褒貶含義。至於把『小人』與婦女連在一起，這很難說有什麼道理。但此『小人』作一般人解，或作修養較差的知識分子（見子路【13・20】）解，亦可說通。中國傳統對婦女當然很不公平和很不合理，孔學尤然。但比歐洲中世紀基督教認婦女沒靈魂，以及大燒『女巫』之嚴重迫害等等，仍略勝一籌。」

我同意，「難養論」是一種現象描述，但不同意它僅只於此。性別差異並不是心理問題，而是社會歷史問題。既云鄙視，自屬褒貶。這當然是價值判斷。孔子看不起婦女和小人，這事是不必爲他辯解的。今人美聖，竟有把「女子」讀爲「汝子」，「小人」解爲「小孩」的，實在荒唐。（本章重點：孔子對女性的看法）

●士

《論語》中提及的「士」，大致對應孔子所強調的道德君子、眞君子。《論語》中專門論士的主要有八章：孔子的部分有六章（【里仁4・9】【顏淵12・20】【子路13・20／13・28】

【憲問14．2】【衛靈公15．9】），曾子的部分有一章（【泰伯8．7】），子張也有一章（【子張19．1】）。

另外，《論語》中提及「士」字的還有六章：【述而7．12】的「執鞭之士」，【衛靈公15．10】的「友其士之仁者」，【微子18．2】【子張19．19】則都提到「士師」（官職），【微子18．6】的「辟（避）人之士」和「辟（避）世之士」，【微子18．11】的「周有八士」，也和士有關。

曾子曰：「士不可以不弘毅，任重而道遠。仁以爲己任，不亦重乎？死而後已，不亦遠乎？」【泰伯8．7】

此章是記曾子言。「弘毅」的「弘」，可能是強字之誤，楊伯峻引章太炎說，讀爲「強毅」。「強毅」即「剛毅」，【子路13．27】提到：「子曰：剛、毅、木、訥，近仁。」

這一章是說，士不可以不堅強，因爲任重而道遠。任重，是因爲追求仁，這個任務很重；道遠，是因爲要一輩子追求，到死方止，路很長。「任重而道遠」「死而後已」，現在都變成成語。（本章重點：曾子論弘毅）

子貢問曰：「何如斯可謂之士矣？」子曰：「行己有恥，使於四方，不辱君命，可謂士矣。」曰：「敢問其次。」曰：「宗族稱孝焉，鄉黨稱弟焉。」曰：「敢問其次。」曰：「言必信，行必果，硜硜然小人哉！抑亦可以為次矣。」曰：「今之從政者何如？」子曰：「噫！斗筲之人，何足算也？」【子路13．20】

「士」的本意是男人和武士，春秋以來才逐漸演變成不論出身，以讀書習禮取仕，偏重文學方術的士，類似後世讀書人的士。士，是可以從政做官的人才。

子貢問，怎樣才能算是士，即可以從政做官的人才。孔子講了三樣：一是愛惜羽毛，有羞恥心，出使各國，不辱君命；二是在宗族鄉黨中有孝弟之名（悌道是孝道的補充）；三是講信用。但言必信，行必果卻是小人之信，「信」反倒是比較次要的一條。孔子認為當時的從政者多半都是器量狹小的「斗筲之人」，根本達不到這種標準。

「斗筲」的「斗」，是斗勺形的量器，可容十升。秦量有多種，都是做成方形或橢圓形，這是銅器；陶器，則往往是圓形。「筲」，可容五升，字從竹，本來是竹器，但出土只發現楚銅器；楚國的銅量，都是用青銅製造的筒形杯，帶環耳，有點像西人叫的馬克杯（中國也用，過去是洋瓷的，很薄；現在是磁的，很厚）。

最後，子貢問，今之從政者怎麼樣？孔子說，唉！全是「斗筲之人」，何足掛齒。「斗筲」是指只有幾頓飯的器量，因此「斗筲之人」是「器小」的意思，可參看【八佾3．22】。（本章重點：子貢問士）

子路問曰：「何如斯可謂之士矣？」子曰：「切切偲偲，怡怡如也，可謂士矣。朋友切切偲

偲，兄弟怡怡。」【子路13·28】

子貢也曾於【子路13·20】問過同樣的問題；子貢是當外交官的材料，故孔子跟他講的是「行己有恥，使於四方，不辱君命」。但這裡的回答卻不一樣；因爲子路脾氣不好，孔子想扳一扳他的毛病，讓他改改脾氣，維護人際關係，所以提醒他的概念全是一團和氣。

「切切偲偲」，是形容朋友之間的關係。《廣雅．釋訓》把「切切」列爲表示「敬」的一類詞，王念孫的《廣雅疏證》以爲，「切切」和「偲偲」都是敬的意思。

「怡怡」，是和樂的意思，用來形容兄弟之間的關係。朋友之情是友情，兄弟之情是親情，兩者不能用錯地方，友道當然是悌道的推廣，而朋友之間只能客客氣氣，兄弟之間才能親親熱熱。孔子認爲，只有善於和朋友、兄弟相處的人，才配稱爲「士」。

「朋友」，是同學、同事，屬於社會關係。「兄弟」，是同族、同輩，屬於血緣關係。古代的「切切」「偲偲」「怡怡」這類詞本來都是很普通的詞，現在讀起來卻莫名其妙，得查雅書的釋訓部分和經傳注疏才能理解。（本章重點：子路問士）

子曰：「士而懷居，不足以爲士矣。」【憲問14·2】

孔子是非常入世的人，他做學問、教書育人，都是圍繞著做官的目標，而且不像貴族子弟是等家裡直接給他一個官做，而是憑本事，自己找工作。

戰國時期的士，很多都是「遊士」，他們的特點就是「遊」，遊學、遊說，到處亂跑，而且是國際性的亂跑。孔子自己也是周遊列國，到處流浪。古代旅行不易，孔子這一輩子的足跡不出於今山東、河南二省，除了魯國，只到過周、齊、宋、衛、曹、鄭、陳、蔡、楚。當過官的國家，更只有魯、衛、陳。雖然找呀找呀找工作，齊國沒位子，魯國很可氣，但衛國和陳國更令人失望，轉了一圈還是回到原地，但這個自己找工作的風氣，是孔子提倡起來的。《漢書・儒林傳》說，孔子死後，「七十子之徒散遊諸侯，大者為卿相師傅，小者友教士大夫，或隱而不見」，他的學生除了「隱而不見」的沒法出名，其他兩類皆與世俯仰，很吃香。

孔子提倡人才流動。他說，「士」如果「懷居」，以為「好出門不如歹在家」，就不配稱為「士」。但他找工作也不是沒條件，不合適的抬腳就走，他比自己的學生還倔，轉了一輩子都沒找到合適的工作。六十八歲以後，便徹底放棄。（本章重點：遊士的概念）

子曰：「志士仁人，無求生以害仁，有殺身以成仁。」【衛靈公15・9】

孔子熱愛生命，絕不輕易玩命。但生命誠可貴，仁義價更高。

他說，志士仁人絕不會為了苟活而損及仁，只會為了仁而毅然獻身，這叫「殺身成仁」。

（本章重點：仁是人生最高指導原則）

子張曰：「士見危致命，見得思義，祭思敬，喪思哀，其可已矣。」【子張19・1】

這是撮述孔子之言，語句多見於《論語》各章。

「士見危致命」，「士」即君子；「見危致命」，是面臨危險，敢不敢豁出性命。【憲問14．12】作「見危授命」。但接下來幾句不同，都有「思」字；「思」是表示願望，但求如何。「見得思義」，「義」者宜也，是行爲尺度；這句話意思是面臨好處時，要考慮該不該得。同樣的話，也見於【憲問14．12】【季氏16．10】。

「祭思敬，喪思哀」，也是孔子的思想，可參看【八佾3．12／3．26】【顏淵12．2】。

（本章重點：士應具備的特質）

大人

在古代，與君子有關的詞還有一個，那就是「大人」。大人與小人（身分小人）相反，是指身分高貴的人，尤其是官長；大人與君子（身分君子）是類似的詞。

孔子曰：「君子有三畏：畏天命，畏大人，畏聖人之言。小人不知天命而不畏也，狎大人，侮聖人之言。」【季氏16．8】

這段話的意思是說，君子敬畏的東西有三樣，而且這也是孔子所敬畏：一是「天命」，二是「大人」，三是「聖人之言」。

孔子敬天命，不順心的時候，或蒙難之際，急了就呼天。

「大人」和「小人」相反，是指有身分地位的人。這個詞在《易經》中頻見，其中〈師〉上六有「大君」一詞，上博楚簡作「大君子」，馬王堆本作「大人君」，雙古堆本同今本，我懷疑它們都是指「大人君子」。大人和君子是類似的詞，但這裡的「大人」是君子所畏，這是官長，比一般的君子要高。

「聖人之言」，是指古代聖王留下的教訓。不只是《論語》，就連《墨子》《老子》也敬聖人，誰敢不敬？只有《莊子・篋》敢說「聖人不死，大盜不止」，好大的膽子。

但小人才不管這些，天命不敬，大人不怕，聖人的話也敢褻瀆。「狎」的本意是習慣，但僕役眼中無英雄，習慣常常導致輕侮，有輕侮的引申意思在內。

馬克思說，無產者無畏，其實無知者也無畏。王朔說「我是流氓我怕誰」，他寫過一本書，就叫《無知者無畏》。（本章重點：大人是指官長）

第3講 德行

什麼是恕？就是將心比心，孔子的定義是「己所不欲，勿施於人」，意思是我不該把自己的想法強加於人，同樣地，別人也不該把他的想法強加於我。拿人當人是「仁」，將心比心是「恕」，仁和恕都包含了對等原則。這便是為什麼孔子說「以直（值）報怨」，而非以德報怨，他強調要「用和怨對等的東西報怨」，這其實就是以怨報怨。

孔子對德行的看法

綜論

孔子的理想目標是做個聖人、仁人，現實目標是培養君子、有恆之人，希望他的學生個個都能當官淑世，垂聲名於當世或後世。因此我們可以從孔子的現實目標進一步爬梳他如何教學，也等於知道他如何期許自己好好做個人。

說來說去，孔子到底是個道德先生，在他門下學習仍以修行最重要，而他講德行，主要有十六個概念：仁、義、孝、友、忠、信、寬、恕、恭、敬、讓、敏、惠、中庸、掩飾、反鄉愿，此單元將依序談論。

最有意思的是，針對同一主題，不同的弟子請益，例如問仁、問孝、問恕道，孔子的回答都不一樣，他老人家各有針對，會從每個學生欠缺的、需改進的來談，這讓全書每一章都貫穿了因材施教的味道。

仁

不同的弟子問「仁」，孔子的回答都不一樣，各有針對，有因材施教的味道。他曾兩次回答「巧言令色，鮮矣仁」（【學而1·3】【陽貨17·17】），也曾回答「剛、毅、木、訥，近仁」（【子路13·27】）。孔子很討厭花言巧語的人，他喜歡沉默寡言的人，司馬牛問仁，孔子嫌他多嘴，就說「仁者，其言也訒」（【顏淵12·3】），叫他有話憋著點。

孔子講仁，經常東拉西扯，表面上回答仁，其實是講其他範疇。如——

顏淵問仁，他說「克己復禮爲仁」（【顏淵12·1】），這是講禮，強調個人和禮的關係。

仲弓問仁，他說「己所不欲，勿施於人」（【顏淵12·2】），這是講恕，強調個人和他人的關係。

子張問仁，他說「恭、寬、信、敏、惠」（【陽貨17·6】），把仁分解爲五種德行。

另外，孔子論仁也常以智、勇爲器用，與智、勇並說。如：「知（智）者樂水，仁者樂山」（【雍也6·23】）、「知（智）者不惑，仁者不憂，勇者不懼」（【子罕9·29】）、「仁者必有勇，勇者不必有仁」（【憲問14·4】）。仁是道德，是體；智是學問，是用，勇也是。

但是以上皆非，這些都不是答案，都不是「仁」的定義。孔子的標準答案是——樊遲問仁，孔子回答「愛人」（【顏淵12·22】），以及前面講「人品／仁人」時，我們提到過的「己欲立而立人，己欲達而達人」（【雍也6·23】）、「修己以安人」（【憲問14·42】），這些都是指仁人。在這裡，「仁」和「人」有關。第一，孔子懷著「人其人」的概念，用最通俗的說法說，就是拿人當人：首先是「修己」，拿自己當人；其次是「安人」，拿別人當人。第二，人的範圍比較小，不等於民，人是上流社會，民是大眾百姓，這些概念已在前面的「仁人」篇幅談過，這裡不再囉唆。

什麼是仁

子曰：「不仁者不可以久處約，不可以長處樂。仁者安仁，知（智）者利仁。」【里仁4・2】

此章是講「處仁」，但不是「擇鄰」，而是自處。

前兩句講不仁之人。「約」，孔注訓「困」。孔子認爲，仁者都很安分，窮也好，富也好，都安之若素。不仁之人則窮了不行，富了也不行。

後兩句是講仁者和智者。要注意，這裡的仁者特色在一個「安」字。安仁是安於仁，強調其靜。孔子常以仁、智並舉，兩者有什麼不同？仁是體，智是用；仁主靜，智主動；前者像山，後者像水。這是仁和智的不同。

「仁者安仁」，其實就是安貧，不但要做好長期餓肚子的心理準備，還要快快樂樂地餓肚子。「知（智）者利仁」，什麼意思？不太清楚，大概是越來越聰明，把仁的偉大意義都發揮出來。總之，仁者不動如山，安於仁；智者長流似水，利於仁。孔子說的境界，或許是餓著肚子而文思泉湧吧。（本章重點：安之若素）

子曰：「苟志於仁矣，無惡也。」【里仁4．4】

「志於仁」是有心求仁，「無惡」是渾身上下沒有惡可以被人所惡。（本章重點：不招人恨）

子曰：「我未見好仁者、惡不仁者。好仁者，無以尚之；惡不仁者，其爲仁矣，不使不仁者加乎其身。有能一日用其力於仁矣乎？我未見力不足者。蓋有之矣，我未之見也。」【里仁4．6】

前兩句，「好仁者」和「惡不仁者」是名詞性的並列關係，一般都以逗號爲隔，我點頓號。孔子說，這種好惡分明的人他還眞沒見過。

中間一段，「好仁者」的「好」是正面表達，「仁」最好，無以復加，一定要玩命追求；「惡不仁」的「惡」是負面表達，「不仁」最壞，一定要深惡痛絕，不讓它加於己。這是講「心」。

最後一小段講「力」。孔子提到，有人會說自己心有餘而力不足啊，但他沒見過有誰心中追求仁，只因力不足而做不到，哪怕只花了一天的力氣；也許眞有那種心有餘而力不足的人吧？反正我沒看見。可對照參看【雍也6．12】，裡面提到「冉求曰：『非不說（悅）子之道，力不足也。』子曰：『力不足者，中道而廢，今女（汝）畫。』」這話也許就是批評冉求。

歷史上有很多時期是非顚倒，積重難返，大家總說：什麼是好，什麼是壞，我知道，但好事絕不能做。我，和孔子有相同的感受。（本章重點：有心求仁，別說力不足）

子曰：「人之過也，各於其黨。觀過，斯知仁矣。」【里仁4·7】

犯錯因人而異，各有不同種類。孔子說，你想知道什麼是「仁」，最好的辦法就是看你犯的錯誤是哪一類，只有知道什麼是「不仁」，才能知道什麼是「仁」。這等於是在說：錯誤與眞理如影隨形。

我們常說，眞理面前人人平等；其實，錯誤面前也是人人平等。錯誤有高級、低級之分嗎？難道大人物犯的都是高級錯誤，小人物犯的都是低級錯誤？我說不是。（本章重點：觀過知仁）

顏淵、季路侍。子曰：「盍各言爾志？」子路曰：「願車馬衣（輕）裘與朋友共，敝之而無憾。」顏淵曰：「願無伐善，無施勞。」子路曰：「願聞子之志。」子曰：「老者安之，朋友信之，少者懷之。」【公冶長5·26】

「顏淵、季路侍」，二子皆以字稱。《論語》單用「侍」這個字的時候，是指「孔子坐、弟子站」的場景。

「盍」，是何不。

「車馬衣（輕）裘」，古本無「輕」字，「輕」字是衍文。

「敝」，是穿破。

「伐善」，是自己誇自己的優點。

「施勞」，是自己吹自己的功勞。

「老者安之，朋友信之，少者懷之」，子路問孔子之志，孔子說他希望的是：比自己老的得到照顧，和自己同輩的得到信任，比自己小的得到關心，各得其所，皆大歡喜。這幾句話，其實也就是孔子說的「修己以安人」（【憲問14．42】）。要知道，孔子論人有三個境界，聖人第一，仁人第二，君子第三；「修己以安人」，正是仁人的境界。

這段談話中，子路和顏淵的對照很鮮明。子路豪放，有什麼都和朋友分享。顏淵謙虛，不自吹自擂。孔子的志向和他們都不一樣，他希望普施仁愛，讓老的小的皆大歡喜。（本章重點：顏淵、季路、孔子的心願）

子曰：「回也，其心三月不違仁，其餘則日月至焉而已矣。」【雍也6．7】

這是一段評論顏淵的話。

「三月」，有人以爲是實數，有人以爲是泛言其多。三個月的時間相當於一個季節，古人叫「一時」。顏淵能一連幾個月都守著「仁」，絕不離開它一步，其他人誰都比不上，頂多只能挺上十天半個月（可參考【里仁4．5】一起看）。看來，守仁是一種定力考驗。（本章重點：顏回謹守著仁）

冉求曰：「非不說（悅）子之道，力不足也。」子曰：「力不足者，中道而廢，今女（汝）

畫。」【雍也6·12】

這是孔子對冉求的批評。

「力不足者」，可參考【里仁4·6】。冉求以此爲藉口，孔子不以爲然，說，力不足者都是因爲半途而廢，但你卻故意止步不前。「畫」，在這裡是中止的意思。（本章重點：冉求半途而廢的藉口）

子曰：「誰能出不由戶？何莫由斯道也？」【雍也6·17】

誰能出屋不走房門？爲什麼大家都不順道而行？

孔子以門戶喻「道」，把「道」當作人生的必經之路。北京話「行不通」，叫沒門。沒門怎麼辦？只能走後門，或者跳窗戶。這一章和【雍也6·16】好像有點關聯——「不有祝鮀之佞，而有宋朝之美，難乎免於今之世矣」，說的就是沒門。

曾經，我們都體會過，有個時期所有正道都被堵得死死的，連最簡單的生存需要都靠走後門。這種遺風，現在也沒絕跡。（本章重點：怎能不走正道）

子曰：「人之生也直，罔之生也幸而免。」【雍也6·19】

此章和人性的探討有關。

「罔」，朱熹引程子說，以「罔」爲「不直」，等同於表示彎曲之意的「枉」，與「直」相對。如果這種理解是正確的，那麼孔子的意思就是說，人應該靠正直立身，不正直的人才會靠僥倖和逃避來生存。（本章重點：人要正直地活）

子路使子羔爲費宰。子曰：「賊夫人之子。」子路曰：「有民人焉，有社稷焉，何必讀書，然後爲學。」子曰：「是故惡夫佞者。」【先進11．25】

「子羔」，這是高柴的字，上博楚簡有〈子羔〉篇。「賊」，是害的意思。

子羔爲費宰，據說是孔子墮（毀）三都（前四九八年）、周遊列國（前四九七年）之間的事。當時子羔只有廿四歲，子路推薦他擔任這個職務，被孔子大罵。他老人家說，你這不是成心害人家嗎？但子路的想法是，學習的最終目標是當官，當官自然可以在做中學，於是他頂嘴，有民人和社稷，就可以學治民的本領，不一定只有讀書才算學問。孔子回他，就是這樣我才討厭油嘴滑舌的人；對於子路的頂嘴，他很不高興。（本章重點：子路油嘴滑舌）

樊遲問仁。子曰：「愛人。」問知（智）。子曰：「知人。」樊遲未達。子曰：「舉直錯（措）諸枉，能使枉者直。」樊遲退，見子夏曰：「鄉也吾見於夫子而問知（智），子曰：『舉直錯（措）諸枉，能使枉者直。』何謂也？」子夏曰：「富哉言乎！舜有天下，選於眾，舉皋陶，不仁者遠矣。湯有天下，選於眾，舉伊尹，不仁者遠矣。」【顏淵12．22】

「皋陶」讀「高瑤」，是舜的李官，掌刑獄。「伊尹」，是輔佐成湯取天下的名臣。

樊遲問仁問智，孔子說「仁」是「愛人」，即對別人好；「智」是「知人」，即理解別人。「知人」是什麼意思，樊遲不太明白。孔子說，就是把直的擺在彎的上面，能把彎的扳成直的。樊遲還是不懂，於是他從屋裡出來，問子夏剛才他向老師請教智，老師的話是什麼意思？子夏說，老師說的話含義太豐富了，舜舉臯陶、湯舉伊尹，這兩位都是從人海中選出來的，他們選出了好人，自然等於遠離不仁之人。

孔子的話到底是什麼意思？深意何在？我猜，樊遲可能嫉惡如仇，性格接近子張。孔子想把他扳一扳。他老人家講這番話是要樊遲明白，知人在於善任，好人立，則壞人去。人莫要好惡太深，如蠅逐臭、如蚊嗜血光盯著壞東西，而要儘量去發現好東西，只要樹立起好的東西，壞的東西自然成不了氣候。這一章還可與【爲政2．19】的「舉直錯（措）諸枉，則民服；舉枉錯（措）諸直，則民不服。」一起參看。

要注意，仁是人其人，拿人當人。愛人，便是推己及人，像愛自己一樣愛他人，這就是仁的本意。（本章重點：親近仁人，壞人自然遠離）

子曰：「其身正，不令而行；其身不正，雖令不從。」【子路13．6】

「正」，在這裡可借用【顏淵12．17】的說法，「政者，正也。」「身」，與「人」相對，「身」是自己，「人」是他人。

司馬遷爲李廣父子作《李將軍列傳》，描寫李廣這個人時，說他嘴很笨，好像鄉巴佬，但他身先士卒，忠勇可感，於是便引了這段話。李廣帶兵，和程不識相反，靠的不是軍法軍令嚴加管束，而是身先士卒，有他的個人魅力。這裡有兩個「令」字，用在李廣身上，正好。（本章重點：立身要端正）

子曰：「苟正其身矣，於從政乎何有？不能正其身，如正人何？」【子路13．13】

「身」，與「人」相對。「身」是自己，「人」是他人。可與【顏淵12．17】【子路13．6】一起參看對照。（本章重點：正人先要正自己）

樊遲問〔仁〕〔行〕。子曰：「居處恭，執事敬，與人忠。雖之夷狄，不可棄也。」【子路13．19】

宋楊時的《楊龜山文集》引胡德輝問，指此章與【衛靈公15．6】的「子張問行」相似，於是說「問仁」可能是「問行」之誤，但楊時加以否認；其實，胡德輝的懷疑很有道理。因爲【衛靈公15．6】的原文是：「子張問行。子曰：『言忠信，行篤敬，雖蠻貊之邦行矣。言不忠信，行不篤敬，雖州里行乎哉？立，則見其參於前也；在輿，則見其倚於衡也，夫然後行。』子張書諸紳。」

這一章是樊遲問仁，孔子講了三項待人處事的原則，也就是因材施教，把「仁」分解爲三種德：在家有禮貌，做事很敬業（爲人謀事、替人辦事要敬），對人很忠誠，即使去了夷狄之地，

這三項原則也不能丟。（本章重點：在家、謀事、對人的應有態度）

蘧伯玉使人於孔子，孔子與之坐而問焉，曰：「夫子何爲？」對曰：「夫子欲寡其過而未能也。」使者出，子曰：「使乎使乎！」【憲問14．25】

「蘧伯玉」，是蘧瑗的字。《左傳》襄公二十九年記吳季札適衛，盛讚「衛多君子」，他舉的六君子爲：蘧瑗、史狗、史鰌、公子荊、公叔發、公子朝；蘧伯玉即其中一位。

蘧伯玉的特點是喜歡自我檢討，活六十歲，覺得有五十九年錯（《莊子．則陽》）；活五十歲，覺得四十九年錯（《淮南子．原道》）。孔子在衛國，他派人去看孔子。孔子問使者，蘧伯玉在做什麼，使者說他想少犯點錯誤，但辦不到。孔子大爲感動，連說：好一位使者，好一位使者。（本章重點：蘧伯玉總是自我反省）

子貢問爲仁。子曰：「工欲善其事，必先利其器。居是邦也，事其大夫之賢者，友其士之仁者。」【衛靈公15．10】

子貢問爲仁，即「該怎麼做符合仁的事」。孔子認爲，首先要和該國的精英（也就是最優秀的大夫、最講仁的士），維繫良好的關係。這就像工匠要把工作做好，先得把工具準備好。

要注意的是，孔子提到「其大夫之賢者」是用「事」字，提到「其士之仁者」是用「友」字。可見他把子貢的身分看成「士」。「友」和「侑」有關，基本上是平行關係。西周金文中，

講冊命儀式，總有「右者」陪受命者出席，這種右者就是「友」。（本章重點：爲政善用仁者）

子曰：「不曰『如之何，如之何』者，吾末（蔑）如之何也已矣！」【衛靈公15．16】

「末」讀「蔑」。

一往無前，也一往無後；不計代價，也不問後果，沒頭沒腦，也沒心沒肺，這種人，你該拿他怎麼辦？孔子說，這種不念叨「怎麼辦、怎麼辦」的人，我還眞不知道該拿他怎麼辦。（本章重點：不思仁的人）

子曰：「過而不改，是謂過矣。」【衛靈公15．30】

有錯不改是最大的錯，但天底下的錯誤很多，自己的錯誤很多，改起來很累。光自己的錯就改不過來，像是寫文章，就是校對過多少遍，也還會出錯。（本章重點：知錯必改）

子張問仁於孔子。孔子曰：「能行五者於天下爲仁矣。」請問之。曰：「恭、寬、信、敏、惠。恭則不侮，寬則得衆，信則人任焉，敏則有功，惠則足以使人。」【陽貨17．6】

子張問仁，孔子把仁分解爲五種德，回答他：恭、寬、信、敏、惠。這五項當中，子張所缺的是「寬」，前三項還可參見【堯曰20．1】，對照著看。

程樹德認爲，此章是《齊論．子張》篇的文字，錯簡在此，體裁與【堯曰20．2】講「五美四惡」的一段相同，不應闌入此篇。其實，《論語》的編次本無條理，相關章句不在一處、或重複出現者多有之，這都是很正常的，不可以我們後世文章的條理繩之，更不應稱爲錯簡。我們從出土發現的簡冊制度來看，錯簡並不是這個意思。（本章重點：子張缺乏「寬」）

剛毅木訥，近仁（對比於佞人）

子曰：「巧言令色，鮮矣仁。」【學而1・3】

「巧言令色」，是孔子最討厭的，孔子認爲這種人最缺乏「仁」。

「巧言」的「言」是言語，巧舌如簧、能說會道、善於用言辭討別人喜歡，孔子稱之「佞」，他對「佞」這種行爲罵不絕口。「令色」，色是臉色（古人叫顏色）、外表的模樣。我們不要以爲只有女人才會以色相動人，男人也有深通此道者。他們擠眉弄眼、打躬作揖，很會調動自己的面部表情和肢體語言。巧言令色的人是擅長拍馬逢迎的人。

巧言令色是「假」，孔子深惡痛絕，但「眞」也不一定討他喜歡。嘴上沒約束、情緒容易激動的人如仲由，他心直口快，和巧言令色不一樣，孔子也不喜歡。他喜歡的是不說話或少說話的人，也就是悶葫蘆般的人。

「巧言」的反面是「訥」，「訥」是言語遲鈍、話沒法說得利索；「令色」的反面是「木」，「木」是面無表情，好像木頭。他喜歡的是木訥之人，認爲木訥之人才近於仁（【子路

13．27】）。（本章重點：巧言令色，孔子最討厭）

或曰：「雍也仁而不佞。」子曰：「焉用佞？禦人以口給，屢憎於人。不知其仁，焉用佞？」【公冶長5．5】

「雍」，是冉雍，字仲弓，他是孔門第二期的學生，孔門十哲之一。冉雍是政事之才，但在孔門四科中卻屬於德行科，原因之一是他不愛說話。德行科的人都不愛說話，但是他接替了子路成爲季氏宰。

孔子喜歡老實、不愛說話的人，仲弓符合這一標準。有人說，仲弓已經達到仁，但不太會說話。孔子說何必非得會說話，靠說話和人打交道常遭人討厭；冉雍算不算達到仁，我不知道，但何必非得會說話。

「佞」是會說話，子貢會說話，仲弓不會說話。孔子說「剛、毅、木、訥，近仁」（【子路13．27】），不佞就是訥，它和仁不但不矛盾，還很接近。

「不知」，則是孔子表示不滿和否定時的一種說法。看來，即使是仲弓也還達不到「仁」的標準。（本章重點：孔子喜歡沉默寡言的人）

子曰：「吾未見剛者。」或對曰：「申棖。」子曰：「棖也慾，焉得剛。」【公冶長5．11】

「申棖」，是孔門弟子，生卒不詳。此人即《史記．仲尼弟子列傳》中的「申黨」。《弟子列傳》的注《索隱》引《孔子家語》作「申繚」（今本作「申續」），懷疑此人即【憲問14·36】的公伯寮（《弟子列傳》作「公伯繚」）。

孔子說「剛、毅、木、訥，近仁」。「剛」的特點就是無欲，求己不求人。林則徐寫過一副對聯，上聯是「海納百川，有容乃大」，下聯是「壁立千仞，無欲則剛」。（本章重點：怎麼做最接近仁）

子曰：「不有祝鮀之佞，而有宋朝之美，難乎免於今之世矣。」【雍也6·16】

「祝鮀」，字子魚，是衛靈公的太祝，《左傳》定公四年作「祝佗」，此人是個能說會道的人。「宋朝」，也叫宋子朝，據說長得很好看、漂亮，他與衛靈公的夫人南子私通。前四九六年，太子蒯聵過宋，野人作歌，諷刺南子與宋朝，太子恥之，謀殺南子，沒成功，被迫出亡於宋。孔子於次年到達衛國，仕衛靈公三年。孔子這番話可能是前四九五～前四九三年之間講的。

「不有……，而有……」，這種結構中的「而」字，王引之《經傳釋詞》卷七以爲相當於「與」字，但這個「而」是表示上下相因還是相反，卻有完全相反的兩種理解。上下若相因，「而有」也等於「不有」，即如果沒有「祝之佞」，也沒有「宋朝之美」，便很難躲過當世的災禍。王氏之說的指涉並不是很清楚，但從敍述來看應屬這一種。上下若相反，「而有」則是「有」，即如果沒有「祝之佞」，卻有「宋朝之美」，也很難躲過當世的災禍；楊樹達的《詞詮》卷十便持此說，多數注家也這麼理解。

我認爲，這兩種理解以前一種理解更爲正確。《皇疏》引范寧說，謂「祝鮀以佞諂被寵於靈公，宋朝以美色見愛於南子」，其實宋朝和南子這兩個人都不是好東西，因此如果理解成第二種說法，會非常彆扭。

「祝鮀之佞」是「巧言」，「宋朝之美」是「令色」，都是孔子所厭惡的；不靠巧言令色就沒法避禍，這是孔子的慨歎，如此才合本章題意。（本章重點：巧言令色救危局？）

司馬牛問仁。子曰：「仁者，其言也訒。」曰：「其言也訒，斯謂之仁已乎？」子曰：「爲之難，言之得無訒乎？」【顏淵12．3】

「司馬牛」，名耕，字子牛，這裡是以字稱。他是孔門第三期的學生，更是宋國的大貴族。前四九二年，孔子途經宋國，險遭司馬桓魋殺害。司馬桓魋就是司馬牛的哥哥，但司馬牛和他哥哥完全是兩種人，他喜歡孔子。前四八一年，司馬桓魋作亂，司馬牛出奔，適齊適吳，返宋，最後死於魯，死在老師身邊（《左傳》哀公十四年）。

司馬遷說司馬牛的性格特點是「多言而躁」（《史記．仲尼弟子列傳》），所以他向孔子請教仁，孔子便故意說「仁者，其言也訒」。「訒」訓「頓」（《說文．言部》），是指說話慎之又慎，儘量憋著，不輕易出口，此字通「忍」。這是針對司馬牛的毛病而說。司馬牛又問，只要不隨便講話就可以叫仁了嗎？孔子沒正面回答，只說要實行都很難了，說話時能不留心注意嗎？

孔子怎麼說話，非常值得研究。許多弟子都曾問仁，但他給的答案都不同，各有針對。這是典型的孔門對話，孔子的答問從來沒有標準答案，就像中醫看病，因人而異，對症下藥，特色是不下定義，邏輯不周延。

司馬牛問仁，孔子說，仁就是管住你的嘴，這個答案很滑稽。司馬牛很死腦筋，聽不出老師的話裡玄機，非要反推著問：我把嘴管住，就達到仁了嗎？他的問題很可氣（氣得老師拿眼瞪他），但很合理。孔子不理他，他便自說自話，順著原來的話講。孔子的啓發式教學，都是這麼個啓法。有話不明說，暗示再暗示，如果你還聽不懂，那就不可救藥了。（本章重點：仁，就是管好自己的嘴巴）

子曰：「剛、毅、木、訥，近仁。」【子路13·27】

「剛」，就是剛強，不爲欲望所動。在《論語》裡，「剛」和「欲」相反，是無欲的結果。像是孔子評申棖，就曾說「棖也慾，焉得剛」。無欲，是凡事求己不求人，這樣的結果便是「富貴不能淫，貧賤不能移」（《孟子·滕文公下》）。

「毅」，就是堅毅，不肯向任何威脅低頭。孟子說「富貴不能淫，貧賤不能移，威武不能屈，此之爲大丈夫」，其中的「富貴不能淫」「貧賤不能移」，便是「剛」；「威武不能屈」，則是「毅」。

「木」是目光呆滯，面無表情，和「令色」「色莊」相反。「令色」是裝模作樣，「色莊」

是故作深沉。

「訥」是言語遲鈍，拙於表達，和「巧言」相反。「巧言」是花言巧語、能說會道，也叫「佞」。

本章這四個字，「剛、毅」是一對，「木、訥」是一對，皆可連言。剛毅是好詞，木訥不同，有負面含義，給人的印象是呆。但因爲孔子討厭「巧言令色」，他喜歡木、訥，所以他用這兩個字時，有誇獎的意思。

「仁」，對孔子來說是很高的道德標準，所以當他說「剛、毅、木、訥，近仁」，這點不容忽視。要知道，他的得意門生，特別是德行科的學生，氣質上都有點呆頭呆腦。（本章重點：老老實實，才像君子）

子曰：「君子求諸己，小人求諸人。」【衛靈公15・21】

孔子認爲只有「無欲」，才配稱爲「剛」。「無欲」的意思並非清心寡欲，而是無求於人。關於無求於人這件事，孔子曾巧妙地在〈衛靈公〉篇的這三章連續提到：「不怕人不知」（【15・19】）、「就怕死無聞」（【15・20】）、「一切得靠自己」（【15・21】），也等於期許君子要靠自己的德行、作爲在這世上聞達、留名。（本章重點：君子求己，小人求人）

子曰：「巧言亂德，小不忍則亂大謀。」【衛靈公15・27】

孔子反對「佞」，也反對「小不忍」。他認爲，花言巧語會敗壞道德，而一點小委屈都受不了，也會擾亂重大部署，壞了大事。（本章重點：務必沉著）

子曰：「巧言令色，鮮矣仁。」【陽貨17·17】

此章重複出現，可參見【學而1·3】的解析。孔子喜歡凡事不求人、表情麻木、不善言辭的人。（本章重點：木訥點話少些）

仁的表現方式：智與勇

子曰：「孟之反不伐，奔而殿，將入門，策其馬，曰：『非敢後也，馬不進也。』」【雍也6·15】

「孟之反」，魯大夫，名側，字子反，也叫孟子反。此人即《左傳》哀公十一年的孟之側。「不伐」，是不自誇。「殿」，古之軍行，前曰「启」，後曰「殿」，「殿」是斷後的意思。這裡是誇孟之反有斷後之勇，但爲人謙虛幽默，不自誇功勞。（本章重點：孟之反不自誇）

子曰：「知（智）者樂水，仁者樂山；知（智）者動，仁者靜；知（智）者樂，仁者壽。」

【雍也6・23】

「知者樂水，仁者樂山」，這是很有名的話。《列子・湯問》講過一個故事：「伯牙善鼓琴，鍾子期善聽。伯牙鼓琴，志在高山，鍾子期曰：『善哉，峨峨兮若泰山。』志在流水，鍾子期曰：『洋洋兮若江河。』」高山流水，是君子之操的象徵。孔子曾【里仁4・2】說「仁者安仁，知（智）者利仁」。「山」性靜，象徵仁者安仁，仁者安仁可以長久，故曰「壽」。「水」性動，象徵知（智）者利仁，知（智）者利仁可以悅人，故曰「樂」。（本章重點：智者樂水，仁者樂山）

子曰：「知（智）者不惑，仁者不憂，勇者不懼。」【子罕9・29】

仁者的境界是「不憂」，現代人反而把「憂患意識」掛在嘴邊。佛家講，人生下來就是煩惱，生老病死，沒有一樣不煩惱。我們這輩子煩惱的事很多，頭銜、職稱、房子、妻子、孩子，人際交往，人事糾紛……要想拋卻憂患，說容易做來難。

「不憂」是很平凡的字眼，也是很崇高的境界。（本章重點：要想無憂，很難）

子曰：「有德者必有言，有言者不必有德。仁者必有勇，勇者不必有仁。」【憲問14・4】

魯叔孫豹和晉范宣子曾討論什麼叫做「死而不朽」。范宣子以為，貴族世祿就是不朽，叔孫豹不同意，說：「豹聞之：『大上有立德，其次有立功，其次有立言。』雖久不廢，此之謂不朽」（《左傳》襄公廿四年）。所以，孔子把「德」放在「言」的前面。「仁和勇」的關係，也是仁在勇的前面。（本章重點：德與仁是最重要的）

義

義字，古人的解釋是「宜」，即應該怎麼做，這是道德自律，對人有一定的約束力。禮和義不同，禮是外部規範，義是內心約束。禮比義，有更多強制。

孔子講君子與小人時，曾以「義利之辨」區別。君子以義爲準則，不義之物不取，不義之得不居；小人不同，唯利是圖，一切以利爲上。如：「君子義以爲質」（【衛靈公15．18】）、「不義而富且貴，於我如浮雲」（【述而7．16】）、「見利思義」（【憲問14．12】）、「見得思義」（【季氏16．10】）。

義利之辨

子曰：「君子之於天下也，無適也，無莫也，義之與比。」【里仁4．10】

「無適也，無莫也」，適莫二字，舊注多歧，大致有四種讀法：一種是把「適」讀爲敵，理解爲抵觸；「莫」讀爲慕，理解爲嚮往（《鄭注》）；一種是以適、莫爲厚薄（《邢疏》），似乎是把「適」讀爲嫡，而以「莫」爲相反意思；一種是以「適」爲可，以「莫」爲不可（唐韓愈、李翺《韓李筆解》）；一種是以「適」爲專主之意，而以「莫」爲相反意思（朱注）。依我看，「適」是可以，「莫」是不可以，「無適也，無莫也」這句話也就是「無可無不可」（【微子18．8】）的意思。

「義之與比」，是說一切要看是否合乎義。「比」，是親近之意。此章是講義利之辨。（本章重點：以義爲行事準則）

子曰：「放於利而行，多怨。」【里仁4．12】

「放於利而行」的「放」是依照；小人唯利是從，做一切事情都看有沒有利可圖，難免招人恨。這一章可與【里仁4．4】的「苟志於仁矣，無惡也。」對照參看，此章也是講義利之辨。

（本章重點：唯利是圖招人恨）

子曰：「君子喻於義，小人喻於利。」【里仁4．16】

君子方可曉之以義，小人只能曉之以利。小人說，拿錢來，別廢話，所以跟小人講義沒有用。此章也是講義利之辨。（本章重點：君子與小人的分別）

義和勇，大有關係

子曰：「非其鬼而祭之，諂也。見義不爲，無勇也。」【爲政2・24】

這兩句指什麼？前人有不少猜測，他們認爲這是孔子在罵當時的事。

古代祭祀，本來都是祭自己信奉的神祇和祖先，若非如此，絕不能祭。古人相信鬼神對獻祭的食物，不是用嘴吃，而是用鼻子聞；因此如果食物並非用來祭拜自己，祖先是不會接受的，連聞都不會聞，這叫做「神不歆非類，民不祀非族」（《左傳》僖公十年）、「鬼神非其族類，不歆其祀」（《左傳》僖公卅一年）。《左傳》之所以強調這類原則，正是因爲春秋戰國以來例外的事越來越多。前人舉過很多例子如鄭、魯易田，魯國替鄭國祭泰山，鄭國替魯國祭周公（《左傳》隱公八年）等等。還有，反映民族同化趨勢的禘祫之禮，也是將不同族姓的祖先擺在一起祭拜。孔子看不慣這種祭非其鬼的現象，認爲這是拍馬屁。「非鬼而祭」，後來成爲拍馬屁的代名詞。

「見義不爲」的「義」，是宜的意思，即該做的事。做該做的是勇，做不該做的事，膽子再大連命都不要，也算不上是勇；意即，「勇」應當出於「義」。像是古人說，如果膽大妄爲危害君主，這種人的靈位就不准擺到明堂裡。相反地，該挺身而出卻不挺身而出，這也不對。孔子認爲這是缺乏勇氣，他老人家感到當時的世界太不像話，怎麼就沒人出來呢，人都死絕了嗎？

溥儀當僞滿皇帝時，曾拜日本的天照大神和祭殺害中國人的日本官兵，這就是「非其鬼而祭之，諂也」。日本首相參拜靖國神社，中國和韓國很憤怒，但日本有日本的解釋：軍人的天職就是爲國捐軀，戰死沙場的都是勇士、烈士，你們中國人的冤魂孽鬼，帳算不到軍人頭上；算到天皇頭上嗎，美國又不讓算。其實，美國又何嘗不是如此，在韓戰、越戰中死的都是勇士、烈士，他們說，Freedom is not free.（自由不是沒有代價的），響應國家的號召，爲保衛自己從不知道的國家和爲從不認識的人民打仗，是死得其所，和日本人的烈士觀大同小異。我們中國人的觀念是，不義而死，就是再勇敢（日本的士兵很勇敢），也不配稱「勇」。

現在的治安太壞，警力不足，怎麼辦？有人說，還等什麼，見義勇爲呀。這就像仿冒品太多沒人管，也管不勝管，官方便勸大家多學點商品知識、法律知識，以保護自己的權益，這自然也是個道理。可是，執法人員若靠群眾，而群眾靠自己，行嗎？（本章重點：見義一定要勇爲？）

宰我問曰：「仁者，雖告之曰：『井有仁（人）焉。』其從之也？」子曰：「何爲其然也？君子可逝也，不可陷也；可欺也，不可罔也。」【雍也6．26】

「宰我」，即宰予，字子我，這裡是以字稱。

「井有仁（人）焉」，井裡怎麼會有「仁」？這眞是太奇怪了。《皇疏》在這個「仁」字（本章第二個「仁」字）底下加了個「者」字，等於說有仁者掉在井裡，但難道只有仁者掉到井裡，才有救不救的問題嗎？不像話。這是不破讀。其實，這第二個「仁」字，不過是「人」的借字。《論語》中，仁與人的混用，例子不只一個，像是【憲問14．9】「問管仲。曰：『人也。……』」，應讀成「問管仲。曰：『仁也。……』」。因此在這一章，宰我的問題應解釋爲：對「仁者」來說，假如有人告訴他井裡有人，他會跳到井裡去救人嗎？

「逝」，是往的意思。「陷」，指誘之落井。

「欺」和「罔」，都有欺騙之意，但不完全一樣。《孟子・萬章上》有個故事，子產得活魚，讓校人放生到池裡，校人謊稱放生，卻烹而食之，子產說「得其所哉！得其所哉」。校人很得意，說「孰謂子產智」。這就是「欺」。孟子說「君子可欺以方，難罔以非其道」，意即你能利用「君子的善良」加以欺騙之，卻無法用「不合情理的事」欺騙他；楊伯峻引之，說小人的欺騙是屬於「欺」，而宰予的假設是屬於「罔」。這個對比很好，它可以說明，欺和罔的差別是什麼。

宰予的提問前提假設很誇張，有點像我們現在假設有歹徒行兇，你能不能挺身而出。他這做學生的是在考驗老師。但孔子對這個假設很不滿，說爲何非得跳井，君子可以救人，但不一定非得跳井——你可以利用他的善良加以欺騙，但不能用這種不合情理的事欺騙他。這種考驗有點像英雄救美。有些戀愛中的女孩喜歡用這種問題測試男友，甚至找人假扮流氓考驗他。這就是罔。男友發現眞相後，覺得這種行爲實在不可取，反而跟她分手了。（本章重點：只做合理的事）

子路曰：「君子尚勇乎？」子曰：「君子義以爲上。君子有勇而無義爲亂，小人有勇而無義爲盜。」【陽貨17・23】

「尙」，是以什麼爲上。

「盜」，古人稱侵犯別人財產爲「盜」，如盜竊、搶劫。盜竊、搶劫的人也叫「盜」。

子路向來以勇著稱。他問孔子，君子以勇爲上嗎？孔子反對有勇無義，他說君子是「以義爲上」，「勇」必須受「義」的制約。君子有勇無義就會犯上作亂，小人有勇無義就會當小偷強盜，這是孔子特意告誡子路。（本章重點：義是勇敢的基礎）

對國家的責任

子路從而後，遇丈人，以杖荷蓧。子路問曰：「子見夫子乎？」丈人曰：「四體不勤，五穀不分，孰爲夫子？」植其杖而芸。子路拱而立。止子路宿，殺雞爲黍而食之，見其二子焉。明日，子路行以告。子曰：「隱者也。」使子路反（返）見之。至，則行矣。子路曰：「不仕無義。長幼之節，不可廢也；君臣之義，如之何其廢之？欲潔其身，而亂大倫。君子之仕也，行其義也。道之不行，已知之矣。」【微子18．7】

「從」，同縱、蹤，有跟蹤之意。

「蓧」，是田中除草的工具。

「拱而立」，古人以垂手爲倨，拱手爲敬。《禮記．曲禮》：「遭先生以道，趨而進，正立拱手。」這是子路對長者表示尊敬的樣子。

原文是講，孔子在前面駕車走，子路在後面步行，沒能跟上，掉了隊（孔子和弟子經常相失於道）。路上，子路碰見一個老頭，他正用拐杖挑著除草的工具。子路說，您看見我的老師了嗎？老頭說，你們這些人，四體不勤，五穀不分，誰是你的老師？老頭於是把拐杖插在地上，只顧除草。子路拱手敬立，對他很客氣。大概是受感動了吧，老頭留他過夜，殺雞煮飯，招待他，還讓他見自己的兩個兒子。第二天，子路趕上了孔子，把這件事告訴孔子。孔子說這肯定是一名隱者，要他趕緊回去找老頭。但等他到了，老頭卻已出門。

故事裡的老頭被稱作荷蓧丈人，他是一名隱者，是個躬自耕稼的老農民。古代的繪畫常把隱逸山林的高士畫成農夫、漁夫或樵夫。出現在《儒林外史》第一回的王冕，也是農民。因此，故事中的老頭也是個務農的隱者。在他看來，孔子這些人不愛勞動愛做官，非他同路人，所以語含譏諷。

這一章的最後一段話，子路說：不做官是不義之事。長幼之序不可廢，君臣之義又怎麼可以廢？如果爲了潔身自好放棄做官，那就是「亂大倫」，君子做官是爲了推行主張，至於這些主張行不通早在預料之中，有什麼値得大驚小怪。但子路的話是對誰說？舊注說是對荷蓧丈人的兩個兒子說，要他們等荷蓧丈人回來後轉述。子路的意思是，您老人家讓兩個孩子出來見禮，是懂得長幼之序，既然懂得長幼之序，就該明白君臣之義；做官就是君臣之義，國君不好，你只有一個責任，那就是勸諫，而放棄這種努力是不對的。這段話是子路批評荷蓧丈人，說「君臣之義」不可廢，做官是行義，隱而不仕是無義。

古人認爲這是子路轉述孔子的話，但原文並沒這麼說，只有宋初的一個福州刻本把「子路曰」刻成「子路反，子曰」（見《集注》），便乾脆把這段話當成孔子的話。其實，子路的做官

衝動比老師還強，這番話出自子路之口，不值得奇怪。（本章重點：入世者和隱者的不同）

向上提昇

子曰：「德之不修，學之不講，聞義不能徙，不善不能改，是吾憂也。」【述而7・3】

這一章是講做人值得擔心的事。

孔子的擔心是：道德不修，學問不講，好的不從，壞的不改。「聞義不能徙」，是聽到該做、必須做的事，卻還在旁觀望，根本不動心，不朝那個方向走。「徙」，是趨赴的意思。【顏淵12・10】有「徙義」一詞，意思就是趨義。（本章重點：孔子四憂）

子張問崇德辨惑。子曰：「主忠信，徙義，崇德也。愛之欲其生，惡之欲其死。既欲其生，又欲其死，是惑也。『誠不以富，亦祇以異。』」【顏淵12・10】

愛恨分明是美德，但不可走極端。好惡深，則偏見生。

子張的優點是正義感很強，缺點是失之偏激。他向孔子請問「崇德」與「辨惑」，崇德是提倡道德，辨惑是保持理智。「惑」，是不理智。人一時衝動，不顧一切，失去理智，叫惑。辨惑就是要保持清醒，不讓過激的情緒控制自己的頭腦。

孔子告訴子張，要固守「忠信」，一切以「義」爲導向，就是提倡道德。子張對這一條沒問題。但一個人要有正義感，卻又不能太強烈，因爲若發展到太偏激、不理智的地步，就過分了。所以，「愛之欲其生，惡之欲其死。既欲其生，又欲其死」，就是惑。

「誠不以富，亦祇以異」，是出於《詩・小雅・我行其野》，今本「誠」作「成」，應讀爲「誠」。該詩是描寫棄婦之怨，這是最後兩句。詩的意思是說，你之所以拋棄我，其實並非因爲她家比我家富，而只是因爲你變了心。在這裡引用，意思是說一個人的好惡太深，就會像棄婦恨他的前夫，愛之深也恨之切，完全失去了理智，一會兒愛得要命，一會兒恨得要死，做出各種尋死覓活的情狀。女性疼孩子、慣孩子，是源於生物本能，古人叫「婦人之仁」，甚至就連男人也是這麼疼因而愛之深，必恨之切。孔子的父親死得早，他是跟著母親長大的，所以很能體會女性的心境。（本章重點：愛恨要分明，但勿偏激）

子釣而不綱，弋不射宿。【述而7・27】

孔子喜歡釣魚、射鳥。

「釣而不綱」的「釣」是拿魚鉤釣，「綱」是用大繩繫網兜底抄。孔子釣魚是拿魚鉤釣，一次釣兩、三條，而不用大網抄，他擔心撈光了，以後沒魚吃。

「弋不射宿」的「弋」是用繫有長繩的箭頭去射獵物，射出去後，還能把箭頭和獵物一起找回來。「宿」是還巢之鳥，孔子不射或許是因爲不忍心。

保護動物的概念古代就有，像是什麼時候打獵，打什麼樣的動物，打公的母的，打老的小的，都有所講究，這些事我國古書多有記載，別的國家也是。但這種保護心態都是出於人類的本位主義，意即從節約資源著想，而不是替動物考慮。（本章重點：孔子愛惜資源）

孝

「孝」與「考、老」同源，和養老的概念有關。人子事父母，爲人倫之本。在孔子看來，孝是治道之本，意即：孝是社會關係的基礎，也是君臣關係的基礎。他講孝，常說父，其次是父母；單單說母，一次也沒有。

孝順、孝敬、孝養

孝的基本含義，第一是孝順，第二是孝敬，第三是孝養。「順」，就是事事都順著父母，只要父母在就絕對不可違背，孔子稱作「無違」。「敬和養」，父母老了總得有人養，而且更重要的是敬，只養不敬，無異於養牲口；對於父母，養生要敬，送死也要敬，這是一連串的人子之道。父母死，必須葬之以禮。葬畢，要服喪守孝三年，有所謂的「三年之喪」，三年之內，無改父之道，這是「無違」概念的延伸。喪除，還要祭之以禮，慎終追遠。

在平日的親子相處與互動方面，當兒子的要留心父母的年齡，老人家天增歲月人增壽，既令人高興，也令人操心（【里仁4·21】）；父母若生病了，更是令人擔心（【爲政2·6】）；而只要父母仍健在，便絕不出門遠遊（【里仁4·19】）。此外，孝和慈其實是雙向關係，父母愛子女叫「慈」，子女愛父母叫「孝」（「孝慈」論述可見【爲政2·20】）。

子曰：「父在，觀其志；父沒，觀其行；三年無改於父之道，可謂孝矣。」【學而1·11】

「父在，觀其志；父沒，觀其行」，孔子認爲，當兒子的是否有孝心要分兩段來考驗。爸爸活著，要看他怎麼想；爸爸死了，要看他怎麼做。這麼講的道理是什麼？主要是爸爸活著，一切都得聽爸爸的，什麼都不能做，只能想不能做。要做，必須等爸爸死了，而且剛死還不行，孝子必須服三年之喪，服喪期間也不能違反爸爸，私下另搞一套。但這跟美國人的親子關係實在很不一樣，美國孩子一過十六歲，當爸當媽的就管不了，什麼「無改於父之道」，說改就改。

「三年無改於父之道」的「三年」是服喪三年，並非虛指。

孔子的話放在當時也許挺合適，簡直天經地義，但來到現在怎麼聽怎麼彆扭。楊伯峻也注意到了，於是他說「道」多半是指正面的東西，「三年無改於父之道」的「道」，其實是指爸爸思想行爲中的「合理部分」。但合理的部分，三年不許改，那難道三年以後就可以改嗎？我們要改的難道不是爸爸的「不合理部分」，卻是他的「合理部分」嗎？我猜，孔子的邏輯是，這個「道」是爸爸不合理的部分，爸爸的道還有什麼合不合理的，「父之道」就是老子說了算，老子的話就是道。

五四以來，大家常常罵這一段。臣子替昏君盡忠，則是愚忠；這樣做，是愚孝。我們生活在今天對爸爸的看法也不一樣了，人們要問，爸爸如果是殺人放火的壞蛋，兒子是不是也不改其道。當然，我們可以假定爸爸是好人，或寧願相信爸爸是好人。但世間的爸爸不一定都是好人，好人也不一定是爸爸。這事再清楚不過。但父母就是父母，是好是壞，也是你的父母，這也是再清楚不過的事。（本章重點：爸爸的道理）

孟武伯問孝。子曰：「父母，唯其疾之憂。」【爲政2·6】

「孟武伯」，是孟懿子的兒子，「孟」是氏，「武」是謚，「伯」是行輩字，他的名叫彘，所以也叫武伯彘，或仲孫彘。此問應在孔子晚年。

「父母，唯其疾之憂」，是子女唯恐父母生病。《淮南子·說林》曾提到「憂父母之疾者子，治之者醫」，這是年代較早的證明。馬融說，除非生病，否則孝子從來不讓父母操心，此說法太繞，朱注也繞，他們都說反了。

俗話說「久病床前無孝子」，能不能伺候久病在床的父母，這才是對孝子的最大考驗。（本章重點：父母若久病）

子游問孝。子曰：「今之孝者，是謂能養。至於犬馬，皆能有養。不敬，何以別乎？」【爲政2·7】

古人有孝養和孝敬兩個詞。孝不光是養，更重要的是還得敬。只養不敬，不算孝。

「子游」，是言偃的字，他是孔門第三期的學生，孔門十哲之一，長於文學。此問應發生在孔子晚年的時候。

「養」，是養活、伺候的意思，孔子曾說「唯女子與小人爲難養也」，其中的「養」也是這個意思。養，可是教育下一代的生物基礎，當媽的最明白。動物都是因爲養，才會忠心耿耿，聽人使喚。但對於父母，光是養還不夠，還要敬；除了養老，還要敬老。孔子認爲，光養老人，不敬老人，和養狗養馬有什麼兩樣？養爸養媽，可不同於養狗養馬。（本章重點：敬重年邁的父母）

子夏問孝。子曰：「色難。有事，弟子服其勞；有酒食，先生饌，曾是以爲孝乎？」【爲政2·8】

子夏的年紀較小，此問應發生於孔子晚年。

「色難」，前一章是說內心要孝敬老父母，這一章說的是臉色。「曾」，是乃、竟之意。孔子說，臉上能否表現出對父母的孝敬之情，這才是難事。光只是替長輩辦事，有吃喝先給長輩送上，內心毫無敬意，臉上也無恭敬之情，這樣不算孝。

中國人喜歡講孝道。孝是周道，伯夷、叔齊投靠周文王，就是「聞西伯善養老，盍往歸之」（《史記·周本紀》）。《水滸傳》中，李逵落草，宋江上山，也要先考慮老父老母的安置問題。有人說這是中國特色，絕對優越於其他民族，那可不一定。

司馬遷講匈奴人，說他們「貴壯健，賤老弱」（《史記．匈奴列傳》），好吃好喝的先給青壯年奉上，老弱病殘只能吃剩下的。我們覺得太不像話。其實這是由生存環境來決定，並不是說人家的小孩就不愛父母。同樣地，現代西方也有類似問題，西方的孩子很早就離家，自強自立闖蕩天下，不靠父母，兩夫妻只要能動也不要孩子養，實在不行了才上養老院，晚境或許淒涼，但很有尊嚴，人家的道德未必比我們差。現在的中國，孝道在解體，原因是環境越來越像西方，時過境遷回不去了，非要回去也只是綱常倒轉：有了兒子就變成（孝順）兒子，有了孫子就變成（孝順）孫子——光讀《論語》有什麼用？（本章重點：現代的孝道思考）

子曰：「事父母幾諫，見志不從，又敬不違，勞而不怨。」【里仁4．18】

「幾」，包咸訓「微」，是委婉之意。

「不違」，是絕對服從。現代社會中，只有軍隊對於首長的命令才會絕對服從，但孔子可不一樣，他講「不違」，一是對父母，二是對老師，國君都未必有這種資格。郭店楚簡〈語叢三〉告訴我們，人對父母和君主都要服從，就像軍人要服從三軍之旗和三軍之帥。但君不如親，君可去，親不可去，君臣關係不好，可以不以君臣相待；臣不悅君，可離而去之；君以不義加諸臣，臣可拒而不受。當時是孝大於忠，不像宋以來可以捨孝取忠。

「勞」，是操心。古人說「事親有隱無犯，事君有犯無隱」（《禮記．檀弓》），對國君可以毫無保留，犯顏直諫；三諫不從，就哭；哭也不行，就溜。對父母就不一樣了，只能拐彎抹角，委婉勸說。

這一章是講孝子勸父母，分寸眞難拿捏；不但言辭要懇切而委婉，絕對不能不留情面，直戳父母哪兒對哪兒錯，還要看他們的臉色，只要父母不接受，就要恭敬如初，絕對服從，事事爲父母操心，絲毫沒有怨言。（本章重點：勸說父母之難）

子曰：「父母在，不遠遊。遊必有方。」【里仁4·19】

父母在，不能出遠門，即使是去近處，也要告知父母，自己上哪兒去。（本章重點：不讓父母擔心）

子曰：「三年無改於父之道，可謂孝矣。」【里仁4·20】

此章與【學而1·11】重複。（本章重點：三年無改父之道）

子曰：「父母之年，不可不知也。一則以喜，一則以懼。」【里仁4·21】

父母高壽是可喜之事，也是可懼之事——父母老了，要爲他們養老送終，準備操辦後事。（本章重點：父母年紀慢慢變大）

子張曰：「《書》云，『高宗諒陰，三年不言。』何謂也？」子曰：「何必高宗，古之人皆

然。君薨，百官總己以聽於冢宰三年。」【憲問14·40】

「高宗」，殷高宗，即武丁。

「高宗諒陰，三年不言」，見《書·無逸》。「諒陰」，《禮記·喪服四制》作「諒闇」。舊有二說：一說訓諒爲信，讀闇爲暗，指守信不言（《尚書大傳》和孔注、馬融注）；一說讀諒爲涼，讀闇爲龕或庵，指孝子服喪所居的凶廬，即遮涼的草庵（鄭玄注）。

子張所問即「三年之喪」，孔子的解釋是，舊君死了，新君要服喪三年，必須三年不說話，三年不聽政，百官之事都交給冢宰代理。子張的年紀很小，這段話應是在孔子晚年講的。（本章重點：三年不說話）

宰我問：「三年之喪，期已久矣。君子三年不爲禮，禮必壞；三年不爲樂，樂必崩。舊穀既沒，新穀既升，鑽燧改火，期可已矣。」子曰：「食夫稻，衣夫錦，於女（汝）安乎？」曰：「安。」「女（汝）安，則爲之。夫君子之居喪，食旨不甘，聞樂不樂，居處不安，故不爲也。今女（汝）安，則爲之。」宰我出。子曰：「予之不仁也！子生三年，然後免於父母之懷。夫三年之喪，天下之通喪也。予也有三年之愛於其父母乎？」【陽貨17·21】

「期」，即【子路13·10】的「期月」，是從今年某月至明年某月這整整一年時間。

「舊穀既沒，新穀既升」，是指每年秋天的「登」禮，即新糧入庫的儀式。

「鑽燧改火」，「鑽燧」指鑽木取火和用燧石取火。古代以特製的銅鏡反射陽光取火，這種銅鏡叫「陽燧」。「改火」，古代的月令對四時用什麼木材取火有不同規定，像是春取榆柳，夏取棗杏，秋取柞楢，冬取槐檀。

孔子提倡「三年之喪」，宰我不贊同。他說，服喪一年就夠了，如果非要三年不可必然導致「禮壞樂崩」。孔子很生氣地說，難道服喪期間吃稻米，穿絲綢，你心裡不會難受嗎？宰我說，不難受。孔子說，君子服喪，好吃的東西吃也吃不下，好聽的音樂聽了也不快樂，你如果能心安，你就那麼做吧。宰我一聲不吭就走了。孔子很生氣，罵他不仁，說小孩生下來，要三年才能脫離父母的懷抱，難道你不曾從父母那裡得到這種愛嗎？宰予呀宰予，難道你就這麼報答父母嗎？這是他們師徒二人之間很不愉快的事。

這一章的「君子三年不爲禮，禮必壞；三年不爲樂，樂必崩」，就是「禮壞樂崩」一詞的出典。（本章重點：宰我挑戰三年之喪）

曾子曰：「吾聞諸夫子：孟莊子之孝也，其他可能也；其不改父之臣與父之政，是難能也。」【子張19．18】

這是轉述孔子的話。

「孟莊子」，即仲孫速，事魯襄公，是孔子的前輩，此人是有名的孝子。

孔子說，孟莊子的孝，易學的部分，旁人也做得到；最難的是，他維繫了父親留下來的家臣，和他父親爲政的規矩於不變。孟莊子的父親是孟獻子，即仲孫蔑。

曾子聽孔子說過，孟莊子之孝最難能可貴，他在父親死後仍「不改父之臣與父之政」，做到了「三年無改於父之道，可謂孝矣」這一點。（本章重點：孟莊子無改父之道）

孝弟

和孝有關的概念，還有弟（亦作悌）。古代宗法制是長子繼承制，孝敬大哥，就是孝敬父親的繼承人。「孝」是子事父，「弟」是弟事兄，兩者密切相關，經常連著說。

有子曰：「其爲人也孝弟，而好犯上者，鮮矣；不好犯上，而好作亂者，未之有也。君子務本，本立而道生。孝弟也者，其爲仁之本與（歟）！」【學而1・2】

這一章是講「孝弟」爲立身之本，其實何只是立身之本，孔子認爲這也是立國之本，在家當孝子和在朝當忠臣是同一個道理。孝順爸爸，就會服從上司，服從上司就不會犯上，不會犯上就不會作亂，不會作亂，天下就太平了。這是孔子的邏輯。

「有子」，是孔門的再傳弟子，尊稱有若。有子名若，字子有，他與卜商、言偃、顓孫師、曾參是同一輩，都是孔門第三期的學生。有若不但爲人老實，道德好，老師喜歡，還長得酷似孔子。孔子死後，沒了偶像，卜商、言偃、顓孫師以有若爲尸（扮演死者的活人，多由直系子孫爲之），公推他代替孔子受弟子朝拜。這件事，曾參不服氣，說他有什麼資格代表孔子。不過，端沐賜（子貢）樹孔子爲聖人，有若也參與其中。

「孝弟」是古代家庭倫理的核心概念。「孝」是子事父，「弟」（同悌）是弟事兄，完全是男本位。孝字，和「考、老」等字有關；「老」字，像個彎腰駝背的老人，加根拐杖就是「考」字。古人稱爸爸爲考，當兒子的要孝順爸爸，要愛老、敬老、養老，這叫孝。孔子敬老，不光敬老頭、老太太，他對一切古老的東西都心存敬意。哥哥也很重要，尤其是大哥，他是爸爸的合法繼承人、未來的大家長；當弟弟的，在家要尊重哥哥，侍奉哥哥，這叫弟。

「孝弟也者，其爲仁之本與（歟）」，楊伯峻指出，《管子·戒》中的「孝弟者，仁之祖也」和這句話是同樣的意思。

「仁」是孔子思想中最核心的概念。它的基本含義是「愛人」。清代學者阮元曾專門討論《論語》中的「仁」字（《揅經室集·《論語》論仁論》）。《論語》中到底有多少「仁」字，他說有一百零五個，其實是一百零九個。「仁」是什麼？我用最簡單的話講，就是拿人當人。首先是拿自己當人，其次是拿別人當人。不拿人當人，是不仁，但拿人當人，並不容易。人有其工具性，上班當工具，下班當人，一半一半就不錯了，完全不當人，也是常有的事。《老子》第五章說「天地不仁，以萬物爲芻狗；聖人不仁，以百姓爲芻狗」，如果天地、聖人都不仁，周圍的人也都不仁，你還能拿自己當人，也拿別人當人嗎？作家王朔有一句名言「別拿我當人」。在他看來，別人疼不疼、愛不愛自己，不重要，重要的是別太拿自己當回事；不拿自己當回事，反而可立於不敗之地，用他的另一句話講就是「無知者無畏」。自嘲，也是生存策略。

中國早期的國家，都是宗法制小國，當時人說的「國家」（本來叫「邦家」，邦改國，是爲避漢高祖諱）是個合成詞，國是以家爲基礎，家是以男性和男性繼承人爲主軸，一是爸爸，二是大哥。當時的道理是，只要孝敬好爸爸，伺候好大哥，家就和了，家和就萬事興了。「以家治國」是孔子的核心思想，一種帶有復古色彩的保守思想。在當時，國家是以血親、姻親、擬親關係爲紐帶，以之分衍、連綴和維繫，是屬於框架性的東西；國裝在家裡面，裝在天子的家裡面，諸侯都是親戚。秦漢以降，宗法制度被破壞，家還在，只是國家之下那有如細胞的東西，家是小家不是大家，國不能裝在家裡。漢以來講的孝弟，和先秦不一樣，後人只知事君爲忠，當忠孝不兩全，寧可捨孝；但孔子可不是這麼講的。（本章重點：孝弟是仁之本）

子曰：「弟子入則孝，出則弟，謹而信，汎愛衆而親仁（人）。行有餘力，則以學文。」

【學而1·6】

「弟子」，指鄉里的子弟或學生，古代的師生關係是仿父子關係，學生把老師當爸爸，老師把學生當兒子。「一日爲師，終身爲父」，所以有「師父」一類叫法。師父的師父是「祖師爺」，後世的師道尊嚴一直保留此傳統。當老師的要替學生找工作，若是得意門生甚至連娶媳婦都要包辦，而當學生的也要盡弟子之勞，弘揚師教，捍衛師說，光大師門，義不容辭。如今的學校，有培養學術子弟兵之說，裡面就有這種「父慈子孝」意涵。北大門戶深，老師是大樹，我從社科院到北大，對此深有體會。師道尊嚴當然要講，但這種關係不好——老師不是爸爸，學生不是兒子。

「謹」，是寡言。

「汎愛眾而親仁」的「眾」，指民。

「行有餘力，則以學文」的「行」是動詞，這裡指行事為人，它是踐行道德，而不是道德本身。「行」是相對於「學」。道德培養好了，還有餘力，該做什麼呢？孔子說：「學文」。「文」是什麼？是文化，尤其是與禮樂有關的人文學術，古人稱此為「文學」。道德是質，禮樂是文，文、質必得相輔而行。在孔門讀書，是學禮樂。禮樂是文化，不是公文檔案，不是程文墨卷，更不是風花雪月、娛情寫物的詩文。古代的學制，簡單來說，小學是以認字識數為主，但大學是學禮樂，最終目標是學禮樂。文，不是文字而是文化，是培養「士君子」的文化。

古人不像後人，他們靠文章名世，靠文章傳世，當然很看重所寫下的東西。孔子強調，提高道德修養之後，還要提高文化修養——第一，別當壞蛋；第二，別當笨蛋；意即先當好人，再當知書達理的人。（本章重點：先學道德，再講文化）

司馬牛憂曰：「人皆有兄弟，我獨亡！」子夏曰：「商聞之矣：死生有命，富貴在天；君子敬而無失，與人恭而有禮；四海之內，皆兄弟也。君子何患乎無兄弟也？」【顏淵12．5】

司馬牛很煩惱，他說「人皆有兄弟，我獨亡」，他感到非常孤獨。他說他沒有兄弟，其實並不是真的沒有，他可是有四個兄弟——巢、魋（即司馬桓魋）、子頎、子車。司馬牛之所以這麼說，是因爲司馬桓魋作亂，其他兄弟都參加了，他不認這些人爲兄弟。

「商聞之矣」，是說接下來的話都是子夏聽來的，並不是子夏自己說的話，朱熹說是「蓋聞之夫子」，即後面這些話是代表孔子的思想。

「死生有命，富貴在天」，王充以爲是孔子語。「四海之內，皆兄弟也」，《說苑．雜言》引亦以爲夫子之言，弟（悌）是弟事兄之道，這句話無疑等於悌道的推廣。其實，「商聞之矣」以下七句，除了最後一句是子夏的話，其他全是孔子的話。（本章重點：四海之內皆兄弟）

原壤夷俟。子曰：「幼而不孫（遜）弟，長而無述焉，老而不死，是爲賊。」以杖叩其脛。

【憲問14．43】

「原壤」，生卒不詳。魯有原氏，此人與原憲同氏。

「孫弟」，亦作「遜弟」或「遜悌」，是敬順長者的意思。

《禮記．檀弓下》說，原壤是孔子的老朋友，從小就熟稔。原壤的母親死了，孔子幫他操辦母親後事，他卻登上棺木若無其事地唱歌。孔子不高興，但從旁經過，假裝沒聽見。同行者勸孔子取消此事，孔子說，我倆從小就熟，這點面子不能不給。《皇疏》說，原壤是「方外之聖人也，不拘禮教」，孔子是「方內聖人，恆以禮教爲事」。看來，原壤是個放浪形骸、不拘禮節的人。

這段話很有意思，講原壤在家等候孔子，但他沒用跪坐，而是兩腿平伸。他一人在家休息時，這麼坐倒也罷了，孔子到他家，他還用這種姿勢迎客，就不禮貌了。古人所謂「坐」，都是指跪坐，屁股放在腳跟上，這叫正襟危坐，危坐就是跪坐。但原壤的坐法，古人叫「箕踞」，也叫「夷」，即兩條腿平放。

「俟」是等待。原壤心想，這來人又不是別人，不就是我從小就認識的孔小二嘛。孔子到了，一看他這副模樣太不像話，便破口大罵，你這個傢伙，小時候你不乖，長大了也不長進，活到這把年紀你還不死，簡直就是個老混蛋。孔子一看見原壤平伸的那兩條腿，眞是渾身有氣，用力拿棍子追打。「脛」，是指小腿。「老而不死，是爲賊」，《釋名・釋長幼》說「老而不死曰仙」，神仙也是老而不死。

孔子討厭不講禮貌的人。原壤是他從小一起長大的朋友，兩人實在熟到不能再熟。他對孔子不客氣，孔子也對他不客氣，甚至連棍子都用上了。（本章重點：孔子動手打人）

友

友是同事、同學，友道是弟道的推廣，兩者常連言。曾有人跟孔子說，您爲什麼不出來從政？孔子回答，《尚書》上說「孝乎惟孝，友于兄弟，施於有政」，這不也等於是從政嗎（【爲政2・21】）？《詩・小雅・六月》有句「張仲孝友」，《爾雅・釋訓》解釋這句話爲：「善父母爲孝，善兄弟爲友」，「孝友」也可以當「孝弟」講。

孔子尚賢，「樂多賢友」（【季氏16・5】），他由此講了許多名言，如：「無友不如己者」（【學而1．8】）、「毋友不如己者」（【子罕9．25】）、「見賢思齊焉，見不賢而內自省也」（【里仁4．17】）。「三人行，必有我師焉：擇其善者而從之，其不善者而改之」（【述而7．22】）。

如何與人做朋友

孔子講友道，有兩種不同說法：一說傳自子夏，叫做「可者與之，其不可者拒之」，意即不需要什麼人都亂搭理，標準得高一點；一說傳自子張，叫做「君子尊賢而容眾，嘉善而矜不能」（【子張19．3】），也就是對於不如自己的人要寬容，心胸大一點。前說主於嚴，後說主於寬，二說看似矛盾，其實各有針對，孔子因材施教又一例。

子曰：「君子不重則不威，學則不固。主忠信，無友不如己者，過則勿憚改。」【學而1．8】

「重」，是老成持重的重，不這樣人就「不威」，即看上去就沒有威風凜凜的氣勢。但這和學習有什麼關係？我想，孔子說的「學」，不光是讀書，更重要的還是修行習禮學道德。修行習禮學道德，目標之一就是培養君子風度，如果沒有君子風度，莊重不足，輕浮有餘，這就說明他沒學到家，「學」自然「不固」。

這一章的後三句，也見於【子罕9．25】，「無」作「毋」，「過則」作「過者」。

「主忠信」，就是謀事必忠，說話算話。

「無友不如己者，過則勿憚改」，是指不要跟不如自己的人交朋友，犯了錯也不要害怕改正。「無友不如己者」，是此章的大問題。因爲從字面理解原文，是說千萬別跟不如你的人交朋友。魯迅說，這是勢利眼。孔子怎麼會這樣？不可能吧？很多人都認爲這有損孔子的形象，所以曲說很多。他們說，這話的本意不是這個意思，完全相反，「無友不如己者」其實是說：沒有哪個朋友不如你，個個都有長處，都值得你學習，如此不但沒有一點驕傲，還懷著滿肚子謙虛；像是南懷瑾①、李澤厚，他們就這麼解釋。後面這種解釋，對保護孔子的形象很有利，可惜並不對。劉寶楠、程樹德從古書中找到幾段話完全可以證明，孔子的說法其實很有根據，它原來的意思就是怕跟不如己者交朋友——

故周公旦曰：「不如吾者，吾不與處，累我者也；與我齊者，吾不與處，無益我者也。」惟賢者必與賢於己者處。賢者之可得與處也，禮之也。（《呂氏春秋・觀世》）

故君子不友不如己者，非羞彼而大我也。不如己者，須己而植也。然則扶人不暇，將誰相我哉？吾之債也，亦無日矣。（《中論・貴驗》。《群書治要》卷五六引，「須己而植也」作「須己慎者也」）

假子曰：「夫高比所以廣德也，下比所以狹行也。比於善者，自進之階。比於惡者，自退之原也，且《詩》不云乎？」（《韓詩外傳》卷七。《說苑・雜言》亦有類似的話，「假子」作「南瑕子」）

交朋友，怎樣才划算？漢代有一種傳說：「丘死之後，商也日益，賜也日損。商也好與賢己者處，賜也好說（悅）不如己者」（《說苑．雜言》）。子夏愛跟比自己強的人交朋友，每天都長進；子貢愛跟不如己者相處，每天都退步。看來子夏才深得老師的眞傳，最划算；子貢是偏離了老師的教導，最吃虧。

孔子的意思其實很清楚，用不著拐彎抹角。他老人家說要向道德高、本事大的人學習，「見賢思齊焉，見不賢而內自省也」（【里仁4．17】），這沒什麼不對。問題只在於「友」是一種對等概念，而人的賢與不肖卻千差萬別，至少有「勝己、如己、不如己」三大類，如果不如己者不配交朋友，那勝己者也不該和你交朋友，順推行，反推不行。孔子不跟不如自己的人交朋友，這是古代聰明人早就想到的事，現在的聰明人也一樣想得到。咱們設身處地替他考慮一下，他的想法倒也簡單，主要是怕吃虧受累。現在的明星、權貴都特別需要崇拜者，粉絲越多越好，也就是人氣旺。但每手必握，噓寒問暖；每信必回，耐心解答，累不累？名人也有名人的苦惱。孔子的時代倒沒這麼累，但吃虧是肯定的。和不如己者交朋友，光讓人家跟你學，自己什麼也學不到，時間久了肯定退步。這就像職業棋手陪業餘棋手下棋，下著下著，自己都業餘了。我的經驗之談是，千萬別把自己當名人，群眾來信，一律不回。

可是這種話，我講可以，孔子講不行。孔子的錯誤是他把這種話講了出來，因爲他若這麼

① 南懷瑾，《論語別裁》，台北：老古文化，一九七六年。

講，那人家就要問，如果大學校長只跟教育部長交朋友，教育部長也這麼想，那其他人不是也交不成朋友嗎？像南懷瑾就是這麼打比方。當然，他是絕不相信孔子有這種壞思想，他認爲這是理解歪了。

對於孔子的說法，蘇東坡也直接這樣提問，他說「如必勝己而後友，則勝己者亦不與吾友矣」，這種問題很難回答，但有它的合理性。我曾在一篇雜文中說，「同『不如己者』交朋友，壞處多，一是吃虧，朱熹說『不如己，則無益而有損』；二是丟面子，古人說『禮聞來學，不聞往交』。楊伯峻先生覺得孔子不會這樣，故將此句譯爲『不要（主動地）向不及自己的人去交朋友』（《論語譯注》），不交也罷。但只與比自己強的人交朋友恐怕也有問題，因爲如果那強者也像他一樣的想法，他的做不成『友』恐怕是再清楚不過的事。更何況聖人是『絕頂聰明』的人，在他上面已經沒有人了」。我這玩笑的源頭就是來自蘇東坡的疑問。

前一段，我特別提到楊伯峻先生的譯文。他的一九五八年舊版的《論語譯注》有意調停舊說，他便說「古今人對這一句產生不少懷疑，因而有一些解釋。譯文加『主動地』三字來說明它」。我猜楊先生的意思是，古人自尊心特別強，好面子，不如己者如果找上門還可以交朋友，但絕不能主動去交。可是，後來的一九八〇年的二版改了，譯文變成「不要跟不如自己的人交朋友」，楊先生說「譯文只就字面譯出」，將「主動地」三個字刪去了。看來，楊先生也覺得加字不妥。

元人陳天祥有一種解釋，說「如」乃「似」的意思，而不是「勝」，「不如己」是說對方和我不對等，人分不如己、如己、勝己三等，勝己者當師之，如己者當友之，不如己者既不是師也不是友，所以無法交朋友（《四書辨疑》）。但這也是在保護孔老夫子。他這等於是說，孔子分不清師、友和不可交者，他來替孔子分。這句話很簡單，但解釋起來卻一套又一套，眞讓我們其樂無窮。（本章重點：該跟什麼樣的人交朋友）

子華使於齊，冉子爲其母請粟。子曰：「與之釜。」請益。曰：「與之庾。」冉子與之粟五秉。子曰：「赤之適齊也，乘肥馬，衣輕裘。吾聞之也：君子周急不繼富。」【雍也6・4】

「子華使於齊，冉子爲其母請粟」，「子華」是公西赤的字，公西赤的特長是外交；「冉子」也是孔子的弟子，尊稱冉求。《論語》中，孔門弟子稱子，只有曾參、有若和冉求。冉求的特長是理財。他是先爲孔子理財，當孔子的宰，後來才爲季康子理財，當季康子的宰。這裡所述是冉求爲孔子理財。那麼公西赤去齊國幹什麼？是替魯君辦事，還是替孔子辦事？如果是前者，那是出公差，該由政府報帳；如果是後者，則只能找老師報帳。情況如何我們不清楚，這裡講的是，公西赤出差，冉求請老師批准送點米給子華的媽媽，照顧一下。

「粟」，是穀子。未脫殼的穀子叫「粟」，脫了殼叫「米」，不是大米，是小米。中國古代的糧食作物，原生而獨具特色的，主要是穀子和糜子。

「釜」，六斗四升。「庾」，二斗四升。「秉」，一百六十斗。

子華出差，「乘肥馬，衣輕裘」，很闊氣，但冉求卻替他在家的老母向孔子支借糧米。孔子說，給她一釜就可以了，冉求嫌不夠，請他多給一點。孔子說，那就再加一庾吧。但冉求竟一下子給了她五秉，大大超出孔子批准的數字。孔子知道後很不高興，說「君子周急不繼富」。「周急」是救濟有緊急困難的人，「繼富」是幫有錢人賺錢再賺錢，闊上加闊。

人類社會裡，「劫貧濟富」是主流，冉求的理財觀顯然很現代。現代人向銀行貸款要有信用保證，越是有錢的人越能大筆大筆借錢，如果是窮人，銀行則怕他借錢不還。要知道，冉求後來當了季氏宰，還是堅持這種理念。「季氏富於周公，而求也爲之聚斂而附益之」，孔子大怒，說：「非吾徒也，小子鳴鼓而攻之，可也。」（【先進11．17】）

這段話的前因後果不太清楚，《皇疏》有一段辯論說，我們不知道子華的母親是不是眞的缺糧，如果缺，子華還過得這麼闊氣，那就是不孝；孔子不肯多給，是不仁。如果不缺，冉求給那麼多，是不智。其實，可能的情況是子華的母親並不缺糧，子華並非不孝；孔子不肯多給，也合情合理，並非不仁；冉求考慮到朋友出門在外，他母親就等於我母親，多給糧也沒什麼不對。冉求不拿自己的祿米給子華的母親，是因爲如果自己給了，別人就會以爲子華的母親缺糧，而指責子華不孝。他向孔子請粟，雖引起孔子不快，但可讓大家明白原來子華的母親並不缺糧。總而言之，冉求替朋友著想，很仗義，不過這顯然是拐彎抹角的強作解釋。

孔子的意思很簡單，與其替闊人錦上添花，不如爲窮人雪中送炭。（本章重點：勿錦上添花）

原思爲之宰，與之粟九百，辭。子曰：「毋！以與爾鄰里鄉黨乎！」【雍也6．5】

「原思爲之宰」的「原思」，名原憲，字子思，這裡是以字稱，他是孔門第三期的學生。戰國秦漢時期的古書，經常拿原思和子貢進行對比，子貢是孔門中最闊的學生，原思正好相反，是個窮困潦倒的人。「爲之宰」，一般認爲是指原思爲孔子當宰，當他的大管家，爲他理財。但這段話有點突兀，好像上面還有話。

「與之粟九百」，孔子覺得子華很闊，根本用不著接濟，眞正需要接濟的是原思，所以給他「粟九百」。「九百」底下缺量詞。司馬遷說孔子見衛靈公，衛靈公曾向孔子打聽他在魯國掙多少，孔子說「奉粟六萬」（《史記·孔子世家》），前人猜測「六萬」是指六萬斗。如果眞是這樣，這裡的「粟九百」就是九百斗。這個數字不小，但原思不要。孔子說，你就別拒絕了吧，自己不吃，總可以分給鄉里鄉親呀。前一章【雍也6·4】，冉求請粟是錦上添花；這一章，孔子與粟，是雪中送炭。（本章重點：務雪中送炭）

子曰：「法語之言，能無從乎？改之爲貴。巽與之言，能無說（悅）乎？繹之爲貴。說（悅）而不繹，從而不改，吾末（蔑）如之何也已矣。」【子罕9·24】

「法語之言」，據說是「正言」（《集解》、《集注》），即「正言厲色」的「正言」，估計是帶有批評口氣的話，比較直接，也比較逆耳。這種話只要是正確的，你不能不聽，聽了之後最重要的是能照著改。

「巽與之言」，是指「恭孫（遜）謹敬之言」（馬融注），它和「法語之言」不同，比較客氣，比較委婉，這種話對方聽了會比較舒服，但聽了可不能光高興，重要的是順著說話人的思路，琢磨說話人的意思。如果聽好話光高興，不琢磨；聽壞話光答應，不改正，就等於孔子說的「吾末（蔑）如之何也已矣」，意思是我就拿他沒轍了，這樣的人眞是不可救藥了。「繹」是尋繹、推敲的意思。「末」同蔑，是完全沒有的意思。（本章重點：好話壞話都聽）

子曰：「主忠信，毋友不如己者，過者勿憚改。」【子罕9·25】

此章與【學而1·8】的後三句重複。（本章重點：交友經濟學）

子貢問友。子曰：「忠告而善道之，不可則止，毋自辱焉。」【顏淵12·23】

子貢問交友之道。孔子主張，對朋友要好言相勸，勸他歸善，如果他不聽就算了，不要死纏爛打、自討沒趣。（本章重點：勸朋友歸善）

曾子曰：「君子以文會友，以友輔仁。」【顏淵12·24】

曾子的話也是講交友之道。輔仁大學即取名於此。（本章重點：益友領你向上）

孔子曰：「益者三友，損者三友。友直，友諒，友多聞，益矣。友便辟，友善柔，友便佞，損矣。」【季氏16·4】

這是講交友之道，裡面有經濟學。

孔子在《論語》曾兩次提到「無友不如己者」，這是考慮到付出與收穫的比例。孔子在這一章也說，有三種朋友交了很划算，有三種朋友交了會吃虧。意即跟正直、守信、見多識廣的人交朋友，有益；跟諂媚、虛僞、能說會道的人交朋友，有損。這叫「益者三友，損者三友」。

「直」是正直的人。「便辟」，是諂媚事上，喜歡拍馬逢迎的人；「便」是利於、工於什麼的意思；「辟」，是「寵嬖」的意思。

「諒」是守信、死守信用的人。「善柔」是表面恭順、口是心非、笑裡藏刀的人。

「多聞」是見多識廣的人。「便佞」是能說會道的人，「便」的意思同前。

「善柔」和「便佞」，也就是「巧言令色」。（本章重點：愼選朋友）

四海之內皆兄弟

友的另一種說法是「朋」，兩者常連言，也叫「朋友」。古書常以「朋友」和「兄弟」並說（【子路13．28】）。司馬牛雖有兄弟，但皆不肖，因此他感慨「人皆有兄弟，我獨亡」，子夏安慰他：「四海之內，皆兄弟也」（【顏淵12．5】），這就是以朋友代兄弟。

子游曰：「事君數，斯辱矣；朋友數，斯疏矣。」【里仁4．26】

「君和友」之間是社會關係，社會就是社會，不能當自己家。如果用對家裡人的態度待友，一定會把這些關係搞壞。現代社會尤其不能如此。

子游講的道理很對，跟上司太親近，來往太頻繁，上司煩，你等於自討沒趣；即使是朋友，天天湊在一起也招人討厭，日久天長反而疏遠。我們中國，人口密度大，法律約束、道德約束少，小人堆是非窩，何苦！大家還是保持距離，少接觸點好。人和人之間的關係不能太密切，來往不能太頻繁。這條我喜歡。

中國人對自由的理解是「禿子打傘，無法無天」，特點是不管別人的存在，不管別人的感受怎麼樣。西方人對自由的理解是「一人一個籠子」，自由就是爲人和人的關係劃定界限，劃定範圍，彼此要有距離感。他們的道德未必都好，但這一點對我們中國人來說正好是解毒劑。

人是最凶猛的動物。有個說法，馬見馬親，人見人咬。我的看法是，可來往便來往，不可來往就躲著點，抬頭不見，低頭也不見，世界就安了。人，不需要怕孤立，也別怕寂寞。（本章重點：保持完美距離）

朋友死，無所歸，曰：「於我殯。」【鄉黨10．20】

這是講朋友關係。朋友死了無人斂葬，你應該站出來，說我來辦。（本章重點：送友一程）

朋友之饋，雖車馬，非祭肉，不拜。【鄉黨10．21】

這也是講朋友關係。朋友所贈的東西，除非是祭肉，即使貴如車馬，也不必拜謝。這「祭肉」，可不是一般的肉，是用來祭祖宗的，非車馬可比。（本章重點：朋友送禮）

忠

忠，簡單說，就是盡心盡意。忠和衷心有關，古人有「中心爲忠」之訓，這是拆字爲解。忠是交人、事人之道，爲人謀事之道。所謂「人」，不光指國君，也包括其他人。孔子強調，爲人謀事一定要全心全意、眞心眞意。

孔子在【子路13．19】說「與人忠」，這個人，首先是指「國君」，如孔子說「君使臣以禮，臣事君以忠」（【八佾3．19】）；其次是「官長」，如孔子說，楚令尹子文三次當令尹，三次被罷免，但每次下臺前都向新令尹交代工作，這也叫忠（【公冶長5．19】）；最後是泛指「一般人」，如曾子三省的第三條，便是「爲人謀而不忠乎」（【學而1．4】）。

移孝作忠

孝是忠的基礎，忠也是事君之道。【爲政2．20】講「孝慈則忠」，父慈子孝，孝慈是相對而言。推孝慈之道以事人，爲「忠」，可見忠是模仿事親。孔子認爲懂得事親，也就懂得事君，這是移孝作忠。先秦只有移孝作忠，沒有移忠作孝，和宋以來的講法不同；在春秋戰國時代，君臣關係可以解除，但父子關係、父母關係不能解除，孔子絕不講移忠作孝。但後人只知事君爲忠，忠孝不兩全，寧可捨孝，但孔子絕不是這麼講的。

> 季康子問：「使民敬忠以勸，如之何？」子曰：「臨之以莊則敬，孝慈則忠，舉善而教不能則勸。」【爲政2．20】

「季康子」，即季孫肥。孔子生活的時代，魯國貴族以三桓最顯赫，三桓之中又以季氏最顯赫。孔子年輕時，是季平子執政（襄、昭之際）；中年，是季桓子執政（昭、定之際）；晚年，是季康子執政（定、哀之際）。季康子是前四九二年執政，孔子是前四八四年返魯，他們這對話應發生在前四八四～前四七九年之間。

季康子問孔子，怎樣才能讓老百姓敬上、忠上，爲上賣力。孔子說，擺出莊重的樣子給他們看，他們就會敬重；提倡父慈子孝，他們就會忠誠；讓有本事的教育沒本事的，他們就會賣力。

「莊」是居上位者的儀表、容貌一定要很嚴肅，端著一股威嚴，意即上對下的態度應該要「莊」（可參看【先進11．21】的「色莊者乎」）。「敬」和「忠」，則是下級事上應有的態度。（本章重點：上位者該有的模樣）

忠與信

孔子常以忠、信並說，出現的頻率很高。忠者，主於心；信者，主於言。

子以四教：文、行、忠、信。【述而7．25】

「文」是指學問，「行」是指德行。（本章重點：孔子的四種教學）

子路問事君。子曰：「勿欺也，而犯之。」【憲問14．22】

子路問如何事君，孔子叫他不要說假話，而要犯顏直諫。（本章重點：事君之道）

忠與恕

忠是盡心，恕是將心比心，兩者相通。孔子說「吾道一以貫之」，這個道是什麼？曾子的解釋是：「夫子之道，忠恕而已矣」（【里仁4．15】）。

哀公問於有若曰：「年饑，用不足，如之何？」有若對曰：「盍徹乎？」曰：「二，吾猶不足，如之何其徹也？」對曰：「百姓足，君孰與不足？百姓不足，君孰與足？」【顏淵12．9】

魯哀公問有若，年成不好鬧饑荒，糧食不夠吃，怎麼辦？有若說，您何不用徹法來抽糧食稅？「徹」，古訓「取」，有別於貢法和助法，是從一夫授田百畝的糧食收成中，抽取十分之一的稅。

哀公說「二，吾猶不足，如之何其徹也」，意思是抽十分之二的稅，我還嫌不夠，您怎麼還叫我用徹法，只抽十分之一的稅？有若回答，您少抽稅，老百姓的糧食就多，老百姓的糧食多，您還需要擔心不夠嗎？若老百姓不夠吃，您就是有再多的糧食，又怎麼能說夠？（本章重點：羊毛出在羊身上）

忠與敬

忠者事人，敬者敬事，這兩者同樣分不開。如：樊遲問仁，孔子說「居處恭，執事敬，與人忠。雖之夷狄，不可棄也」（【子路13．19】）。此外，孔子也在【季氏16．10】說：「君子有九思」，其中便有「言思忠，事思敬」。

曾子曰：「吾日三省吾身：爲人謀而不忠乎？與朋友交而不信乎？傳不習乎？」【學而1．4】

「曾子」，是孔門的再傳弟子，尊稱曾參。曾參，字子輿，是有名的道德先生。孔子死後，卜商等人推有若代替孔子受弟子拜，他不服氣。孔門十哲無曾子，但宋儒立道統把他捧得極高，明代封曾子爲「宗聖」，曾子的名氣反而比有若大，甚至超過顏回。這是宋儒的創造。

「身」，不是身體，而是自己。

這裡講的三條，都是屬於自律，並不是太高的要求。道德有高尚道德，有一般道德，還有作爲道德底線的起碼要求。高尚道德，常人做不到，或很難做到，做到了令人佩服，做不到也無可指責。在道德問題上，與其拉到神聖的地步，到處講用，舉國若狂，還不如勸大家盡職守責，少做點壞事。人爲拔高，適得其反，這叫矯情。比如見義勇爲，談何容易；一幫歹徒有槍有刀，你手無寸鐵，乾黃枯瘦，無拳無勇，怎麼挺身而出？警察的責任，交給普通人去擔，這就過了。我看，一般道德、起碼的道德，比這高尚道德更重要。

「忠」，和「中」「衷」等字有關。什麼叫「忠」？古人拆字爲解，有「中心爲忠」之訓。簡單說，就是替人謀事要眞心眞意。現在社會上有很多人，滿嘴抹蜜，別說是盡心盡力，錢花光，事沒做，人就跑了，這就是「爲人謀而不忠」。

「信」，從言，和說話有關，古人拆字爲解，有「人言不欺」之訓。簡單說，就是說話算話，講信用。現在有很多人說話不算話，爽約遲到，戲言似的事前亂許諾，事後亂道歉（甚至不道歉），絲毫不臉紅，這就是「與朋友交而不信」。

「傳不習」，這一條很簡單，就是：老師講了，當學生的回去不複習，簡直是敷衍老師。

對上司、同事、朋友、老師都敢敷衍，這是做人的三大毛病，這些都是很不道德的事。在守信守時這一點上，中國不如西方。但西方也不全都是好人，但他們耍心眼鑽投機的平均水準，絕對趕不上中國。有人說，歐美人對不願接受的事一般會直截了當說出來；日本人呢，可能不好意思，要扭捏一陣子；只有中國人，答應得乾脆，也忘得快，不是眞忘，而是成心逗你玩。道德的供求規律是：生活中越缺什麼，它才越疾呼什麼。春秋戰國大講忠信，正是因爲沒有忠信，故《老子》第三十八章說「夫禮者，忠信之薄也，而亂之首也」。宋以來大講關（關公）、岳（岳飛），也是因爲漢奸太多。

這一章提到的「三省」很有名。要注意，學《論語》從哪兒學起，就從「三省吾身」吧，省是反省，身是自己。我們與其指東道西，好爲旁人的老師，還不如先反省一下自己。（本章重點：從三方面反省自己）

定公問：「君使臣，臣事君，如之何？」孔子對曰：「君使臣以禮，臣事君以忠。」【八佾3·19】

「定公」，是魯定公。此章的定公問，年代在前五〇九～前四九五年，即他在位期間；但更大的可能是前五〇〇～前四九八年，即孔子任魯司空、司寇的時候。

「君使臣以禮，臣事君以忠」，君使臣曰「使」，臣事君曰「事」。「使」，古作「吏」。「吏」與「事」「使」同源，後來才分化成不同的字。「禮」是外部約束，代表君的權力；「忠」是內在約束，代表臣的義務。對照上文，「事君以忠」也是禮。（本章重點：君臣之禮）

魯人爲長府。閔子騫曰：「仍舊貫，如之何？何必改作？」子曰：「夫人不言，言必有中。」【先進11·14】

「魯人爲長府」的「魯人」指什麼人，誰受命，誰執行，不清楚；「爲」，從下文看，是指「改作」，即翻修改造；「長府」，可能是魯昭公的一間大型倉庫，或是他的離宮別館。古人稱聚藏財物之所叫府，不叫倉、庫。倉是糧倉，庫是武庫，和府不一樣。據《左傳》昭公二十五年，魯昭公曾以此爲據點討伐季氏，失敗，被迫出亡，三年後死在晉國。這裡提到魯人改造長府，時間、背景均不清楚，前人有種種猜測。

一說昭公出亡後，季氏（或三家）爲防止類似事件再發生，打算徹底改造長府，怕後繼者（定、哀二公）繼續利用這個據點，但閔子騫表示反對（清翟灝《四書考異》、凌鳴喈《論語解義》）。一說昭公出亡後，季氏怕魯人指指點點，忠義之士無不太息流涕，此改造是爲了抹去記憶，但閔子騫表示反對（清俞樾《湖樓筆談》）。一說魯昭公自己想改造長府，準備在此起事，閔子騫知其力不足以制季氏，乃委婉勸阻之（清劉寶楠《論語正義》）。但後人的這些猜測全都無從證實。

閔子騫反對改造長府，他說：一仍舊貫，保留原樣，怎麼樣？何必非得改造。這行爲受到孔子表揚。孔子說，閔子騫這個人不愛講話，但一開口就說到重點（注意，德行科的道德先生都不愛講話）。這段話應是前五一七年後所說，當時孔子只有卅五歲，閔子騫只有廿歲。（本章重點：話挑重點講）

子畏於匡，顏淵後。子曰：「吾以女（汝）爲死矣！」曰：「子在，回何敢死？」【先進

11·23】

「子畏於匡」，亦見於【子罕9·5】。這是孔子周遊列國期間發生的事，年代當在前四九六年。「畏」是圍困、拘囚之意。

「子在，回何敢死」是說：老師在，我怎麼敢死？這是顏回向孔子表示忠心。（本章重點：顏回效忠老師）

子張問政。子曰：「居之無倦，行之以忠。」【顏淵12·14】

子張問爲政。

「居之」，是居官位。「行之以忠」，是盡臣道。（本章重點：做官盡本分）

子曰：「愛之，能勿勞乎？忠焉，能勿誨（謀）乎？」【憲問14·7】

「愛之，能勿勞乎」的「愛之」是仁，「勞」指爲人盡力。

「忠焉，能勿誨（謀）乎」的「忠焉」是爲人盡心，「誨」在這裡應讀「謀」，不是教誨之意，而是謀慮之意，爲人著想、出主意。（本章重點：盡心盡力）

信

信，簡單說，就是說話算話。信和說話有關，古人拆字爲解，有「人言不欺」之訓。

孔子重信，唯恐說了做不到，寧可「少說不說，先做後說，做完再說」，他老人家曾說：「人而無信，不知其可也」（【爲政2．22】）、「古者言之不出，恥躬之不逮也」（【里仁4．22】）、「以約失之者鮮矣」（【里仁4．23】）、「君子欲訥於言而敏於行」（【里仁4．24】）、「始吾於人也，聽其言而信其行；今吾於人也，聽其言而觀其行」（【公冶長5．10】）。

此外，交友也不可無信，如曾子、子夏都強調「與朋友交」，一定要「言而有信」（【學而1．4／1．7】），子路也說「朋友信之」（【公冶長5．26】）。

為政治民要有信

爲政不可無信。子貢曾問政，孔子答以足食、足兵和民信，他說若三者非去一不可，首先是兵，其次是食，唯信不可去，理由是：戰死、餓死，不過是死，，但統治者使民，必先取信於民。此外，爲臣子的諫君，也要先取信於君才行。

子貢問政。子曰：「足食足兵，民信之矣。」子貢曰：「必不得已而去，於斯三者何先？」曰：「去兵。」子貢曰：「必不得已而去，於斯二者何先？」曰：「去食。自古皆有死，民無信不立。」【顏淵12．7】

子貢問政，孔子告訴他「足食、足兵、民信」這三條，意即有充分的糧食儲備，有充分的武器裝備，並且取得人民的信任。子貢說，如果迫不得已，非去掉一條，是哪一條？孔子說，是兵。子貢說，剩下兩條，非去掉一條，是哪一條？孔子說，是食。道理是什麼？孔子說「自古皆有死，民無信不立」，戰死、餓死都是自古有之，但沒有人民的信任，就沒法保住自己的位子。

孔子認爲這三條之中，民信最重要，其次是足食，再其次是足兵。爲什麼順序是這樣？他說「自古皆有死，民無信不立」，這句話可以理解爲「去食」的理由，也可理解爲「去兵」「去食」的理由。在他看來，自古，死人之事經常發生，「去兵」會被殺，「去食」會餓死，但如果無法取信於民，縱有武器、縱有飯吃，也無法維持統治。這個說法有點殘酷，因爲就現代觀念來看，死人可不是小事。但歷代統治者都認爲，如果能取得人民的信任，只要這個信任不動搖，即使死一些人，甚至死很多人，天也塌不下來。（本章重點：取得民信最重要）

子路問政。子曰：「先之勞之。」請益，曰：「無倦。」【子路13・1】

子路問政，孔子只答了這四個字。

「先之勞之」的兩個「之」字，均指民。「先之」的「先」，意思是說「勞之」之前要「先之」，即當官的要先做出榜樣，取得老百姓的信任，才能讓老百姓賣力。老百姓樂意爲他們信賴的人賣力，如果民眾不信任你，光要他們賣力，他們會覺得這是受虐待。

「請益」，是求教之後，請老師再說點什麼。子路又接著問，您還有什麼教導？就這些了嗎？前人說，子路性急，「新官上任三把火」容易，難的是堅持。所以，他再問，老師又只給了兩個字「無倦」，意思是你得一直這麼做，他要子路不懈怠，有始有終。（本章重點：永遠當老百姓的榜樣）

子夏曰：「君子信而後勞其民，未信則以爲厲己也；信而後諫，未信則以爲謗己也。」【子張19．10】

動物都有警戒心，唯恐別人傷害牠，人也一樣。子夏說，君子勞民必先取信於民，否則老百姓會認爲你是在虐待他們；君子諫君必先取信於君，否則他會認爲你是在誹謗他。這是講「信」的重要。（本章重點：取信於先）

大信與小信

信分爲大信、小信，大信是君子講的信，說話算話，是在「信近於義」的前提下。不合於義的，只能算是小信，是小人講的信，也叫做「諒」。

有子曰：「信近於義，言可復也。恭近於禮，遠恥辱也。因不失其親，亦可宗也。」【學而1．13】

「信近於義」「恭近於禮」「因不失其親」，這六句話都是條件句。

「信近於義，言可復也」的「復」意思是踐行諾言，這種用法也見於《左傳》僖公九年、哀公十六年。意即自己說了的話就一定要做到，這是信。但信有「大信和小信」之分。孔子認爲，只有近於義的信才是大信，必須踐行；不關義的信是小信，可以破例。他說「言必信，行必果，硜硜然小人哉」（【子路13·20】）、「君子貞而不諒」（【衛靈公15·37】）。在他看來，言必信，行必果，這種死心眼的尾生（高）之信，是小人的信，不足取。孟子說「大人者，言不必信，行不必果，惟義所在」（《孟子·離婁下》），「大人」是指君子，君子有特權，只講大信就夠了，小信可以打折扣。可見，同一種道德有兩種標準，人類社會只要不平等就有雙重標準，人和動物就是雙重標準。

「恭近於禮，遠恥辱也」，恭是臉色謙恭，說話客氣。客氣當然好，但過分的客氣其實是肉麻，難免自取其辱，只有節之以禮，才能遠恥辱。

「因不失其親，亦可宗也」，古代社會最重血緣關係，血緣關係就是「宗」。其次是婚姻關係，婚姻關係就是「因」。宗也叫內親、內宗，因也叫外親、外宗。孔子的意思是，外婆、舅舅家，雖然比不上爺爺家，但若不失親近，也等於宗。（本章重點：君子只守大信）

子曰：「人而無信，不知其可也。大車無輗，小車無軏，其何以行之哉？」【爲政2·22】

「輗」讀「泥」，「軏」讀「月」。

古人以「大車」稱牛車，以「小車」稱馬車。牛車和馬車的車轅上，轅端都有用來栓繫車衡（就是軛，駕馭牛馬的橫木）的組件，牛車的這個組件叫「輗」，馬車的這個組件叫「軏」。

孔子的意思是，如果說話不算話，就像牛車沒有輗，馬車沒有軏，車子便拉不動。（本章重點：說話算話）

子曰：「古者言之不出，恥躬之不逮也。」【里仁4．22】

這是講信。說話算話就是信。

「躬」，是身，代表自己。孔子慎言，他相信古人比今人講信用，他們總是唯恐自己說了，最後做不到。（本章重點：慎許承諾）

子曰：「以約失之者鮮矣！」【里仁4．23】

「約」，舊注都以爲是約束之意，認爲這句話是說：自己約束自己，慎言慎行，就會少犯錯。但古書中的「約」字也有「口頭約定」的意思，這句話也許是承接【里仁4．22】而來，謂古君子慎言，因唯恐自己做不到，所以絕不輕易說話，可是一旦承諾了就會做到，因而失約的事絕少。（本章重點：說了一定要做到）

子曰：「君子欲訥於言而敏於行。」【里仁4．24】

「訥於言」的「訥」是言語遲鈍，結結巴巴，不善表達。

「敏於行」則正好相反，敏是敏捷，手腳勤快，反應迅速。

孔子愼言，唯恐話說了做不到，所以這麼強調。他討厭巧言令色的人，曾說「剛、毅、木、訥，近仁」（【子路13．27】）。孔門當中，有資格入德行科、受老師誇獎的道德先生，淨是不愛說話的人如閔損、冉雍。（本章重點：說話要遲鈍，行動要敏捷）

前述這三章，都是講「言」與「行」的關係。

宰予晝寢。子曰：「朽木不可雕也，糞土之牆不可杇也，於予與何誅？」子曰：「始吾於人也，聽其言而信其行；今吾於人也，聽其言而觀其行。於予與改是。」【公冶長5．10】

這段話很有名，是孔子對宰予破口大罵。

「宰予晝寢」的「予」是名。他在陳述句中稱名不稱字，異於常例。孔子在這一章罵宰予，後人講到他也乾脆連字都不稱，有意思。

「晝寢」，是大白天睡覺。古人把一天分爲朝、晝、昏、夕四段；晝，大約是上午九點到下午四點。西周金文和《詩經》等古書喜歡講「夙夜不懈」，意思是白天黑夜都不休息。這種拚命方式當然不可取，人再用功，也要睡覺。短期不睡可以，長期不行。古代沒有夜生活，天黑除了睡覺，沒事可做。晚上睡過了，白天還睡，這和「夙夜不懈」相反，孔子認爲很不像話。

「朽木不可雕也」，腐朽的木頭沒法雕刻。

「糞土之牆不可杇也」，用垃圾壘成的牆沒辦法塗牆面。「糞」是一切穢物（髒東西）的統稱，包括灰土、糞便和各種廢棄物。做爲動詞，「糞除」是除穢，「糞田」是施肥。「杇」讀「屋」，是動詞，指用杇塗抹牆面；杇也叫泥鏝，即今天的鏝刀。

「於予與何誅」的意思是，宰予你這小子，我該怎麼罵你。「予」指宰予，「誅」是責備。

「於予與改是」的意思是，我對宰予徹底改觀。

宰予是孔門十哲之一，擅長言語，和子貢並列。他這麼優秀，孔子還罵他，爲什麼？釋慧琳說，這是宰予「故假晝寢以發夫子切磋之教」，美聖之言，近於肉麻，彎繞得太大。

首先，有個誤解要排除。大家讀這段話，千萬別以爲孔子他老人家發這麼大脾氣，是因爲宰予在課堂上打盹，不聽講，就像現在的某些老師，看見學生在課堂上打盹，勃然大怒，覺得尊嚴受傷，臉上無光。這是誤會。孔子的時代，還沒有課堂教學，學生跟他學習，主要是靠聊天，有時是在老師屋裡坐著聊，有時是在戶外散步走著聊。孔子的教學方式很隨興，學生甚至可以在旁邊彈琴（【先進11．24】）。他可不是因爲宰予不聽講而生氣。其次，我們也不要以爲「宰予晝寢」肯定是在做什麼見不得人的事，如梁武帝、侯白、韓愈等人說「晝寢」是「畫寢」之誤，說宰予是在豪華裝修房子，把寢室弄得雕梁畫棟，非常奢侈。還有人妄事推測，說「晝寢」就是大白天和老婆行房。這些都是求之過深。

其實，「晝寢」是古書固有的詞。如上博楚簡〈曹沫之陳〉，魯莊公鑄大鐘，聽曹沫之諫，毀鐘型而聽邦政，「不晝寢，不飲酒，不聽樂，居不設席，食不二味」，這裡的「不晝寢」是說魯莊公不再於白天睡覺，變勤奮了。

孔子之所以罵宰予，主要原因並不是他白天睡覺，而是他言行不一，說話不算話。「始吾於人也，聽其言而信其行；今吾於人也，聽其言而觀其行」，他是從宰予晝寢這件事發生後才改變看法，從此不看他說什麼，只看他做了什麼。宰予能說會道，我猜他在孔子面前發過誓，一定會夙夜不懈，勤勉於事，孔子很高興，信以爲眞，沒想到讓孔子逮個正著，看見宰予在大白天睡覺，所以渾身有氣。

戰國秦漢，有段話很流行，據說出自孔子——「以容取人，失之子羽；以言取人，失之宰予」很多古書都曾提到②。孔子的意思是，子羽雖然長得醜，但做人很規矩，以貌取人是錯誤；宰予會說話，但並不守信，以言取人也是錯誤。「以言取人，失之宰予」後面兩句，估計就是指這一章發生的事。

宰予在孔門中，論資歷，深；論本事，大。孔子死後，子貢樹孔子，他也與有力焉。這麼好的學生卻被老師罵成「朽木不可雕也，糞土之牆不可杇也」，主要原因是他說話不算話，連老師都敢騙。（本章重點：宰予騙了老師）

子曰：「孰謂微生高直？或乞醯焉，乞諸其鄰而與之。」【公冶長5・24】

「微生高」，即古書常見的尾生高，據說是個很講信用的人。「微」是國族名；「生」即外甥的甥，外甥是以母家論，微是他的外婆家。古人或以母家爲氏，稱爲某生，西周金文和《左傳》中都有不少這類例子，「高」是他的名。

「直」有眞假之分，假直是爲了作秀，古人叫「賣直」。

「醯」，即米醋。古人對醋的稱法有很多種，醯是比較常見的一種。今「醋」字，古作「酢」，醋字反而是用作酬酢的酢，兩個字的用法正好相反。

別人向微生高借醋，微生高不說自己沒有，而是向鄰居討要。孔子說，誰說此人直率，對他的品行很感懷疑。（本章重點：微生高的品行）

子曰：「狂而不直，侗而不愿，而不信，吾不知之矣。」【泰伯8．16】

這段話是講人心不古，今不如昔（可對照參看【陽貨17．16】）。

「狂而不直」，是狂放而不直率。

「侗而不愿」，是糊塗而不老實。「侗」，古書有兩種訓詁，一說誠愨，一說無知，前者是正面含義，後者是負面含義，這裡採負面含義；「愿」是謹厚，即老實。

「悾悾而不信」，是無知而不講信用。「悾悾」，意同【子罕9．8】的「空空如也」，也

---

② 漢代文獻中，除了《史記》引之，還見於《漢書》《說苑》《論衡》《孔子家語》等書。這段話在戰國文獻也有，如《韓非子・顯學》的「以容取人乎，失之子羽；以言取人乎，失之宰予」，但這段話似非原貌。子羽稱字，宰予稱名，當是為了押韻。《大戴禮・五帝德》作「孔子曰：吾欲以顏色取人，於滅明邪改之；吾欲以語言取人，於予邪改之；吾欲以容貌取人，於師邪改之」，這段話可能更原始。但它是把以貌取人安在顓孫師的身上。澹臺滅明和顓孫師兩人到底誰長得醜，這是個問題。

是無知的意思。悾和倥是類似的詞，字亦作「空」或「倥」，它也有「誠愨和無知」兩種訓詁，用法與侗相近。

「吾不知之矣」，意思是：這我就不懂了。孔子習慣以「不知」表示他的不滿。（本章重點：人心不古）

冉子退朝。子曰：「何晏也？」對曰：「有政。」子曰：「其事也，如有政，雖不吾以，吾其與聞之。」【子路13．14】

「退朝」，是從季康子的私朝回來。

「有政」，「政」和「事」不同，《左傳》昭公二十五年「為政事、庸力、行務，以從四時」，杜預注：「在君為政，在臣為事。」政是國事，事指家事。

孔門弟子在朝做官，有義務向老師報告。這次，冉有下班遲了，孔子問，你怎麼回來得這麼晚？冉有說「有政」，即他在忙國君的公事。孔子說，是「其事」吧？意即你忙的是季氏家的私事吧？如果眞是國君的公事，你不告訴我，我也會打聽到的。看來，冉有和季氏商談過什麼事，不便洩漏，所以他沒跟老師講實話，孔子起了疑心。

冉有任季康子宰，是在前四九二年之後，但這時孔子人在國外，直到前四八四年才返回魯國。此談話應在孔子晚年居魯時，即前四八四～前四七九年之間。（本章重點：不跟老師說實話）

子曰：「其言之不怍，則爲之也難。」【憲問14·20】

「怍」，羞愧。說大話，不臉紅，能把事情辦好，難。

孔子不喜歡只說不練的傢伙，但大言不慚，他更討厭。（本章重點：愼言）

子曰：「君子恥其言而過其行。」【憲問14·27】

說的比做的好聽，孔子認爲可恥。可對照參看【里仁4·22】所說：「子曰：『古者言之不出，恥躬之不逮也。』」（本章重點：言過其行，可恥）

子曰：「可與言而不與言，失人；不可與言而與之言，失言。知（智）者不失人，亦不失言。」【衛靈公15·8】

孔子愼言，對說話很講究。他認爲，該跟人交談而不交談，是「失人」；不該跟人交談而交談，是「失言」；眞正聰明的人，既不「失人」，也不「失言」。

「可與言而不與言」是隱瞞，「不可與言而與之言」是急躁。（本章重點：說話要合宜）

寬

寬，是寬容、寬恕，容納別人，原諒別人。要注意，寬容和原諒，孔子稱作「寬」，而不叫恕。寬，是居上位者不可缺的品德。孔子曾在【八佾3·26】說：「居上不寬，爲禮不敬，臨喪不哀，吾何以觀之哉。」

子曰：「伯夷、叔齊不念舊惡，怨是用希（稀）。」【公治長5．23】

「伯夷、叔齊」，是孤竹君的兩個兒子，他們不滿商紂王的暴虐統治，於是投奔周武王，但又不滿周武王的革命，而拒絕出仕，不食周粟，最後餓死在首陽山下。他們是古代有名的高潔之士，孔子對他們非常推崇。

「不念舊惡」，是不記舊仇。

「怨是用希（稀）」，意指牢騷、埋怨因而很少。「怨」是誰怨？自己怨還是別人怨？前人有爭論。參看【述而7．15】「入，曰：『伯夷、叔齊何人也？』曰：『古之賢人也。』曰：『怨乎？』曰：『求仁而得仁，又何怨？』」看來這兩章的「怨」字應該是同一個意思，因爲「怨」的主語都是伯夷、叔齊。朱注說，這一章的「怨」是別人怨伯夷、叔齊，不對，當從錢穆③說改前爲是。（本章重點：求仁死而無怨）

互鄉難與言童子見，門人惑。子曰：「與其進也，不與其退也，唯何甚？人潔己以進，與其潔也，不保其往也。」【述而7．29】

這段話的背景不詳。

「互鄉難與言童子見」的「互鄉」是鄉名，前人考證，叫這個名字的地方很多，有說在河南鹿邑的，有說在江蘇徐州的，都不可信。前人或把這句話斷爲「互鄉難與言，童子見」。但這個地方難以說話，怎麼一鄉之人都這麼彆扭，不可解。我想，眞正難與之說話的恐怕只是某個人，就是這個登門拜訪、主動要見孔子的小夥子，所以我是作一句讀。

「互鄉難與言童子」的來意是什麼呢？不清楚，似乎是來道歉。我們在生活中也會碰到難以說話的人，他不跟你說話，你千萬不要追著說，但他主動前來，還是應該表示歡迎。此人親自登門，門人不解，但孔子說，我們應該贊同他的進步，不是他的退步，這有什麼過分？人家潔身以求進，我們應該贊同這一點，而不要死盯著人家的過去。「保」，是死守的意思。這是以比較寬容的態度看待。（本章重點：進步就是好事）

子曰：「躬自厚而薄責於人，則遠怨矣。」【衛靈公15．15】

「躬自厚」，是「躬自厚責」的省言，和「薄責」相對。（本章重點：心存厚道）

恕

曾子在【里仁4．15】說「夫子之道，忠恕而已矣」，可見在孔子的思想中，恕很重要。

什麼是恕？孔子的定義是「己所不欲，勿施於人」，意思是我不該把自己的想法強加於人，同樣

③錢穆，《論語新解》，北京：三聯書店，二○○二年。（原書寫於一九六三年）

地，別人也不該把他的想法強加於我。因此，「恕」就是將心比心；古人拆字爲解，有「如心爲恕」之訓，這便是恕的本意。但，恕也與「仁」有關，而且兩者密不可分。有個例子可以證明這一點。仲弓問仁，孔子的回答也是「己所不欲，勿施於人」，但嚴格來講，這是恕，不是仁。歸結而言，拿人當人是仁，將心比心是恕，仁和恕都包含了對等原則。

要注意，古人所謂恕，不是今語的寬恕。恕，不等於寬恕。今語寬恕，強調的是「寬」，寬容、原諒之意都是從寬引申而來，和恕無關。

有人問，「以德報怨」怎麼樣？孔子不以爲然，他說，那德該用什麼報？在他看來，正確的作法是「以直（値）報怨，以德報德」。「德」字是從直得聲，孔子玩文字遊戲，故意把「以德報怨」讀成「以直（値）報怨」，他的意思是，「用和怨對等的東西報怨」，其實就是以怨報怨（【憲問14．34】）。孔子不講「以德報怨」，《老子》才有這種說法，以德報怨的特點是貴柔、貴弱、貴下，什麼事都往後捎，往下出溜；《孝子》不講對等，當然可以這麼主張。

子貢曰：「我不欲人之加諸我也，吾亦欲無加諸人。」子曰：「賜也，非爾所及也。」【公冶長5．12】

子貢這些話是講恕道。它分兩句：第一句「我不欲人之加諸我也」，是剛毅；第二句「吾亦欲無加諸人」，則是恕道。這兩條，都是近於仁的高尚道德。子貢的話，我喜歡。但孔子說，子貢這可不是你能達到的，可見，恕很難做到。

子貢反對強加於人：別人欺負我，不行；我欺負人，也不行。子貢所說的正是恕道。子貢希望既不受人欺負，也不欺負人。孔子說，你還做不到。

暴力和戰爭都是強加於人。強姦是大罪，惡不在姦而在強。曾子說「犯而不校」（【泰伯8．5】），這是不抵抗主義，甘地主義就是這一種；還有一種是「人不犯我，我也犯人；人若犯我，我更犯人」。但恕道的核心是對等，不抵抗主義只是對恕道的片面理解。當今的大國都不講恕道，以強凌弱是國際規則，和從前沒什麼兩樣。不欺負人，也不受人欺負，難。崛起就是崛起，怎麼還能和平呢，他們聽不懂。（本章重點：子貢重恕道）

仲弓問仁。子曰：「出門如見大賓，使民如承大祭。己所不欲，勿施於人。在邦無怨，在家無怨。」仲弓曰：「雍雖不敏，請事斯語矣。」【顏淵12．2】

這段話，是孔子答仲弓問仁，形式與【顏淵12．1】的顏淵問仁相同，最後也是以「某雖不敏，請事斯語」作結束，但重點不同。顏淵的部分是講自律，對自己要嚴格；仲弓的部分是講待人，對別人要尊重。

「出門如見大賓，使民如承大祭」，范寧注已指出這兩句話也見於《左傳》。《左傳》僖公三十三年提到晉臼季語，作「臣聞之：出門如賓，承事如祭，仁之則也」，他既說「聞之」，可見是引用，看來必爲成語。

「己所不欲，勿施於人」，前人指出這也是成語，如《禮記．中庸》「施諸己而不願，亦勿施於人」；《管子．小問》「語曰：非其所欲，勿施於人，仁也」，既說「語曰」，那當然是成語。這話也見於【衛靈公15．24】，子貢問「有一言而可以終身行之者乎」，孔子說「其恕乎！己所不欲，勿施於人」。仲弓問仁，孔子答恕，好像文不對題。其實不然，仁、恕是同一概念的兩個側面，古人常以仁釋恕，兩者有相通之處。【顏淵12．22】的仁是「愛人」，【憲問14．42】說的「修己以安人」，從上下文看，也是講仁。仁者愛人怎麼愛，仁者安人怎麼安？關鍵就在，它是推己及人，「己欲立而立人，己欲達而達人」（【雍也6．30】）。「仁」的本意是拿人當人，「恕」的本意是將心比心，我不能把我不樂意的事強加於人，反過來也一樣，這是半斤換八兩，人心換人心。你說它是恕，可以；你說它是仁，也可以。

「在邦無怨，在家無怨」，包咸注說「在邦爲諸侯，在家爲卿大夫」，意思是爲諸侯做事無怨，爲卿大夫做事也無怨。

這些都是講恕道，恕道的關鍵是尊重別人。有的東西你不喜歡，你怕死、不喜歡打仗，那就別強迫別人或雇別人替你打仗，讓他們當你的墊背。但反過來，好東西或眞理什麼的，是不是就可以強加於人？也不是。我比你強，有錢有權，眞理在握、重任在身，好東西不能光我一人享受，你們也得照我的方式生活，你們受苦受難，我豈能坐視不救，我有責任幫助你，不讓我幫，我也要幫，再不聽話我就不客氣了。這些都是恕道的反面。中國傳統一向講究「禮聞來學，不聞往教」（《禮記．曲禮上》），我們通常只取經，不傳教。以武力傳教、推行價值觀，正是西方傳統中最壞的東西。（本章重點：仲弓問仁）

或曰：「以德報怨，何如？」子曰：「何以報德？以直（值）報怨，以德報德。」【憲問14·34】

「或曰」，是有人說。有人問孔子，以德報怨怎麼樣？孔子說，如果以德來報怨，那德該用什麼報呢？難道用怨來報嗎，不行吧？還是「以直（值）報怨，以德報德」吧。「以直報怨」，就是拿和怨對等的東西來報怨，也就是「以怨報怨」，這和「以德報德」的對等概念是一樣的。

這段話很重要。《老子》第六十三章有「報怨以德」的說法。過去大家認爲，老子既然比孔子年紀大，他的書就比《論語》早，因此這話是孔子回應《老子》的。我說，這種看法不可信。老子，年紀可能比孔子大，書不一定，恐怕相反。《老子》《論語》《墨子》，誰早誰晚，我有個判斷的標準，就是看誰反對誰。《墨子》批孔最明顯，他的〈尚賢〉〈尚同〉等十篇，篇篇批孔。《老子》則「正言若反」（第八十章），反什麼？也是反孔子。但孔子批了誰呢，批《墨子》嗎，不批，也不可能批；批《老子》嗎，除了這一章可討論之外，便毫無對話。批別人，必須自己先有東西遭批才能回批，《論語》和《老子》誰早誰晚，不是很清楚嗎？我不認爲這是《論語》在回應《老子》。

「以直報怨」，朱注說是以「至公而無私」報答怨，這種解釋有問題。我的理解是，它並沒說用正直之直報答怨，而是說以對等的東西報答怨。這裡的「直」，其實應讀爲「值」，是以怨報怨。

此章可從兩組對稱概念來看。一組是「以德報怨」和「以怨報德」，一組是「以德報德」和「以怨報怨」。孔子的態度到底是什麼？我們可以看一下《禮記・表記》。《表記》正好談到這兩組對稱：一組是「以德報德，則民有所勸。以怨報怨，則民有所懲」，一組是「以德報怨，則寬仁之身也。以怨報德，則刑戮之民也」。孔子認爲，以德報德是勸民向善，以怨報怨是懲民爲惡，這是他的基本態度。「以德報怨」和「以怨報德」，在他看來，並非「禮之常」，前者是上對下過於寬厚，後者是下對上過於凶惡（參看《孔疏》）。

此外，孔子爲什麼不直說「以怨報怨」，而說「以直報怨」，這個問題也值得討論。我懷疑這恐怕是一種文字遊戲。因爲「德」字的古文字寫法有三種，而且無論哪種都是從直得聲。（本章重點：以直報怨）

子貢問曰：「有一言而可以終身行之者乎？」子曰：「其恕乎！己所不欲，勿施於人。」【衛靈公15・24】

孔子送給子貢一句話，那就是「己所不欲，勿施於人」。這句話屬於恕道，也見於【顏淵12・2】。（本章重點：將心比心就是恕）

子曰：「道不同，不相爲謀。」【衛靈公15・40】

這段話，現在是成語。

信仰是最容易引起爭論的問題，也是最不能討論的問題。

「道不同」，是根本原則不同，如政治立場不同，宗教信仰不同，學術見解不同。這裡面尤以宗教禁忌最多，排他性最強。宗教信徒，信仰各不同，根本很難有共識，只好「不相爲謀」。但我們不要忘記，雖然信教的是一類人，不信教的是一類人，信教的卻最容不得其他信仰，不信教的人反而是他們傳教爭取的對象。

以前我住美國時，有些傳教士好像總想上門推銷。碰到這類人，出於客氣，我總是說：對不起，我不信教。但美國朋友告訴我，錯，大錯，如果想徹底擺脫他們的騷擾，最好的答覆是：我已信了另一宗教。（本章重點：別強加思想於人）

恭

恭和禮有關，屬於禮貌的「貌」。我們經常「恭和敬」連言，兩者確實相似，但仍有區別：「恭」主要是與自己有關，與自己的外貌和儀態有關，是指儀容謙恭。「敬」則與事奉他人、爲他人辦事有關，是指待人接物很誠懇，工作態度很認眞。

子曰：「巧言令色足恭，左丘明恥之，丘亦恥之。匿怨而友其人，左丘明恥之，丘亦恥之。」【公冶長5·25】

「巧言令色」，這是孔子最常批評的一點。「足恭」，是外表看起來十分恭敬。恭和敬不一樣，恭是著重於自己，見於辭色；敬是敬人敬事，尤其是敬上。

「左丘明」，是孔子稱道的前賢，魯人，生卒不詳。前人或以為是孔門弟子，不可信。

「匿怨而友其人」，是心裡恨得咬牙切齒，表面上卻和你打得火熱。這一條和前一條「巧言令色足恭」都很虛偽，左丘明覺得可恥，孔子也覺得可恥。（本章重點：內心不誠懇最可恥）

子溫而厲，威而不猛，恭而安。【述而7・38】

孔子既溫和又嚴厲，既威風凜凜又不咄咄逼人，既恭恭敬敬又安安穩穩。這是孔門弟子對孔子的印象。（本章重點：孔子的風度）

敬

敬有多種用法——

一是敬天地、敬鬼神。

二是敬國君、敬上級。

三是敬父母。

四是敬一般人。

五是為人謀事、替人辦事要敬。

子曰：「吾與回言終日，不違，如愚。退而省其私，亦足以發，回也不愚。」【為政2・9】

「回」，是指顏回，字子淵，孔門第一期的學生。他從不頂嘴，最討老師喜歡。孔子經常誇他，這裡是誇他大智若愚。

「不違」，本來是講孝。顏回把孔子當父親，像孝敬父母那樣孝敬老師，也等於是「無違」，而且有點傻乎乎的全心全意。孔子最喜歡的就是這種學生，孝子賢孫般的學生。顏回從不頂嘴，有什麼想法全憋在肚裡，退而反省，並藉著反省提出新見。孔子說，顏回不傻。

孔子總是誇顏回，誇來誇去，無非說他道德好，安貧樂道，勤奮好學。他的最大優點是聽老師的話，絕不頂嘴，但其他事蹟如嘉言懿行絲毫不見，歷史記載一片空白，讓人不知該怎麼向他學習。仲由則和他相反，是個冒失鬼，總是惹老師生氣，挨老師罵。《論語》這書也怪，孔子的學生再不濟，也有很多賢才，卻什麼難聽的話都往書裡記載。孔子罵仲由，程度簡直到了罵不絕口的程度，在《論語》中，他最常出現，也挨最多罵，和顏回沒法比，但他可是事蹟有事蹟，言語有言語，快人快語，給人留下深刻印象。《論語》，從文學效果來看，顏回太蒼白，子路很生動。我更喜歡子路。

現在的學生尤其會捧老師，很多人都是「回也不愚」。（本章重點：大智若愚）

子曰：「晏平仲善與人交，久而敬之。」【公冶長5・17】

「晏平仲」，是晏嬰，字平仲，齊卿。他善與人交往，越與人接觸，越受人尊重。（本章重

點：晏平仲贏人敬重）

子曰：「晉文公譎而不正，齊桓公正而不譎。」【憲問14・15】

「譎」，是詭詐，和「正」相反。

齊桓公、晉文公是孔子之前的兩大霸主，孔子對這類霸主並不一律否定，他不像孟子那樣，尊王必賤霸。但這兩位霸主中，孔子更欣賞齊桓公，因爲他尊王攘夷，霸是放在王下，完全合法，絕無邪招，這是「正而不譎」。晉文公則不同，他的尊王讓人覺得有點「挾天子以令諸侯」的味道，這是「譎而不正」。《左傳》襄公二十八年說，城濮之戰後，晉文公將周天子召到河陽，舉行踐土之盟，借此大會諸侯。他的這種尊王方式和齊桓公不同，孔子不贊成。

孔子對晉文公的評價基本上是負面的。傳有孔子對此事的一段評論，說：「以臣召君，不可以訓。故書曰：『天王狩於河陽』，言非其地也，且明德也。」（本章重點：齊桓公眞敬君）

陳成子弒簡公。孔子沐浴而朝，告於哀公曰：「陳恒弒其君，請討之。」公曰：「告夫三子。」孔子曰：「以吾從大夫之後，不敢不告也。君曰『告夫三子』者。」之三子告，不可。孔子曰：「以吾從大夫之後，不敢不告也。」【憲問14・21】

「陳成子」，名恆，是齊國貴族陳僖子的兒子，他弒齊簡公是在前四八一年，事見《左傳》哀公十四年。於是，孔子「請伐齊三」，希望魯君能派兵討伐，魯君便讓孔子去跟三桓執政者說，但他們拒絕了孔子的請求。

「公」，是魯哀公。

「三子」，從年代上推算，應即孟懿子、叔孫武叔、季康子。

「以吾從大夫之後」，見【先進11．8】，這是孔子自稱身分，表示自己是一名前官員。是年，孔子絕筆《春秋》，顏淵卒。（本章重點：討伐不敬之舉）

子曰：「事君，敬其事而後其食。」【衛靈公15．38】

「敬其事」，即「敬事」，可參看【學而1．5】。「敬事」是古代常用語，是忠於職守、恪盡職守的意思。

這裡是說，君子無功不受祿；事奉國君，要把本分工作做好，才能心安理得拿俸祿。（本章重點：先談貢獻再談報酬）

孔子曰：「君子有九思：視思明，聽思聰，色思溫，貌思恭，言思忠，事思敬，疑思問，忿思難，見得思義。」【季氏16．10】

這裡的「思」是考慮的意思。「色」和「貌」不同，色是顏色，顏色指臉色；「貌」是儀態，是身體的表現。「言思忠」「事思敬」，是說話算話，做事敬業，敬事就是敬業。

這幾句話的意思是，君子要考慮九件事——觀察，是否看明白了；傾聽，是否聽清楚了；臉色，是否和藹；體態，是否恭順；說話，是否誠實；辦事，是否牢靠；有疑問，該向誰請教；發脾氣，有什麼後患；有機會拿，是不是該拿。（本章重點：君子留意九件事）

●讓

「讓」，和禮有很大關係。禮讓、禮讓，一定要讓。孔子說「能以禮讓爲國乎，何有？不能以禮讓爲國，如禮何」（【里仁4．13】）；泰伯「三以天下讓」，孔子頌之（【泰伯8．1】）；子路其言不讓，孔子哂之（【先進11．26】）；即使是「君子無所爭，必也射乎」（【八佾3．7】），在射禮升降之際，也還是要講揖讓。

但只有一樣絕不讓，孔子說「當仁不讓於師」（【衛靈公15．36】），仁務必要堅守。

子曰：「君子無所爭，必也射乎！揖讓而升下而飲，其爭也君子。」【八佾3．7】

爭名奪利和自由是完全相反的概念。《西遊記》第一回有一首詩，把這一點講得很清楚：

爭名奪利幾時休？早起遲眠不自由！
騎著驢騾思駿馬，官居宰相望王侯。
只愁衣食耽勞碌，何怕閻君就取勾？
繼子蔭孫圖富貴，更無一個肯回頭！

因此孔子說，君子沒什麼可爭的，如果一定要爭，恐怕要算是射禮。射禮，既是禮儀活動，也是體育競賽。體育競賽總有一爭，就算「友誼第一，比賽第二」，也還是要比一比、賽一賽。比賽當然要講遊戲規則，公平競爭，這樣的爭是「君子之爭」。

這一章的內容，過去有兩種讀法，一種是把「必也」斷在上句，作「君子無所爭必也，射乎揖讓而升下而飲」；一種是像這裡，連下句爲讀。我們所以不取前說，道理很簡單，《論語》中帶有「必也」的句子很多，而且每個句子都把「必也」放在句首，它顯然是表示，假如一定要怎麼樣或非什麼不可，那就只能是什麼什麼，或如何如何。

「揖讓而升下而飲」，應作一句讀。「揖讓」，是打躬作揖，互相謙讓。「升」是登堂，「下」是下堂。「飲」是飲酒。這是射禮的三道程序，彼此爲並列關係。原文是連讀，等於說——「揖讓而升，揖讓而下，揖讓而飲」，每一步都要揖讓。絕不可斷爲「揖讓而升，下而飲」，這樣就會變成「登堂揖讓，下堂飲酒」。

射禮是兩人一組進行比賽，射在堂上射，飲在堂上飲。戰國時期的畫像紋銅器，上面的射禮場面正是如此。射禮，每一對選手，輪到自己時才登堂，登堂要打躬作揖，互相謙讓；射畢下堂，也要打躬作揖，互相謙讓；最後，勝者罰負者飲酒，還是要登堂，也要打躬作揖，互相謙讓。

這種禮讓，體育、武林、軍人都講求，但文人往往不講。文人相輕，文人相傾，便不是君子

之爭，而是小人之爭。（本章重點：君子之間的比賽）

子曰：「能以禮讓爲國乎，何有？不能以禮讓爲國，如禮何？」【里仁4·13】

「何有」，《集解》釋爲「不難」，相當於今語「這算得了什麼」。這種用法在《論語》中很常見，前面往往會加個「於」，表示對誰、或對什麼來說不難。《擊壤歌》中的「帝力於我何有哉」（《帝王世紀》引）便是類似用法，是指對我來說不難。

孔子認爲，如果能以禮讓治國，有什麼難？如果不能以禮讓治國，那還要禮做什麼？禮有禮讓之意，禮讓不僅是道德，也是規則，像馬路上的禮讓就是規則。（本章重點：禮讓爲國）

子曰：「泰伯，其可謂至德也已矣。三以天下讓，民無得而稱焉。」【泰伯8·1】

「泰伯」，即吳太伯。泰伯爲周太王的長子。周太王有三子，長曰太伯，次曰仲雍，次曰季歷。太伯、仲雍知季歷賢，父欲傳位給季歷，他倆遂奔吳以讓之，吳國便奉太伯爲始祖。

「太、泰」都是從大字而來。戰國文字，六國異形，楚系文字，「太」作；秦系文字，則往往用泰爲「太」。《史記》《漢書》中的泰作「太」，仍保留秦系文字的特色。

「三以天下讓」，泰伯三讓，到底是哪三讓？前人有各種傳說：一說泰伯三讓，是生一讓（太王病，採藥不歸），死一讓（死不奔喪），喪事除，又一讓（斷髮文身，示不可用，終不歸）；一說泰伯三讓，是一讓季歷，二讓文王，三讓武王。宋儒更有讓周讓商之辯；讓周，是以周未得天下，「三以天下讓」，只是爲了將來取天下，乃讓季歷，這是陰謀圖商說，二程主之；讓商，則是說太王有滅商之志，但泰伯認爲不合法，爲了存商，才逃亡到吳越，則屬「夷、齊扣馬之心」，忠誠可感，朱注主之。

曲說叢生，多因道德作怪，不必深究。其實，禪讓是所謂的上古至德，堯、舜、禹皆以禪讓得天下，古人津津樂道，不獨孔子。孔子誇讚泰伯，不過是因爲泰伯生於商周之際，還能講求這種道德古風，實在不容易。

「民無得而稱焉」，百姓不知該用什麼話來稱頌他們。《釋文》將「得」作「德」，古書中得與德經常通假。【季氏16・12】有「民無德而稱焉」，據此，則應讀爲「民無得而稱焉」，但這裡卻是好得沒法說，季氏那一章卻是壞得沒法說。

據周人傳說，他們的先祖太王（「太王」當是出於追稱）有三個兒子，老大是太伯（即這一章的泰伯），老二是仲雍，最小的兒子叫季歷。俗話說「天下老子愛小小」（全世界的童話都講這類現象），「愛小小」的原因是愛小老婆。男性用情不專，喜新厭舊，或稱之爲「公牛效應」。「公牛效應」是男權的象徵，古代統治者很多都是公牛，年齡越大越愛小女孩，《左傳》中的動亂往往因此而起。

太王喜歡季歷和季歷的兒子，即文王昌（「文王」恐怕是出於追稱）。他想立季歷繼承他。太伯、仲雍深知爸爸的心思，想讓位，便跑到吳越之地。他們故意把頭髮剃得很短，渾身刺青，讓太王覺得他們已經變成「南蠻子」，不堪重用（《史記・吳太伯世家》）。這種故事傳到春秋，成了美談。孔子認爲，讓賢是很高的美德，今人不行，只有古代才行。泰伯的德行實在太高了，百姓不知該怎麼讚美，所以說「民無得而稱焉」。

太伯是吳國的始祖，最初封在虞。江蘇丹徒出土的宜侯夨簋，銘文內容就是講吳國的封建。宜侯最初封在虞，後來才「遷侯於宜」。寶雞有虞山（即吳山），山西有虞國，吳國和這兩個「虞」可能有關。太伯是江蘇人的驕傲，《儒林外史》的第三十六回和三十七回說，「常熟是極出人文的地方」，當地出了個虞博士，名育德，字果行。此人在南京舉行泰伯祠大祭，主祭是虞博士，亞獻是莊征君，終獻是馬二先生。第四十八回和最後一回（第五十五回）也提到此事。

（本章重點：泰伯三讓天下）

敏

敏是辦事勤快。孔子強調——「敏於事而愼於言」（【學而1・14】）、「訥於言而敏於行」（【里仁4・24】）、「敏而好學」（【公冶長5・15】）、「敏以求之」（【述而7・20】）、「敏則有功」（【陽貨17・6】）。

子貢問曰：「孔文子何以謂之『文』也？」子曰：「敏而好學，不恥下問，是以謂之『文』也。」【公冶長5・15】

「孔文子」，是衛卿，事衛靈公和衛出公，姞姓，孔氏，名圉，文子是他的謚號。至於他死於哪一年，從《左傳》的記載看，當在前四八四～前四八〇年之間，即孔子自衛返魯後。孔子在衛國和他有接觸，對他的評價還不錯。

這段話和諡法有關。《逸周書．諡法》說：「學勤好問曰文」，很接近了。孔子的話，「敏而好學」似是音訓，「文」與「敏」的讀音相近。（本章重點：好學的重要）

季康子問：「弟子孰爲好學？」孔子對曰：「有顏回者好學，不幸短命死矣，今也則亡。」【先進11．7】

孔子最喜歡顏回，季康子問「弟子孰爲好學」，他說「有顏回者好學」。同樣的問題，哀公也問過，可見【雍也6．3】。

「不幸短命死矣」，顏回只活了四十一歲，漢代習稱短命而死爲「不幸死」。「不幸」，《皇疏》引孫綽曰：「不應生而生曰幸，不應死而死曰不幸。」

這裡提到顏回之死，可見這段對話是發生在孔子在世的最後那三年（前四八一～前四七九年），也許就在顏回死後不久。（本章重點：顏回最好學）

公叔文子之臣大夫僎，與文子同升諸公。子聞之，曰：「可以爲『文』矣！」【憲問14．18】

「公叔文子之臣大夫僎」，其中，公叔文子的「文」是諡號，他的家臣名叫僎，書傳未聞，僅見於《論語》這一章。

這裡不太清楚爲什麼公叔文子與大夫僎一起到朝中做官，就能配得上「文」的諡號。子貢問「孔文子爲什麼諡文」，孔子的回答是「敏而好學，不恥下問，是以謂之文也」（【公冶長5·15】），也許孔文子的「敏而好學，不恥下問」，就是向大夫僎請教來的。

孔子談論此事，可能是在他仕衛靈公的那三年裡，即前四九五～前四九三年。他既然談到公叔文子的諡，這便說明公叔文子已經死了，這或者是追敘。（本章重點：公叔文子與僎）

惠

惠是利他，尤其是利民、施惠於民。孔子說──「小人懷惠」（【里仁4·11】）、「小人喻於利」（【里仁4·16】）、「養民」「使人」都是靠「惠」（【公冶長5·16】【陽貨17·6】）、君子能「因民之所利而利之」「惠而不費」（【堯曰20·2】）。孔子甚至誇讚子產是「惠人」（【憲問14·9】）。

或問子產。子曰：「惠人也。」問子西。曰：「彼哉彼哉！」問管仲。曰：「人（仁）也。奪伯氏駢邑三百，飯疏食，沒齒無怨言。」【憲問14·9】

這是孔子品評政界前輩的話。一評子產，二評子西，三評管仲。

「子產」，孔子說他是個「惠人」，即施惠於民的人。子產不毀鄉校，孔子說「人謂子產不仁，吾不信也」（《左傳》襄公三十一年），就是讚揚他的惠民。子產臨終前，託付後事於游吉，勸他當政後一定要以猛濟寬，怕他未樹德威，政寬則亂。子產死後，游吉當政，不忍施猛，仍行寬政，導致鄭國多盜，因而不得不派兵鎮壓。孔子對於子產的臨終遺言同樣高度讚賞，認爲它體現的仍是仁愛，稱得上是「古之遺愛」（《左傳》昭公二十年）。

「子西」，即楚昭王的令尹公子申（其實，據古文字材料，應是王子申）。子西是吳兵入楚後，輔佐昭王復國的功臣，兩度讓政，亦有令名，但他不聽葉公之勸，引發白公之亂，死於難，孔子看不上他，便說「彼哉彼哉」。「彼哉彼哉」，有輕蔑之意，猶今語「就他呀，就他呀」。

「管仲」，孔子對他有褒有貶，這裡是讚揚。「人也」，清朱彬認爲應讀「仁也」（《經傳考證》）。程樹德說，《論語》中「人、仁通用，如『井有仁焉』『孝弟爲仁之本與』之類，其例甚多。朱氏義爲長。《家語·教思篇》子路問管仲之爲人。子曰：『仁也。』是魏晉人舊說如是，似可從。」管仲全數剝奪了伯氏在駢地的食邑，伯氏只好吃粗食，但到死都沒有怨言，可見管仲是個鐵腕人物，很有權威。《荀子·大略》：「子謂子產惠人也，不如管仲。」也是舊說，必有所見。

「伯氏」，《皇疏》說「名偃」，不詳何據。

我的理解是，孔子這段話的重點在講仁政。他認爲，仁政必須寬猛相濟，不能一味寬。前述三人在孔子心中的評價，以管仲最高，他雖猛但不失其仁；子產有惠名，臨終遺言猶知以猛濟寬，也還不錯；子西之仁是婦人之仁，最後把命都賠進去了，最下。此三人，管仲的年代最久遠，子產其次，子西最遲。楚昭王欲召孔子，就是被子西否定。子西，馬融以爲是鄭子西，即公孫夏；朱注以爲是楚子西，即公子申。學者多從馬注，不對。孔子所舉的都是當國名臣，鄭國已有子產，自然不必再舉子西，況且鄭國的子西也從未當國，更無政聲。這裡從朱注。（本章重點：論子產、子西、管仲）

中庸

中庸，是執兩用中，恰如其分，折衷矛盾，反對極端。可參看《禮記·中庸》。《論語》節《尚書》舊文，有「允執其中」一語（【堯曰20·1】），孔子也曾說「中庸之爲德也，其至矣乎！民鮮久矣」（【雍也6·29】）。

子曰：「中庸之爲德也，其至矣乎！民鮮久矣。」【雍也6·29】

《禮記》有〈中庸〉篇。「中庸」的「中」是恰如其分，兩種極端都不取；「庸」，是常的意思。這是孔子思想中很重要的概念，它與「義」的概念有關，與禮制內含的法度概念有關。

現在有很多人都把中庸之道說成是騎牆之道、摻和之道，甚至有所謂的「和合學」。其實，中庸之道的「中」是標準、是原則，不講標準、不講原則，根本不是中庸之道。（本章重點：中庸自有標準和原則）

子曰：「不得中行而與之，必也狂狷乎。狂者進取，狷者有所不爲也。」【子路13·21】

「中行」，是分寸合宜的行爲，即中庸之行。

「狂」，是行爲偏激過分、銳意進取的人。

「狷」，是潔身自好，縮手縮腳，很多事都不敢放手去做的人。

在這一章，孔子說如果不能和中庸的人結交，難道只能和狂者、狷者這兩種人爲伍嗎？「狂」是過，「狷」是不及，過猶不及他都不贊同，他贊同的當然是中庸之行。劉寶楠指出，《孟子‧盡心下》對這段話有所解釋，孟子說孔子的意思是不能和中行之人交，就和狂者交，不能和狂者交，就和狷者交。楊伯峻則說，孟子的話未必符合孔子本意，但可備參考。（本章重點：中庸之行，難）

掩飾

禮的要義是「不平等」，長幼尊卑不可少。

孔子講求臣爲君諱、子爲父隱，像是魯昭公娶吳孟子，明明違反了同姓不婚之禮，陳司敗於是問孔子「昭公知禮乎」，孔子明知道昭公無禮，卻公開撒謊，說他「知禮」（【述而7．31】）。還有，葉公說他們家鄉有個直人，父親偷了羊，他去告官，孔子不以爲然地說，在我們家鄉不能這麼做，父親犯事，兒子得替老父瞞著；兒子犯事，老父得替兒子瞞著；孔子的「直」，體現在包庇之中（【子路13．18】）。這其實是孔子的忠孝概念。

從道德原則來看，孔子的確是前後一致的人，這我能理解，但有人說這種謊在今天也得撒，我不同意。

陳司敗問：「昭公知禮乎？」孔子曰：「知禮。」孔子退，揖巫馬期而進之，曰：「吾聞君子不黨，君子亦黨乎？君取於吳為同姓，謂之吳孟子。君而知禮，孰不知禮？」巫馬期以告。子曰：「丘也幸，苟有過，人必知之。」【述而7．31】

此章所述，是前四九一～前四八九年孔子仕陳湣公時的事。

「陳司敗」，陳、楚等國稱司寇為「司敗」，這裡不知是指哪一位。

「巫馬期」，是孔門第二期的學生。「巫馬」，是替馬看病的巫醫，以官為氏，變為複姓，其名為施，字子期，這裡是以字稱。

「孔子退，揖巫馬期而進之，曰」，這句的意思是孔子退下，陳司敗向巫馬期作揖，請他進來，對他說話。

「君子不黨」的「黨」本指鄉黨，即同鄉關係，引申為一切拉拉扯扯的不正當關係。陳司敗批評孔子為魯君遮羞，認為這種作法叫做「黨」，即「黨同伐異」的「黨」，只要是自己一夥人，怎麼做都好。可參看【衛靈公15．22】的「群而不黨」。

「君取於吳」，這裡的「君」是魯昭公。古代的婚姻制度，同姓不婚，娶妻一定要問姓。魯是周公之後，吳是泰伯之後，都是姬姓，本不該通婚。春秋時期，這類禁忌有所鬆動，晉娶戎女，魯娶吳女，都是例外。出土銅器證明，蔡也娶吳女。他們大概覺得對野蠻民族或落後民族，可以網開一面。但這種事在當時還是不大光彩，魯昭公不願稱自己的夫人爲「吳姬」，而叫「吳孟子」。陳司敗認爲，魯娶吳姬是「不知禮」，孔子爲之遮掩毫無道理。

要知道，孔子認爲的禮其中有一條正是「子爲父諱，臣爲君諱」。這一章就是講臣爲君諱，孔子是故意這麼做的。巫馬期將陳司敗的批評告訴孔子，孔子也承認陳司敗的批評是對的，說自己的話有錯。但在公開場合，他還是必須這麼講，這是擒著明白裝糊塗。（本章重點：臣子爲君主掩飾）

葉公語孔子曰：「吾黨有直躬者，其父攘羊，而子證之。」孔子曰：「吾黨之直者異於是：父爲子隱，子爲父隱。直在其中矣。」【子路13．18】

「父爲子隱，子爲父隱」，前者是爲君諱，後者是爲親諱，都屬於爲尊者諱。爲尊者諱，自然和孝道有關。

「直躬」，孔注以爲「直身而行」，鄭注以爲「直人名弓」。

「證」，楊伯峻說《說文・言部》訓「告」，因此這裡的「證」是檢舉、揭發之意，古書一般用「徵」字爲之。

葉公（葉讀「設」）跟孔子說，我家鄉有個直率的人，他爸爸偷羊，被他檢舉。孔子說，我家鄉也有個直率的人，他可不一樣——父親爲兒子隱瞞，兒子爲父親隱瞞，「直」就在其中。

孔子是親情至上主義者，他提倡的爲尊者諱，在中國是個壞傳統，至今仍很有影響力。上司、父母、老師，做了任何壞事都幫忙遮掩，居然引以爲美德；而且，誰不幫忙遮，誰倒楣。

（本章重點：替長輩掩飾）

反鄉愿

舊說「鄉愿」是一鄉之內，誰都說好的「好好先生」；「愿」是謹厚之意，謹厚是指老老實實。老老實實有什麼不好？當然好。但這個詞是名褒實貶。所謂好好先生，是曲阿於俗，不問是非曲直，一切聽群眾輿論的人。大家說好，他就說好，因此大家也說他好。

孔子說「鄉原（愿），德之賊也」（【陽貨17．13】），別人都誇，他卻敢罵。孔子不迷信群眾，不迷信輿論。他認爲，所有人都說壞，那要小心；所有人都說好，也要小心（【衛靈公15．28】）。鄉人都說好，未必就好；鄉人都說壞，也未必就壞。與其如此，還不如看是什麼人說好，什麼人說壞。甚至，好人說某人好，壞人卻說這人壞，這人反而很有可能是大好人（【子路13．24】）。孔子想傳達的這種精神很可貴，它不是以民主定是非，而是以良知定是非，這是知識分子最值得珍視的東西。

像「三軍可奪帥也，匹夫不可奪志也」（【子罕9．26】），這兩句話正是講堅持獨立見解的可貴，這也是《論語》中最精彩的話。葉挺喜歡，梁漱溟喜歡，我也喜歡；魯迅的一生——「橫眉冷對千夫指，俯首甘爲孺子牛」，也體現了這種精神。不過，這兩句話也是《論語》中最難學、最沒人學的話。知識分子有沒有膽識，全看這一條。

子曰：「三軍可奪帥也，匹夫不可奪志也。」【子罕9．26】

這是《論語》中我最喜歡的話。皖南事變後，葉挺將軍入大獄，他在監獄裡過生日，便是用這兩句話自勉。梁漱溟在文革中挨鬥，也是靠這兩句話自勵。

《孫子．軍爭》說「三軍可奪氣，將軍可奪心」，是說在激烈的戰爭中，士兵的心理和將帥的意志可能突然崩潰，兵敗如山倒。但孔子卻持相反意見，他強調的是，三軍雖可擒其帥，但一個普通人只要堅持自己的信念，也是不可屈服的。

人是非常脆弱的，常常不能左右環境，更無法跟命運較勁，無可奈何之下總是認敗服輸、屈服妥協，或承認現實，或逃避現實，求神問鬼，墮入空門。如果你在現實中感到無奈，又不想求神問鬼，怎麼辦？只有一條，就是收下這兩句話。它不是阿Q精神，也不是戰勝脆弱心理的方法，而是精神上的抵抗，即使沒有任何依賴和支援，也絕不向惡勢力低頭。

深刻的批判，永遠不可行，它有點像精衛填海，我則稱作「徒勞的悲壯」。（本章重點：擇善固執堅守立場）

子貢問曰：「鄉人皆好之，何如？」子曰：「未可也。」「鄉人皆惡之，何如？」子曰：「未可也。不如鄉人之善者好之，其不善者惡之。」【子路13．24】

政治家會煽動群眾，商人會誘惑群眾。受到煽動誘惑的群眾是洪水猛獸，而水可載舟，亦可覆舟。知識分子則不應跟著起鬨。

民主的原則是從眾，但群眾也是人，不是神。輿論是民意，民意是大雜燴。眾口鑠金的謠言，千夫所指的毀謗，也同樣是輿論。孔子不迷信。

「鄉人」，是指鄉黨鄰里；古代的群眾關係主要是鄰里關係。鄉親們說誰好他就好，鄉親們說誰壞他就壞，人們的眼睛未必雪亮。群眾的評價在古代叫輿論，輿論一致，難道就成了是非標準嗎？孔子說，不一定。人以群分，群眾也分好壞人。我們與其跟著輿論跑，還不如看看鄉里的好人怎麼說，壞人怎麼說；如果鄉里的好人說好，壞人說壞，說不定真的是個好人。

民意是政治，不是眞理。群眾說了算，但絕不能濫用。（本章重點：如何看待輿論）

子曰：「眾惡之，必察焉；眾好之，必察焉。」【衛靈公15・28】

對「輿論」，孔子一直抱持懷疑態度；他認爲，輿論全都說好或全都說壞，反而可疑。我非常欣賞這種態度，可參看前一章【子路13・24】的內容。（本章重點：輿論未必可靠）

子曰：「鄉原（愿），德之賊也。」【陽貨17・13】

「鄉原」，亦作鄉愿，即一鄉之中貌似忠厚、並以這種假象取悅於眾的「好好先生」，可參看《孟子・盡心下》。「愿」的本意是謹厚，但這裡的「鄉愿」含有貶義。

孔子反對這種人，稱之爲「德之賊也」，即竊居有德者之位的人。「賊」和「盜」不一樣，

「賊」是犯下人身傷害罪（如殺人、傷人等），「盜」是犯了財產侵犯罪（如盜竊、搶劫等）。

（本章重點：要有自己的判斷力）

子曰：「道聽而塗（途）說，德之棄也。」【陽貨17．14】

「塗」，指同途，是道路的意思。

「德之棄也」，究竟是棄德不爲，還是德者棄之，前人有所爭論（《皇疏》是兩存其說）。這一句和前一章的「德之賊也」是同一句型，但還是以「棄德不爲」的意思更合理，因爲總不能把「德之賊」解釋成有德者賊之吧。

孔子認爲，道聽塗說，聽信謠言，這是棄德不爲。（本章重點：勿道聽塗說）

第④講 禮儀

治理國家，應該硬道理和軟道理兼施；所謂硬道理就是政刑，軟道理則分四種，一是禮樂，二是道德，三是學問，四是宗教。以德治德，可以。以國治國，也可以。以國治德，六親不認，一個朋友都沒有，太沒人情味，這是誤用，但誤德未必誤國。最糟糕的是，光講以德治國，如此，德必偽，國必亡，兩樣都誤。

孔子對禮儀的看法

綜論

孔子講修德（行），是納德於「禮」，以禮來規範人的行為。《論語》論禮，有些是泛論，不涉及儀節本身，有些則解釋了禮儀的細節（而且這一類的主題主要集中於〈八佾〉篇和〈鄉黨〉篇）。

春秋戰國是禮壞樂崩的時代，禮壞樂崩的結果是政刑繁苛。秦代政刑繁苛，只講硬道理，不講軟道理，過於硬邦邦、赤裸裸。到了漢代，雖尊孔但並非放棄硬道理，而是除了硬道理，也講軟道理，逐漸懂得如何用軟道理包裝硬道理，改變形象。陽儒陰法，軟硬兼施，硬在前軟在後，硬在裡軟在外。

所謂硬道理就是政刑，軟道理則分四種，一是禮樂，二是道德，三是學問，四是宗教。皇家有禮儀，文武百官靠道德學問選，老百姓燒香磕頭，也有個地方可拜。漢以來的儒術，還有後來的釋、道，都是用以彌補政刑之不足。宋明以來的中國，文化發達，社會腐化，那時最愛講道德，但道德如何？小說、筆記講得很清楚——壞透了。

我的看法是，以德治德，可以。以國治國，也可以。以國治德，六親不認，一個朋友都沒有，太沒人情味，這是誤用，但誤德未必誤國。最糟糕的是，光講以德治國，如此，德必偽，國必亡，兩樣都誤。當然，古人說的以德治國，並不是真的以德治國，德只不過是裝飾罷了，就像廁所裡面灑香水，讓你不覺其臭而已。

不學禮，無以立

孔子不僅跟自己的兒子孔鯉說「不學禮，無以立」（【季氏16·13】），此語又見【堯曰20·3】），還曾直率地說自己有四大「討厭」——「恭而無禮則勞，慎而無禮則葸，勇而無禮則亂，直而無禮則絞」（【泰伯8·2】），其中一條就是「勇而無禮」（【陽貨17·24】）。可知子路之勇，他不待見。

子曰：「出則事公卿，入則事父兄，喪事不敢不勉，不爲酒困，何有於我哉？」【子罕9·16】

古代交往的中心是男性，「出則事公卿，入則事父兄」，都是男人。「不爲酒困」，是不酗酒。孔子喝酒是很有節制的。孔子說，喝酒對他來說不算問題，但別人怎麼樣？可就難說了。

商紂驕奢淫逸，酗酒亡國，教訓慘痛，孔子對此很熟悉。康叔封於衛，衛是紂的都城所在，周公怕周家子弟跟商人學壞，寫過〈酒誥〉。但周初禁酒，只是一陣子的事，過了這陣子，照樣喝。中國歷朝歷代，喝酒的風氣從沒斷過，越禁越喝，越喝越多，在今天可說達到最高峰。（本章重點：飲酒有節制）

闕黨童子將命。或問之曰：「益者與（歟）？」子曰：「吾見其居於位也，見其與先生並行也，非求益者也，欲速成者也。」【憲問14．44】

「闕黨」，是隸屬於闕里的鄉黨組織。闕里是孔子的故里，大家到了曲阜，都會去闕里孔廟和孔府。闕里是里名，古代就有這個里名（如《荀子．儒效》）。孔子幼年喪父，跟他母親一起搬回外婆家住，這裡是他的外婆家，即顏氏聚居的地方。

「童子」，是指廿歲以下的年輕人，已經不是小小孩。這一章提到，有個年輕人愛出風頭，在禮儀場合負責傳達辭命，有人問孔子，他算是個追求上進的人嗎？孔子說，我看他坐敢與長者平起平坐，行敢與長者並肩而行，這絕非上進之人，而只是躁進之人。孔子顯然看不慣，在他看來這個人是少調失教，不懂規矩，不懂禮貌。躁進和上進不一樣，差別在此。

《孟子．告子下》：「徐行後長者謂之弟，疾行先長者謂之不弟。」闕黨童子的行爲就是屬於「不弟」，即【憲問14．43】說的「不孫（遜）弟」。（本章重點：是躁進還是上進）

陳亢問於伯魚曰：「子亦有異聞乎？」對曰：「未也。嘗獨立，鯉趨而過庭，曰：『學詩

乎？』對曰：『未也。』『不學詩，無以言。』鯉退而學詩。他日又獨立，鯉趨而過庭，曰：『學禮乎？』對曰：『未也。』『不學禮，無以立。』鯉退而學禮。聞斯二者。」陳亢退而喜曰：「問一得三，聞詩聞禮，又聞君子之遠其子也。」【季氏16．13】

「陳亢」，字子禽，這裡稱名。他在《論語》中出現過三次，除了此章，還見於【學而1．10】和【子張19．25】。

「伯魚」，即孔子的兒子孔鯉，他比陳亢大廿一歲，是陳亢的長輩，這裡稱字。有關孔鯉，還可參看【先進11．8】【陽貨17．10】。

這段對話的奧妙是，陳亢很好奇，他想，孔鯉是孔子的兒子，一般人聽不到的教誨，說不定從他這裡可以打聽得到。但他問了半天，孔鯉卻說自己沒聽過什麼特殊的東西，只有兩次是例外。一次，孔子一人在院裡站著，孔鯉打院裡穿過，被孔子叫住。孔子問：你學詩了嗎？孔鯉說：沒有。孔子說：不學詩，就沒辦法說話。所以，他就回去學詩。另一次，孔鯉又準備從院裡穿過，孔子又正好站在那兒，也是獨自一人。孔子問：你學禮了嗎？孔鯉說：沒有。孔子說：不學禮，就無法立身。所以，他就回去學禮。孔鯉說自己所聽到的孔子教誨，就這麼十二個字。

陳亢從孔鯉那兒回來，非常高興。他說，我只問了一個問題，竟得到三個收穫：一是趕緊學詩，二是趕緊學禮，三是君子和自己的兒子也保持距離，待他和普通學生沒什麼兩樣。過去，有些老先生的想法和匠人差不多，非把絕活留在家裡不可，傳子不傳媳，更別說是傳學生了。但孔子對自己的兒子不是這樣。後人以父教爲「庭訓」或「庭聞」，就是出典於此；唐代寫《書譜》

的孫過庭也是取名於此。補充說明，原文中的「詩」「禮」是泛言，這裡不用書名號。（本章重點：一個問題三種收穫）

博學於文，約之以禮

孔子教學生，有所謂「博學於文，約之以禮」（【雍也6・27】【子罕9・11】【顏淵12・15】）。一般人都以爲，繁禮君子就是儒家。但孔子對禮，強調的卻是簡單。

子曰：「君子博學於文，約之以禮，亦可以弗畔（叛）矣夫。」【雍也6・27】

「文」是人文學術，「禮」是行爲規範。君子飽讀詩書、博學於文，最後則要將自己的行爲納於禮的規範。書，是越讀越多，禮，是越學越少；意即：學文要博，學禮要約。香港中文大學就是以「博學於文，約之以禮」爲校訓。（本章重點：學問與禮儀）

三代之禮

子張問：「十世」（三百年後）的事情可以知道嗎？孔子說「殷因於夏禮，所損益可知也；周因於殷禮，所損益可知也」，意即只要根據三代之禮的變化，就可以預知將來，將來代替周代的國家，哪怕是「百世」（三千年）都可以預知（【爲政2・23】）。

孔子看歷史，只有一個標準，就是禮。

子張問：「十世可知也？」子曰：「殷因於夏禮，所損益可知也；周因於殷禮，所損益可知也。其或繼周者，雖百世可知也。」【爲政2．23】

孔子的歷史觀有兩個特色：第一，他生於春秋晚期，正是周道衰落的時期，他的歷史觀察範圍主要是距此較近的夏、商、周三代；在他看來，唐、虞最理想，但相隔太遠，想學也學不來。第二，三代之中，他更看重周，這是最接近的目標。

古人研究歷史主要靠因果關係，往是因，來是果，鑒往知來。占卜、賭博，靠歸納勝率，也是用類似的方法。孔子看歷史，主要看三代的損益（變化），即後面的禮比起前面的禮增加了什麼，減少了什麼，不在那些增加或減少之列的，就是始終不變的東西，他是以這種加減法預測未來①。

戰國的古書也流行講三代損益，這一風氣可能與孔子有關。

王國維和陳夢家都曾討論殷周制度的不同。過去大家都覺得，商周很不一樣，後來發現還是有繼承性。蘇東坡說「自其變者而觀之，則天地曾不能以一瞬；自其不變者而觀之，則物與我皆無盡也」（〈前赤壁賦〉）。「自其變者而觀之」是強調差異，「自其不變者而觀之」是強調連

① 歷史源源不斷而來，技術變，制度變，但人性未必變、或者變化不大，這也許是孔子之所以用禮的損益法則看待歷史的一種考量。他更關心的，是恆久不變的東西。

續。孔子認爲只要掌握了歷史的加減法，在連續中控制差異，就能預測長程，不僅三百年的事可預測，三千年也行。

三代加起來大約有一千三百年。「十世」，每世按古人的說法，一般是卅年，十世就是三百年，「百世」就是三千年。孔子死後，到現在也還不到三千年。但現在的事，他做夢也想不到。（本章重點：孔子的預測學）

子曰：「夏禮吾能言之，杞不足徵也；殷禮吾能言之，宋不足徵也。文獻不足故也，足則吾能徵之矣。」【八佾3·9】

孔子是以禮治史（可參考前一章【爲政2·23】），禮是制度，也是精神。

「杞」是夏的後代，「宋」是殷的後代。杞人憂天，宋人不鼓不成列，都是後人嘲笑的對象。對周人而言，他們是「最後的貴族」。

「文獻」，與今人理解的「文獻」不同，不光指資料，還包括遺老遺少。古代的文化遺產有實物，有文字，還有活人，意即活人的口頭傳說和代代相傳的手藝。有些漢學家喜歡強調同期史料，因過分強調，而取消了人類學。這是因爲人類學的材料都是「不同期史料」，然而「故老傳聞」卻是很重要的人類學史料，孔子重視，司馬遷也重視。

這一章很有名。文獻不足，所以當然得進行考古發掘和人類學調查。（本章重點：孔子與司馬遷皆重考古）

禮是為了和，不是為了同

有子說過一段話很有名——「禮之用，和爲貴；先王之道，斯爲美。小大由之。有所不行：知和而和，不以禮節之，亦不可行也。」（【學而1．12】），這很符合孔子的想法。

孔子曾說「君子和而不同，小人同而不和」（【子路13．23】），禮是三代所設，那三代是什麼？只是小康，不是大同。孔子嚮往的是「大道之行也，天下爲公」的大同世界（《禮記．禮運》），但他所謂的大同世界只屬於上古盛世唐虞，不屬於三代，三代（及至後來的文明社會）都是以家庭、私有制爲立國之本的小康社會。小康社會只講和，不講同；孔子說的「和」是和諧，「同」是平等，他不講平等，只講和諧。所謂和諧，不是爲和而和，而是把客觀條件上的不平等也一起納入「禮」的秩序中，防亂於未然，也就是找到「禮」這個辦法讓闊人和窮人能相安無事地共處，讓窮人和富人一起樂和；這是靠禮來節制和維持不平等。這是禮的實質。

所以，君子講和諧，小人講平等，這是必然的。禮的目標是和諧，不是平等，因此禮將人分成三六九等，借等級立秩序，這就叫「和」。《墨子》講尙同、兼愛，這是針對孔子。不錯，孔子的禮講究的是「別」，即便是「仁」也同樣愛有差等，並非平等、博愛。

有子曰：「禮之用，和爲貴；先王之道，斯爲美。小大由之。有所不行：知和而和，不以禮節之，亦不可行也。」【學而1．12】

這段話，有點繞，如何標點是個問題。

「禮之用，和爲貴；先王之道，斯爲美」，這是一層。有子的意思是說，禮的功能主要是調和，先王之道是以和諧爲美，即俗話說的「和爲貴」。

「小大由之」，是總結上文。這裡的「由之」是順道而行的意思。【泰伯8·9】提到「民可使由之，不可使知之」，該章的「由之」也是這個意思。這一章的前幾句說：禮是爲了和，和最重要，所以小事大事都要依照「和」的原則來處理。

「有所不行」，是另一層意思，和前面相反。前面說，小事大事都要依和而行，此爲基本原則，通常得這麼做。這裡則說，當然也有例外情況。什麼是例外？我在這句話的下面點了冒號，冒號的下面是說明。它的意思是說：「和」當然很好，但也不能太過分，爲了和而和；即使是和，不以「禮」節之，也是不可行的。

禮，是用來處理差別的，藉由差別建立秩序，秩序就是和。和，絕不平等，或曰以不平等求平等。眞正的平等只是理想，古人叫「大同」（《禮記·禮運》）。孔子也夢想大同，但他知道，禮之所以建立，正是因爲大同講不成才講禮。所以他說「君子和而不同」（【子路13·23】）。和諧的社會只是小康罷了，不到大同的境界。

商周社會就像一個大村子，裡面有宗族祠堂，王就是族長，由他定下家規家法管理這個村子，協調村裡的各種關係，長幼尊卑，井然有序，這就是和。人，生下來就不自由，也不平等，這和盧梭的說法相反。禮，最重要的用途就是和稀泥，想方設法把不平等控制在合理範圍內，這樣才不至於鬧出亂子。禮和德不同，並非個人修養，而是習慣和傳統，用以約束人的行爲規範。

（本章重點：守禮以維持和諧秩序）

子曰：「君子和而不同，小人同而不和。」【子路13．23】

君子位在上層，重視和諧勝於平等；小人位處下層，重視平等勝於和諧。《禮運．大同》是主同，但那是理想。墨子尚同，孔子並不尚同；孔子講的禮，追求的是和，不是同。

《國語．鄭語》引史伯語，曰「夫和實生物，同則不繼」，古人認為相異相反才能產生和諧，完全相同只會產生單調。像是五音諧和乃為律，如果全是同一個音符，根本聽不下去。飯，也是五味調和才好吃，如果天天大魚大肉，很快就膩了。膩了，當然也就吃不動了。（本章重點：君子和小人立場不同）

貧而樂，富而好禮

子貢說「貧而無諂，富而無驕」，怎麼樣？孔子說，可以，但不如「貧而樂，富而好禮者也」（【學而1．15】）。語云「倉廩實則知禮節，衣食足則知榮辱」（《管子．牧民》），窮人不知禮，本在情理之中。任誰都會以為禮和他們無關，可惜的是，富人富到流油還不一定知禮。那麼孔子講「禮」給誰聽？主要還是闊人，希望他們收斂一點。禮的功能是節，下層往往勇而無禮，亂起來，禮可節制不了，所以禮是用來管君子的。

子貢曰：「貧而無諂，富而無驕，何如？」子曰：「可也。未若貧而樂，富而好禮者也。」子貢曰：「《詩》云：『如切如磋，如琢如磨』，其斯之謂與（歟）？」子曰：「賜也，始可與言《詩》已矣，告諸往而知來者。」【學而1．15】

金錢，對人是個大考驗。守道過日子，難免餓肚子。當君子，就要準備挨餓——不當官，吃什麼？總不能種地。孔子可不主張自食其力。他論貧富，著眼點是「貧」。孔子說，枕著胳膊喝涼水，樂在其中；富，往往是不義之財，「於我如浮雲」（【述而7．16】）。

子貢是做買賣的人，是孔門最闊的學生。司馬遷講古代大商人，子貢便是其中之一，「七十子之徒，賜最饒益」（《史記．貨殖列傳》）。現在流行講儒商，企業家不僅會做買賣，還有文化、道德，多好；難怪有學生說要做學術界裡最有錢的人，和有錢人裡最有學問的人。如果說真有儒商，那麼子貢就是祖師爺②；但可惜的是，大家都只知道關老爺，不知子貢爲何許人也。

孔子跟子貢論貧富，是找對了人，因爲子貢和其他學生不一樣，他們多是寒門，不足以論貧富。子貢有錢，有人猜測孔子周遊列國就是由他贊助。有錢，才能看透錢，但財富要達到多少才看得透，不知道，恐怕因人而異。反正沒錢往往看不透，見錢眼紅，窮凶極惡，一點辦法也沒有。歷史上農民造反，到頭來總是失敗，多半栽在這上頭。

對於金錢，子貢的態度是：窮，不低聲下氣，巴結闊人；闊，不趾高氣揚，欺負窮人。孔子贊同他，但也補充說明更好的態度是：窮要開心，闊要好禮（什麼叫好禮？不知道，說不定是當慈善家）；意即，在貧富問題上，該怎麼樣比不該怎麼樣更加重要，自己該怎麼樣比對別人怎麼樣更重要。於是子貢引《詩》爲喻，問孔子「如切如磋，如琢如磨」，就是這個意思嗎？他想說的是，砥礪德行就像工匠加工骨、牙（象牙）、玉、石那樣，也是精益求精呀。孔子認爲他的理解很對，認爲自己跟這學生講「窮開心，闊好禮」，就是這意思。

「諸」，是猶之。

「往」是第一步，「來」是第二步。孔子的教學最重啓發，他喜歡能夠舉一反三的學生，所以他跟子貢說，從此我可以和你討論《詩》了，你有這個資格了。

子貢引用的《詩》，是出自《衛風·淇奧》。「如切如磋」，是加工骨、牙（象牙）類的製品；「如琢如磨」是加工玉、石類的製品。（本章重點：禮是闊人的規矩，富才能好禮）

子曰：「臧文仲居蔡，山節藻梲，何如其知（智）也？」【公冶長5·18】

「臧文仲」，即臧孫辰，魯卿，先於孔子，歷事莊、閔、僖、文四公，很長壽。

「居蔡」，給大蔡之龜蓋龜室。大蔡之龜，見《太平御覽》卷八〇二、卷九四一，以及《墨子·耕柱》引《墨子》，都是與「和氏之璧」「隨侯之珠」並稱，盡皆「諸侯良寶」。據說這種龜有「三棘（脊）六異（翼）」（龜背有三條脊，兩側有六個小翅），非常珍貴。

② 闊人難守其財。子貢很闊，但古人說他的兒子端木叔是個大敗家子（《列子·楊朱》）。

「山節藻棁」的「山節」是刻成山形的斗拱；「藻棁」的「棁」，是彩繪的梁上短柱。這裡是說，臧文仲的龜室裝飾得很豪華。

「何如其知（智）也」，意思是這個人的智力如何？他也太聰明了吧！這是反話，孔子眞正的意思是：這個人也太奢侈吧？奢侈是傻。（本章重點：奢侈，無禮無益）

子曰：「好勇疾貧，亂也；人而不仁，疾之已甚，亂也。」【泰伯8·10】

孔子這話說給誰聽？是統治者，還是他的學生？恐怕是學生。孔子有很多窮學生。

「好勇疾貧」，主要是講窮人不安其貧，積怨太深。「好勇」是暴力傾向，「疾貧」是恨自己太窮。苦大仇深，訴諸暴力，當然會出亂子。古代如此，現代也如此。

「人而不仁」，主要是講富人不仁，不拿窮人當人，爲富不仁。窮人恨富人再自然不過，但恨得太深就會出亂子。窮人困苦無告，好勇不行，恨自己窮不行，恨富人富也不行；這些現象都會造成亂，那該怎麼辦？孔子沒說。

我替他說，忍著吧。（本章重點：好勇疾貧是亂源）

季氏富於周公，而求也爲之聚斂而附益之。子曰：「非吾徒也，小子鳴鼓而攻之，可也。」【先進11·17】

「求」，是冉求，這裡稱名，是孔子的口吻。冉求所事的季氏，肯定是指季康子。當時的周公是誰，則無可考。季康子是魯卿，周公是天子之卿，但季康子卻比周公還闊，實爲僭越。冉求爲季氏宰，居然還幫他搜刮，讓他闊上加闊。孔子大怒，跟其他學生說，冉求不是我的學生，要學生們大張旗鼓討伐他。

關於冉求，還可參看【雍也6．4】：子華使齊，冉子爲子華的母親請粟。孔子批評他的舉動，說：「君子周急不繼富」。但現代銀行（家）的想法，全和冉求一個樣，越有錢的人越借得到錢，這是錦上添花。（本章重點：孔子叫其他學生揍冉求）

季康子患盜，問於孔子。孔子對曰：「苟子之不欲，雖賞之不竊。」【顏淵12．18】

季康子爲「盜」的問題大傷腦筋。什麼是盜？中國古代法律，把侵犯財產之罪叫做「盜」，傷害人身的罪叫「賊」。盜，包括搶劫、盜竊、綁票。

孔子說，如果不是您自己那麼多欲，您即使獎勵老百姓去盜，也沒人敢盜。這話是話中有話。（本章重點：孔子暗批季康子多欲）

禮與道德

在孔子的思想中，禮與道德互爲表裡。

像是「禮與仁」——「人而不仁，如禮何？人而不仁，如樂何？」（【八佾3．3】）；因此孔子認爲「仁」是禮的前提，沒有仁，禮也就失去意義。意即：仁爲禮之本。

但什麼是仁呢？要解釋它卻離不開禮——「克己復禮爲仁。一日克己復禮，天下歸仁焉。」（【顏淵12．1】）；孔子說，爲上者「……知（智）及之，仁能守之，莊以涖之，動之不以禮，未善也。」（【衛靈公15．33】）。

像是「禮與孝」——孟懿子問孝，孔子答以「不違」，即不違背父母，樊遲問這是什麼意思，孔子答「生，事之以禮；死，葬之以禮，祭之以禮」（【爲政2．5】）。

像是「禮與忠」，孔子則說「君使臣以禮，臣事君以忠」（【八佾3．19】）。

禮與仁

子曰：「人而不仁，如禮何？人而不仁，如樂何？」【八佾3．3】

這是批評三桓的僭越無禮（可與【八佾3．1／3．2】一起參看）。

孔子認爲，「仁」是禮樂的核心與根本，禮樂不過是仁的外在表達，兩者互爲表裡，不具備仁的禮樂，只是徒具形式。（本章重點：沒有仁的表面功夫）

子曰：「恭而無禮則勞，慎而無禮則葸，勇而無禮則亂，直而無禮則絞。君子篤于親，則民興於仁；故舊不遺，則民不偷。」【泰伯8．2】

「葸」讀「喜」，是膽小怕事的意思。

「絞」，是急切偏激的意思，可與【陽貨17．8】的「好直不好學，其蔽也絞」一起參看。這個字的含義有點類似矯情、死心眼。這種人喜歡當面指責別人，說話難聽，出口傷人，馬融訓「刺」，應屬引申義。

這段話是講「禮」的重要性。禮是行為規範，有中和、節制的作用。孔子認為如果沒有禮的節制，再好的美德也會變味。例如恭敬是美德，但一味打躬作揖，很快就會疲勞；謹慎是美德，但一味謹慎小心，就會膽小怕事；勇敢是美德，但一味好勇鬥狠，就會引發禍亂；直率是美德，但一味心直口快，就會流於偏激。君子若對自己的親人感情深厚，老百姓就會日近於仁；不拋棄自己的熟人舊識，老百姓就不會人情淡薄。（本章重點：美德，離不開禮）

顏淵問仁。子曰：「克己復禮為仁。一日克己復禮，天下歸仁焉。為仁由己，而由人乎哉？」顏淵曰：「請問其目？」子曰：「非禮勿視，非禮勿聽，非禮勿言，非禮勿動。」顏淵曰：「回雖不敏，請事斯語矣。」【顏淵12．1】

「仁」是孔子道德思想的重要概念，而這章是從禮的角度講仁。顏淵問仁，孔子的答案是「克己復禮」。什麼叫克己復禮？就是要克制自己，復歸於禮，一切照禮的規定行事。「克己復禮」是以「克己」為前提。孔子認為，克己，推己及人，所有行為都合乎禮、合乎義，就是「仁」。宋王應麟指出，《左傳》昭公十二年提到的「仲尼曰：『古也有志：克己復禮，仁也……』」，是與此類似的話。所謂「古也有志」，是說古代就有這種記載，可見他用的是古書中的成語，並非自己的發明（《困學記聞》）。「古也有志」，應屬申叔時提倡九藝中的「故志」（《國語・楚語上》），是一種講歷史成敗教訓的書。

顏淵又問「克己復禮」有什麼具體的要求？孔子說：「非禮勿視，非禮勿聽，非禮勿言，非禮勿動。」《聖經・舊約》有摩西十誡，佛門也有八戒，儒門「四勿」也是一種戒，特色是：以禮爲規矩。

《論語》簡文則說孔子講了「君子爲禮，以依於仁」，禮要符合仁。顏淵一聽，起身就要走，說：我太笨，恐怕不能陪您坐了。孔子不讓他走，拉他再坐，繼續告誡他，說：凡不合於義，要勿言、勿視、勿聽、毋動，和這一章講的一樣。結果，顏淵一回到屋子就躲起來了。有人（簡文缺其名）問顏淵：你何以這麼消極。他說：是、是，我就是消極，因爲我親耳聽了老師的教導，不能不當回事；照他說的做，我做不到；不照他說的做，又不行，只好消極。孔子的教導，連他最喜歡的顏淵都做不到，別人怎麼辦？這是黑色幽默。（本章重點：顏淵也做不到的事）

子曰：「知（智）及之，仁不能守之，雖得之，必失之。知（智）及之，仁能守之，不莊以涖之，則民不敬。知（智）及之，仁能守之，莊以涖之，動之不以禮，未善也。」【衛靈公15・33】

「不莊以涖之，則民不敬」，還可參看【爲政2・20】的「臨之以莊則敬」，「涖」就是「臨」。這裡是說，不表現出莊重的模樣給下面的老百姓看，老百姓就不會懂得敬。這裡，上對下是「莊」，下對上是「敬」。

孔子講了四條原則——「知（智）」「仁」「莊」「禮」，最後落實在禮。（本章重點：以禮來執行）

禮與孝

曾子曰：「愼終追遠，民德歸厚矣。」【學而1·9】

「愼終」，是對待死亡要愼。

「追遠」，孔注有「祭盡其敬」的解釋；「追」和「祭祀」有關，但「追」字本身卻非祭祀之意，而是追隨、緬懷的意思。西周金文常有「追孝於前文人」等語，「前文人」都是自己家的死人，八輩的祖宗即使死了，後人也得跟在後面孝敬他。這裡的「追」也是這個意思。古人不但尊老，還敬死人，不但敬剛死的人，還敬死了很久、離自己很久遠的人。此愛綿綿無絕期，今人比不上。

下一章【爲政2·5】裡，孔子說孝敬父母是一輩子的事——「生，事之以禮；死，葬之以禮，祭之以禮」，其中的「葬之以禮」就是「愼終」，「祭之以禮」就是「追遠」。

古有追謚，今有追稱。現在流行評獎，據說能評出很多認眞努力的衝勁。有一次，我們學校評獎，死人也參評，這種獎可以叫「愼終追遠獎」。（本章重點：永遠尊敬長輩前人）

孟懿子問孝。子曰：「無違。」樊遲御，子告之曰：「孟孫問孝於我，我對曰無違。」樊遲曰：「何謂也？」子曰：「生，事之以禮；死，葬之以禮，祭之以禮。」【爲政2．5】

此章是討論「孝」。

孟懿子問孝，孔子的定義是「無違」。孝是孔子的重要道德思想，在他看來更是做人的根本，也是爲政的根本。孝，包括孝順、孝養、孝敬，首先是孝順；順，就是無違。

「孟懿子」，是魯國的大貴族。「孟」是氏，「懿」是謚，「子」是尊稱。這種稱呼是死後的叫法，此人也叫仲孫何忌。孟氏，即孟孫氏，孟孫氏是魯三桓中的一支。文中的「孟孫」就是指他；孟孫氏也叫仲孫氏，何忌是他的名。

所謂的三桓，正是魯桓公的後代，除了孟孫氏外，還有叔孫氏和季孫氏，稱呼是以行輩分。他們世代爲魯卿，春秋中期以來地位最顯赫。孟孫氏，孟是庶出的長子，有別於伯。伯是嫡出的長子，照例當魯侯。孟孫氏的地位在伯之下，不能即位，只能和叔孫氏、季孫氏一起當卿大夫，地位是老二，所以也叫仲孫氏③。孟孫氏或仲孫氏是老二的後代，叔孫氏是老三的後代，季孫氏是老四的後代。在孔子生活的年代，魯國的權力一直握在季孫氏的手中。老二不如老四。

孔子卅四歲時，孟僖子卒，他死前留下遺言，說孔子是「聖人之後」，要他的兩個兒子孟懿子和南宮敬叔拜孔子爲師。當時，孟懿子只有十三歲。司馬遷說，隨後孔子到洛陽見老子，就是帶著南宮敬叔（《史記．孔子世家》）。這兩位全都不在司馬遷所列孔子學生名單之中，但既言「師事仲尼」（《左傳》昭公七年），有人便把他倆也算成孔子的學生。如果他們算學生，那就是孔門中地位最高的學生④。子貢是大富，這兩位是大貴。但我們都知道，這種身分很高的徒弟可不是一般的徒弟。孟懿子即便拜孔子爲師，恐怕也不同於隨侍左右的那些學生。

「樊遲」，即樊須，字子遲，這是以字稱。他喜歡種莊稼，挨過孔子的罵。樊遲是孔門第三期的學生，比孔子小卅六歲。我們從樊遲的年齡來看，這應是孔子晚年的對話，當時，孟懿子的父親早已去世。

「無違」，對照【爲政2·9】中的「不違」用法來看，應指不違父母之言，不逆父母之志。（本章重點：行孝的種種禮數要周到）

禮與忠

子曰：「夷狄之有君，不如諸夏之亡也。」【八佾3·5】

後代解釋對文本進行了再創造，這一章便是很好的例子。

歷史上講華夷之辨，大家經常引這一章，這兩句話因而大出其名。但這段話該怎麼講，歷來

③伯是嫡長，孟是庶長，下面的仲、叔、季怎麼排，還不太清楚。魯國的三桓之中，孟孫氏又稱仲孫氏，但孔子的哥哥叫孟皮，他卻叫仲尼，似孟、仲仍有別。也許，庶長若比嫡長年紀大，要特別標明是孟；年紀小，則順排為仲。

④孔門弟子中，可以肯定是貴族身分的，還有宋國的司馬耕（字子牛），見【顏淵12·3至12·5】。

有爭論。前人的解釋可分成以下幾種——

諸夏不如夷狄。你看，就連人家夷狄都有君，不像咱們諸夏反而無君（目無君長），這也太不像話了吧。推其意，主要是嫌諸夏不爭氣。

夷狄不如諸夏。還可再分爲兩種解釋：一是就算夷狄有君，也比不上諸夏無君，因爲他們太野蠻，不懂什麼叫禮儀，有君無禮，還不如有禮無君；這是看不起夷狄。二是如果夷狄有君，竟敢對諸夏發號施令，那還不如咱們無君；這是賭氣。

我看，最符合原文的可能是這種解釋——「就算夷狄有君，也比不上諸夏無君，因爲他們太野蠻，不懂什麼叫禮儀，有君無禮，還不如有禮無君」。但歷史上每個時期各有需要，所以各有解釋。錢穆說，晉室南渡，北方五胡亂華，漢族門第鼎盛，蔑視王室，因此多主前說「諸夏不如夷狄」；宋承晚唐五代藩鎮割據的亂局，非倡尊王不能自保，而夷患亦可虞，因此多主後說「夷狄不如諸夏」。我們看史書，古人對這句話經常各取所需，想怎麼講就怎麼講。像是《魏書·司馬叡傳》引之，就拿它批評中國的君弱臣強，但它的《宕昌羌傳》引之，又罵「宕昌王雖爲邊方之主，乃不如中國一吏」。這些解釋，不管說誰不如誰，都是諸夏本位，持看不起外國或外族的態度，而即使大罵中國，也是因爲哀其不幸，怒其不爭。

持相反立場的有沒有？也有。自然是漢族以外的人。

如宋人筆記裡說，金人南下，打到曲阜，他們在孔廟裡指著孔子像罵，原來你就是那個罵我們是「夷狄之有君」的傢伙呀。還有滿族人，立場和漢族也不一樣；像雍正皇帝便說，明之天下是亡於流寇之手，乃中國人自取滅亡，怪不得誰。滿人以外國之君入承大統，中國人何必還講華夷之分。春秋時雖百里之國，當大夫的都不能隨便辱罵國君，更何況我朝奉天承運，造此大一統太平盛世。他說「聖人之在諸夏，猶謂夷狄之有君」，你們怎麼可以有這種無父無君之論呢。人家韓愈都說了「中國而夷狄也則夷狄之，夷狄而中國也則中國之」。且因爲身分相似，他們還特別認同於元，說「有元之混一區宇，有國百年，幅員極廣」，但中國人卻很不公平，後世稱述者寥寥（《大義覺迷錄》）。

宋元明清，中國挨打，教訓很深刻，有些漢族知識分子也開始對華夏優越論持批判態度。如明謝肇淛就說：「夷狄之不及中國者，惟禮樂文物稍樸陋耳。至於賦役之簡，形法之寬，虛文之省，禮意之眞，俗淳而不詐，官要而不繁，民質而不偷，事少而易辦，仕宦者無朋黨煩囂之風，無訐害擠陷之巧，農商者無追呼科派之擾，無征榷詐騙之困。蓋當中國之盛時，其繁文多而實意少，已自不及其寧靜，而況衰亂戰爭之日，暴君虐政之朝乎？故老聃之入流沙，管甯之居遼東，皆其時勢使然。夫子所謂『夷狄之有君，不如諸夏之無』者，其浮海居夷，非浪言也」（《五雜俎》卷四）⑤。

⑤參看《論語集釋》，第一冊，頁一五〇。程樹德引宋劭博《聞見後錄》已經指出，春秋的犬戎、唐代的回紇、宋代的遼金皆民風淳樸，勝於中國，華夏之長，惟在腐化；而顧炎武《日知錄》也說：「歷九州之風俗，考前代之史書，中國之不如外國者有之矣」。

華夷之辨太敏感，連古書版本都受影響。如皇侃的《論語集解義疏》，這段話底下的皇疏原文本來是——「此章重中國，賤蠻夷也。諸夏，中國也。亡，無也。言夷狄雖有君主，而不及中國無君也。故孫綽云：諸夏有時無君，道不都喪，夷狄強者爲師，理同禽獸也。釋惠琳曰：有君無禮，不如有禮無君也。刺時季氏有君無禮也。」

《四庫全書》本把這段話改成了另一個模樣——「此章爲下（潛）（僭）上者發也。諸夏，中國也。亡，無也。言中國所以尊於夷狄者，以其名分定而上下不亂也。周室既衰，諸侯放恣，禮樂征伐之權不復出自天子，反不如夷狄之國尚有尊長統屬，不至如我中國之無君也。」

《四庫》本爲什麼要把《皇疏》改成這個樣子，原因很簡單，原本的「重中國，賤蠻夷狄」「理同禽獸」等語都觸犯了當時忌諱，清初禁書之令甚嚴，不能不加改竄。程樹德沒有看到原本，不知道裡面還有這等怪事。

至於這一章的「夷狄之有君」是指誰，學者也有猜測，有人認爲可能是與孔子同時期的楚莊王或吳王夫差。像楊樹達的《疏證》⑥就有此說：「《春秋》之義，夷狄進於中國，則中國之。中國而爲夷狄，則夷狄之」（楊氏是據《公羊傳》，上引《大義覺迷錄》也提到，謂出韓愈），「蓋孔子於夷夏之界，不以血統種族及地理與其他條件爲準，而以行爲爲準，其生在二千數百年以前，恍若預知數千年後有希特勒、東條英機等敗類將持其民族優越論以禍天下而預爲之防者，此等見解何等卓越！此等智慧何等深遠！《中華人民共和國憲法》有『反對大民族主義』之語，乃眞能體現孔子此種偉大之精神者也。而釋《論語》者，乃或謂夷狄雖有君，不如諸夏之亡君，以偏狹之見，讀孔子之書，謬矣」。楊氏愛孔子而美化之，以至於此，又是一種標本奇觀；那麼孔子有華夏優越感，何足怪哉！（本章重點：夷狄與諸夏優越之辨）

子曰：「事君盡禮，人以爲諂也。」【八佾3・18】

孔子認爲，事君要處處符合禮的規定，這是本分。但當時的人反而認爲他沒事找事，吃飽撐著，和拍馬屁差不多。俗話說「禮多人不怪」，他是禮多人怪。（本章重點：孔子講究君臣之禮）

子曰：「上好禮，則民易使也。」【憲問14・41】

與此章類似的話，還可參看【子路13・4】：「上好禮，則民莫敢不敬；上好義，則民莫敢不服；上好信，則民莫敢不用情。夫如是，則四方之民襁負其子而至矣。」但這意思並不是說，爲上者是以禮來使民。禮，是用於君子大人，和老百姓無關。（本章重點：上位者應以禮自我規範）

子之武城，聞弦歌之聲。夫子莞爾而笑，曰：「割雞焉用牛刀？」子游對曰：「昔者偃也聞

⑥此為《論語》的考證類書籍，即：楊樹達，《論語疏證》，北京：科學出版社，一九五五年。

諸夫子曰：『君子學道則愛人，小人學道則易使也。』」子曰：「二三子！偃之言是也。前言戲之耳。」【陽貨17・4】

這是子游任武城宰時，孔子與他的談話。

「武城」，在今山東費縣西南，是魯都曲阜附近的小邑。

「弦歌之聲」，孔門習禮樂，有鼓瑟歌詩之教，這裡指子游在當地推行的教化。

「莞爾而笑」的「莞」，《釋文》所見本作「莧」，莧即寬字所從，二者相通。

孔子到武城參觀，大概覺得武城是個小地方，不是推行教化的理想地點，感覺子游有點小題大做，所以跟他說「割雞焉用牛刀」。

子游說，我曾聽您教導「君子學道則愛人，小人學道則易使也」。君子學道，推己及人，施惠於人，是屬於「愛人」；小人學道，變得馴順，便於使喚，也是好事。他的意思是：我在武城的所作所爲不正體現了這種「愛人」的精神嗎？老百姓接受教化，不正有「易使」的效果嗎？

孔子說：同學們，言偃的話是對的，我剛才的話是開玩笑。（本章重點：子游很認眞）

禮與敬／禮與恭／禮與讓

子入太廟，每事問。或曰：「孰謂鄹人之子知禮乎？入太廟，每事問。」子聞之，曰：「是禮也。」【八佾3・15】

「太廟」，是魯國的祖廟，即曲阜的周公廟。古代城市有所謂「左祖右社」（《周禮・考工記》）。北京的勞動人民文化宮，是明清的太廟，位在天安門的東邊，按背北面南定左右，位置正是在左邊。今周公廟，也在曲阜魯城的中心而偏東。

一般認為，此章是記孔子年輕時的事。

「鄹人」，並非指孔子的爸爸是住在鄹邑的人，而是說他是鄹邑的邑大夫，這是當時魯國對邑官的稱呼，《左傳》文公十五年的「卞人」也是類似稱呼。西周金文中也有「某（邑名）人某（人名）」這類稱呼，它們是不是類似的用法，值得研究。

孔子進太廟，什麼都問。有人說，這是因為他太客氣，太謹慎。（《集解》《集注》）；也有人說，他是明知故問，故意諷刺和暗示魯僭王禮，不循舊典（清俞樾《群經平議》）。這兩說，還是前說更好。當時，孔子已有知禮之名，但仍什麼事都向人請教，讓人懷疑他到底懂不懂禮。他聽說了，便說——這正是禮。（本章重點：孔子謙卑問禮）

> 子見齊衰者、冕衣裳者與瞽者。見之，雖少必作，過之必趨。【子罕9・10】

「齊衰」，是喪服的一種，以麻布縫製。

「冕衣裳」，「冕」是帽子，「衣」是上衣，「裳」是下衣，屬於禮服。

「瞽者」，是瞎子。瞎子分兩種：睜眼瞎，有眼（眼球）無珠（瞳仁），這叫盲；閉眼瞎，這叫瞽。

「雖少必作，過之必趨」，「作」是起立，從坐姿（即跪姿）改成立姿。「趨」是疾進。（本章重點：孔子的禮貌）

師冕見，及階，子曰：「階也。」及席，子曰：「席也。」皆坐，子告之曰：「某在斯，某在斯。」師冕出，子張問曰：「與師言之道與（歟）？」子曰：「然，固相師之道也。」【衛靈公15．42】

孔子熱愛音樂，和音樂界的人士有所來往，這些人多半是瞽子。

「師冕」，是一個名叫冕的樂師。古代的師有很多種：一類是樂官之師，即《周禮・春官》的樂師、大師、小師、磬師、鐘師等等，【微子18・9】的「大師」「少師」，就是這類師；一類是師保之師，即《周禮・地官》的師氏，從西周銅器的銘文看這種師，其實是指軍事教官，如西周銅器常見的「師某」，就是這類教官。這裡的「師冕」是樂官，此人是盲人。

「某在斯，某在斯」，「某」是代指坐在席上每個人的名字，尊者稱字，卑者稱名。上博楚簡《容成氏》說，上古盛世，所有殘障人士都會得到合理的安排。這當然是理想之辭，但也不完全是虛構，像古代便經常用瞽子當樂師，用瘸子看大門，就是傳統。

孔子對師冕照顧周到，很有耐心，凡臺階、席位均一一指示，這是對待盲人樂師的禮貌，孔子叫「相師之道」。（本章重點：孔子如何對待殘障人士）

孔子曰：「侍於君子有三愆：言未及之而言，謂之躁；言及之而不言，謂之隱；未見顏色而言，謂之瞽。」【季氏16．6】

可一起參看【衛靈公15．8】：「可與言而不與言，失人；不可與言而與之言，失言。」

「三愆」，是三種不得體的行爲。「愆」，本指過失。這裡的三種不得體行爲是：君子還沒說，就搶著說，叫「躁」（急躁）；君子已經說了，還不接話，叫「隱」（隱藏）；不看君子的臉色，就隨便開口，叫「瞽」（瞎眼）。古書也有類似說法，如《荀子．勸學》：「未可與言而言謂之傲（躁），可與言而不言謂之隱，不觀氣色而言謂之瞽」，還有《鹽鐵論．孝養》的「言不及而言者，傲也」。

《釋文》說：「魯讀躁爲傲。」「躁與傲」，古音都是宵部字，聲母接近，可通假。《魯論》作「傲」，是屬於假讀的異文。但這種異文卻帶來了意義上的不同。兩種讀法中，《古論》作「躁」，更好。（本章重點：侍奉君子避免三項過錯）

邦君之妻，君稱之曰夫人，夫人自稱曰小童，邦人稱之曰君夫人，稱諸異邦曰寡小君，異邦人稱之亦曰君夫人。【季氏16．14】

這段話，說話人不詳，內容很像《春秋》凡例。它是講國君夫人的五種稱呼，即國君稱她「夫人」，她叫自己「小童」；國內的人稱她「君夫人」；她對國外的人自稱「寡小君」，國外的人稱她「君夫人」，一共是五條。

《禮記・曲禮》：「公侯有夫人，夫人自稱於天子曰老婦，自稱於諸侯曰寡小君，自稱於其君曰小童。」「夫人自稱於天子曰老婦」，這一章不見，若再加上它，一共是六條。《禮記・雜記》「訃於他國之君夫人曰寡小君不祿」，是訃告用的稱呼，同「稱諸異邦」的這個稱法。

「夫人」的原意，是「那口子」。天子的第一配偶叫后，其他配偶叫夫人，普通稱呼是夫人，但場合不同叫法不一樣。這裡有意思的是，諸侯的配偶，對天子自稱是「老婦」，等於老太婆；對丈夫自稱是「小童」，等於小丫頭。「寡小君」的稱呼也很有意思，諸侯是君，配偶也是君，這和天子的配偶稱后，天子本身也稱后，兩者概念一樣。（本章重點：君夫人的五種稱呼）

●禮與樂

「禮與樂」，古書常連言，兩者有密切關係。

貴族社會中，禮、樂都是禮儀的一部分。「禮」和交往有關，它的外在形式是「禮物」，在儀式上往往不可少；「樂」和娛樂有關，但在儀式上卻不只是娛樂，更是禮儀程序的一部分，它的外在形式是「樂器」。

孔子說「禮云禮云，玉帛云乎哉？樂云樂云，鐘鼓云乎哉」（【陽貨17・11】），但他看重的並非禮、樂的外在形式，而是它的精神實質。孔子說「興於詩，立於禮，成於樂」（【泰伯8・8】），是指「詩、禮、樂」都是儀式的一部分。

子語魯大師樂，曰：「樂其可知也：始作，翕如也；從之，純如也，皦如也，繹如也，以成。」【八佾3．23】

本章是記孔子訴說自己聽音樂的感受。

「魯大師」，是春秋時期的大師，是掌音樂的官員，相當於秦漢的太樂令。此人可能就是《論語》中的「師摯」或「大師摯」（【泰伯8．15】【微子18．9】）。

「樂其可知也」，音樂是可以明白的。

「始作」，是開始演奏；「翕如」是說聲音受到控制，還沒有放開。

「從之」，是接下來的演奏，繼續進行的演奏。

「純如」「皦如」「繹如」，則分別形容聲音的清純、宏亮、餘音嫋嫋。

「以成」，是說最後完成。（本章重點：孔子論樂）

子謂《韶》盡美矣，又盡善也；謂《武》盡美矣，未盡善也。【八佾3．25】

古代所謂「樂」，既包括聲樂、器樂，也包括舞蹈，還有歌詞，即所謂詩。高興時，都是手舞足蹈、載歌載舞的。

孔子是古典音樂迷。春秋時期，最有名的古典音樂有六種：一曰〈雲門〉，爲黃帝的音樂；二曰〈咸池〉，爲唐堯的音樂；三曰〈大韶〉，爲虞舜的音樂；四曰〈大夏〉，爲夏禹的音樂；五曰〈大濩〉，爲商湯的音樂；六曰〈大武〉，爲周武王的音樂。六種音樂中，以〈韶〉〈武〉

最有名，晚至秦漢魏晉仍有人演奏。〈韶〉〈武〉也見於【衛靈公15・11】。這兩種，孔子他老人家都愛，但最喜歡的還是〈韶〉。他曾在齊國聽〈韶〉，到了「三月不知肉味」的地步，說好聽得不得了（【述而7・14】）。

孔子說，〈韶〉才是盡善盡美，〈武〉雖好聽，並不完美。盡善盡美，現在是成語。孔子爲什麼這麼講，前人說那是因爲舜是憑禪讓取天下，武王是靠征伐取天下，而暴力總是令人遺憾。

（本章重點：孔子熱愛古典音樂）

子曰：「興於詩，立於禮，成於樂。」【泰伯8・8】

孔子培養新君子，重在三教：始於詩教，立於禮教，成於樂教。「興」是開始，「立」是中間，「成」是結束。這三條彼此相關。

在孔子當時，禮儀場合有賦詩之風，不學詩就沒法在這種場合講話，「詩」是用之於禮，和禮分不開。「禮」，則側重儀容和舉止，一舉一動都要合乎君子風度，當然很重要。但禮和「樂」也分不開，古代宮廷中很多儀式都有音樂伴奏，用以烘托氣氛，莊嚴肅穆令人改容易色，沒有音樂也宛如置身樂中，馬上變得規矩，變得很有君子風度。

詩有歌詞，本來是用來唱的。只念不唱叫「誦」，配樂而唱叫「歌」。君子習禮，要先從背歌詞開始，要能夠倒背如流，這是第一步。第二步，是參加各種儀式，善於借題發揮引用這些詩。但這樣的詩仍非完美的詩，完美的詩一定要加上音樂，歌詞以外要有器樂伴奏，配樂而唱，甚至手舞足蹈，要唱起來，跳起來。詩歌、詩歌，要落實於歌；禮樂、禮樂，要落實於樂。

孔子酷愛音樂，他認爲最能打動人心、最能改變人性的，莫過於音樂，故以樂教爲最高層次。因此孔子上課時，總有樂器在旁。他傳遞的教育是一種美的教育，難怪孔子身邊，總是弦歌之聲不絕於耳。（本章重點：詩教、禮教和樂教）

子曰：「禮云禮云，玉帛云乎哉？樂云樂云，鐘鼓云乎哉？」【陽貨17·11】

「玉帛」，指玉器和絲綢，這兩樣東西是古代禮儀往還時，最常用的禮物。「鐘鼓」，分別是兩種打擊樂器，前者用金（青銅），後者用革（皮革）。鐘鼓是禮儀場合演奏音樂時，最常用的樂器。

孔子認爲，禮樂的實質精神、規範作用，比起它所依託的外在形式更重要。他再次強調，禮的重點並非禮物，樂的重要性並非樂器。（本章重點：禮樂的內涵）

禮與政刑

孔子說「道（導）之以政，齊之以刑，民免而無恥；道（導）之以德，齊之以禮，有恥且格」（【爲政2·3】），意思是：他主張以德治國，以禮治國，但絕非不要政、刑，而是把「德、禮」放在政、刑之上。此外，古代的政、刑，是以刑、名而行。

子曰：「道（導）之以政，齊之以刑，民免而無恥；道（導）之以德，齊之以禮，有恥且格。」【爲政2・3】

「道（導）之以政，齊之以刑」，是以法治國。「政」是政令，「刑」是刑罰，按西方學者傅柯的說法，就是訓練和懲罰。這是按馴養牛馬那樣的方式來管理社會：聽話，給草吃；不聽話，拿鞭子抽。孔子認爲，這些手段無法從根本上解決問題，它會把老百姓弄得「免而無恥」，意即政刑雖在，但心存僥倖，能躲就躲，能逃就逃，把不守規矩當自由，一點羞恥心都沒有。

「道（導）之以德，齊之以禮」，和「道（導）之以政，齊之以刑」不一樣，它是以德治國。「德」是自律，內心有道德標準管著自己；「禮」是他律，對人的行爲和相互關係有種種規定，像是摩西十誡的十誡、豬八戒的八戒、孔子的「非禮勿○」（【顏淵12・1】）就是此類約束。這種考量對古人而言很普遍，像柏拉圖的《理想國》，他心中的第一等國家也是以德治國，政刑無所用之，但後來他明白了，現實世界還是得交給法律管。

「有恥且格」的「有恥」是有羞恥感，有內心約束，和「無恥」相反；「格」是嚴格遵守規定，外面有規矩管著，和「免」相反。

孔子是道德中心主義。他認爲，社會應以親情作核心，沒有小，焉有大，這似乎有理。但德禮是小道理，政刑是大道理，小道理管大道理，這是說反了。政刑有政刑之弊，孔子的批評有一定的道理，但德禮也非萬能，以德治國眞的管用，就不會禮壞樂崩。

春秋戰國是禮壞樂崩的時代，禮壞樂崩的結果是政刑繁苛。秦代政刑繁苛，結果陳勝、吳廣起義，項羽、劉邦造反。秦政之失，是只講硬道理，不講軟道理，太過硬邦邦、赤裸裸。到了漢代，雖尊孔但並非放棄硬道理，而是除了硬道理，也講軟道理，開始懂得如何用軟道理包裝硬道理，改變形象。陽儒陰法，軟硬兼施，硬在前軟在後，硬在裡軟在外，而且不能反過來講。硬道理就是政刑，法若凝脂；軟道理則分四種，一是禮樂，二是道德，三是學問，四是宗教。皇家有禮儀，文武百官靠道德學問選，老百姓燒香磕頭，也有個地方可拜。漢以來的儒術，還有後來的釋、道，都是用以彌補政刑之不足。

光有政刑，不能消滅無恥，但沒有政刑，更不能。兩千年來，中國人有自己的生存哲學（或曰兵法），你硬他就軟，你軟他就硬，你有千條計，我有老主意，軟硬不吃——「道（導）之以德，齊之以禮，有恥且格」，始終做不到。「民免而無恥」，在我們的生活中到處都是，早就如此，並非現在才開始。宋明以來的中國，文化發達，社會腐化，那時最愛講道德，但道德如何？小說、筆記講得很清楚——壞透了。

我的看法是，以德治德，可以。以國治國，也可以。以國治德，六親不認，一個朋友都沒有，太沒人情味，這是誤用，但誤德未必誤國。最糟糕的是，光講以德治國，如此，德必僞，國必亡，兩樣都誤。當然，古人說的以德治國，並不是眞的以德治國，德只不過是裝飾罷了，就像廁所裡面灑香水，讓你不覺其臭而已。（本章重點：該怎麼消滅無恥）

哀公問社於宰我。宰我對曰：「夏后氏以松，殷人以柏，周人以栗，曰使民戰栗。」子聞

之，曰：「成事不說，遂事不諫，既往不咎。」【八佾3．21】

「哀公問社於宰我」，「宰我」就是宰予。宰予，字子我，這裡是以字稱。他是孔門第二期的學生，爲孔門十哲之一，長於言語。「社」，是管國土的神，古本有兩種寫法，《魯論》作「主」，《古論》作「社」，因爲寫法不同，究竟「社」是社樹還是社主，「主」是社主還是其他神主，有不同解釋。但學者多認爲是社主。

哀公問宰予，社主該用什麼木頭做，宰予回答，夏用松，殷用柏，周用栗，周人用栗是取「使民戰栗」之意。這話很難懂，好像土匪之間的暗號，可能是隱語。孔子聽說後，講了三句話，也讓人不太清楚明白。一般認爲，這是孔子批評宰予的話。因爲宰予白天睡覺太不像話，挨過孔子的罵，大家便想，這回又是孔子在批評宰予。但清人方觀旭有一種猜測，他說古代的「社」是殺殉爲祭的地方，「哀公問社」是問能不能殺人，意思是要除去三桓，宰予的回答則是勸他痛下決心，不殺不足以使民警惕（《論語偶記》）。如此說可靠，那麼孔子的意思就是：凡是可能成功的事，不要說出；凡是可能如願的事，不要勸阻；凡是過去了的事，無論成敗，也不要埋怨。

魯故城有周人，也有殷遺民，周人祭周社，殷人祭亳社。這裡說的「社」是指周社。此章有哀公問，年代應在前四九四～前四七九年。前四九一年，魯亳社被火燒，清人李惇認爲，哀公問社正是以此爲背景（《群經識小》）。（本章重點：哀公和宰予的祕密對話）

子曰：「君子懷德，小人懷土；君子懷刑，小人懷惠。」【里仁4．11】

《論語》常以君子、小人進行對比。

「德」指仁恩，「刑」指威罰，《韓非子．二柄》叫這兩條「二柄」。「二柄」是人主御下的基本手段，就像馴象人手裡的香蕉和刺象棍，這是「義」的體現。君子該做或不該做什麼，都是看這兩條——德，可以告訴他該做什麼；刑，可以告訴他不該做什麼。但小人就不一樣了，他們關注的主要是自己居住的那片土地，還有各種實惠，故土和實惠指的都是眼前利益。這一章的君子、小人之分，其實也如同【里仁4．16】，是義、利之分。

孔子主張以德治國、以禮治國，理想歸理想，現實歸現實，和柏拉圖一樣，他也離不開政刑。（本章重點：政刑才是治國的現實工具）

禮寧儉，喪寧戚

《墨子》提倡節用、節葬，這是求儉，因此孔子所提以「三年之喪」服父母之喪，在墨子看來還是太奢侈。此外，《老子》也反對奢侈。

林放問禮之本。子曰：「大哉問！禮，與其奢也，寧儉；喪，與其易也，寧戚。」【八佾3．4】

「林放」，是魯人，或以為是孔子的學生，但我們從【八佾3．6】來看，他也可能是為季氏掌禮的專家。

孔子的話包含了兩個「與其」和「寧」，前者是「奢和儉」相對，後者是「易和戚」相對。《禮記・檀弓上》有一段話，子路說「吾聞諸夫子：喪禮，與其哀不足而禮有餘也，不若禮不足而哀有餘也」，正好可以解釋這一章。此處的「易」是簡易，和「戚」相反，是平淡處之，不當回事，無中心之哀的意思。古人認爲，在喪禮上哭是要哭，但要節之以禮，不可呼天搶地，痛哭失聲。眞正的哭，絕不好聽。但分寸怎麼掌握，誰也說不準。孔子的意思是，禮文只是外在的東西，哀痛才是內在的東西，與其按照儀式走，還不如哭得有點失態。

孔子認爲，一般的禮寧可從簡，但喪禮不一樣，還是來點眞感情好，寧可悲悲切切的。（本章重點：喪禮中的眞情）

子曰：「《關雎》，樂而不淫，哀而不傷。」【八佾3・20】

《關雎》，是《國風・周南》的第一篇，也是整部《詩經》的第一篇。這是一首典型的情詩，主要講男人想女人。

這一篇會有什麼「哀與樂」？大概，樂是樂在「窈窕淑女，君子好逑」，哀是哀在「求之不得，輾轉反側」。這樣的詩歌，果然得經君子解釋才能展現「好德如好色」的奧義呀（【子罕9・18】【衛靈公15・13】）。

孔子認爲，禮的重要性全在於「節」，樂要節，哀也要節。哀樂之情都應以禮節之，不能過分。「淫」是流於放蕩，「傷」是過於悲傷，這都過分了；還可與【八佾3．4】一起對照看，「哀而不傷」應是折衷於「易」與「戚」之間。（本章重點：快樂或悲傷都不能過了頭）

子食於有喪者之側，未嘗飽也。【述而7．9】

孔子參加喪禮，在死者的家屬身旁吃東西，從不吃飽。（本章重點：孔子參加喪禮一）

子於是日哭，則不歌。【述而7．10】

孔子說「臨喪不哀」，這種態度讓人看不下去（【八佾3．26】）。孔子參加喪禮，如果哭過，便不再唱歌。（本章重點：孔子參加喪禮二）

子曰：「奢則不孫（遜），儉則固。與其不孫（遜）也，寧固。」【述而7．36】

「奢則不孫（遜）」，指奢侈使人不遜，一副頤指氣使、虛張聲勢的模樣，得志便猖狂。「儉則固」，指節儉使人固陋，意即見識短，沒眼界，小心眼，死心眼。「與其不孫（遜）也，寧固」，奢有奢的毛病，儉有儉的毛病。孔子說，與其不遜，寧可固陋，他這個人是寧儉勿奢。（本章重點：儉還是比奢好）

子曰：「麻冕，禮也，今也純，儉，吾從眾。拜下，禮也，今拜乎上，泰也，雖違眾，吾從

下。」【子罕9・3】

對於禮，孔子主張節約，以儉樸爲榮，寧儉勿奢。這裡是以冕、拜爲例。

「今」，是指孔子當時。

「冕」，是禮帽，有麻冕和純冕。這裡提到的「麻冕」，是用麻布織成的禮帽。「純冕」則見於《禮記・祭統》，於此省稱爲「純」，是指用絲綢織成的禮帽。孔子之前，流行麻冕；後來大家嫌麻冕細密難成，便改用純冕代替麻冕。前者奢，後者儉。孔子說，在帽子的問題上，他寧可跟隨時尚，戴純冕，從儉。中國早期的麻，主要是大麻，即癮君子吸食的大麻。絲綢衣服雖比麻布衣服貴，但只是材料貴，而麻冕則工藝複雜，反而奢。

「拜」是跪拜。先拱手，俯首至手，叫「拜手」；後雙手伏地，磕頭於地，叫「稽首」。「拜下」是孔子之前的老禮，拜謝要先在堂下拜，然後才登堂拜受；「今拜乎上」，是孔子當時的新禮，不在堂下拜，改在堂上拜。

「泰」是奢侈。孔子反對拜上，主張拜下，是逆反時尚。他才不管時尚，唯儉是從。（本章重點：寧儉勿奢）

顏淵死，顏路請子之車以爲之椁。子曰：「才不才，亦各言其子也。鯉也死，有棺而無椁。吾不徒行以爲之椁，以吾從大夫之後，不可徒行也。」【先進11・8】

「顏淵」「顏路」，這裡皆尊稱其字。

顏路是顏回的父親，名無繇，字路。「繇」與「由」通，他和仲由（子路）同名同字，而且都是孔門第一期的學生，顏淵死時，他已六十七歲。

「才不才，亦各言其子也」，意思是不管咱們的孩子有沒有才，你的孩子是孩子，我的孩子也是孩子。

「從大夫之後」，走在大夫背後的人，這是對去職大夫的一種委婉說法。

「孔鯉」，孔子的兒子，於孔子廿歲時出生，在孔子六十九歲時死掉，只活了四十九歲。

這裡是記顏路爲顏淵籌辦喪事，他求孔子把車子賣了，替顏淵買一副椁。椁是用木材修治，分爲若干空間，中間放棺，外面放隨葬品。這種葬具只有身分高的人才配有，比較貴重。孔子拒絕，理由有二：一是他把顏路的兒子視同自己的兒子，他的兒子孔鯉死時也只有棺，沒有椁；二是他當過魯國的大夫，現在的身分如同大夫，大夫都有車，他不能不顧身分，徒步而行。他說這段話的時間很明確，就在顏回發喪前，即前四八一年。（本章重點：顏回的棺木）

顏淵死，子哭之慟。從者曰：「子慟矣！」曰：「有慟乎？非夫人之爲慟而誰爲？」【先進11．10】

這一章是講孔子哭顏回。

【子張19．14】提到「子游曰：『喪致乎哀而止。』」和「哀」不同，「慟」卻是極度悲傷，程度超過了哀。孔子說，我真的是悲傷過度嗎？但我不爲此人悲痛又爲誰悲痛？（本章重點：

孔子慟顏回之死）

顏淵死，門人欲厚葬之，子曰：「不可。」門人厚葬之。子曰：「回也視予猶父也，予不得視猶子也。非我也，夫二三子也。」【先進11．11】

這裡是說，顏回把孔子當爸爸，孔子也把顏回當兒子。孔子爲自己的兒子辦喪事一切從簡，對顏回他自然也一視同仁。但門人厚葬了顏回，這違背他老人家的意願。所以他說，這可不是我的主意，全是這幫學生做的。（本章重點：葬顏回）

子游曰：「喪致乎哀而止。」【子張19．14】

此章是記子游語。「哀」，不同於「慟」，只是淡淡的悲傷。子游說，臨喪所流露出的悲傷，悲到「哀」這個程度，也就夠了。（本章重點：悲傷的程度）

曾子曰：「吾聞諸夫子：人未有自致者也，必也親喪乎！」【子張19．17】

這是曾子轉述孔子的話。

人，從小就得開始學習控制自己的情緒，因此往往活得很壓抑。孔子說，人很難有盡情發洩情緒的機會，如果有，那一定是在親人去世的時候。（本章重點：喪親之痛）

禮與生活

或問禘之說。子曰：「不知也。知其說者之於天下也，其如示諸斯乎！」指其掌。【八佾3．11】

這一章是講「禘」。

「不知也」，孔子對他不滿意、有所忌諱、不願回答的問題，經常這麼說。在這裡，孔子說「不知也」，是表示他對魯侯僭越所行的禘禮很不滿。這個魯侯是指誰？不知道。

「示」，朱熹說「示與視同」。這兩個字，古或通假，關係類似聞與問、受與授，這裡讀示很好，不必讀爲視。

「禘」是宗廟大禮。古人認爲，國家，是藉由對祖先的祭祀加以維繫的。祖先再往上追，追到頭，是所謂帝；祭帝，對於延續國家命脈確有象徵意義。《禮記．中庸》的「明乎郊社之禮、禘嘗之義，治國其如示諸掌乎」也有類似的辭句，這可以說明禘祭是治國的手段。

孔子說，懂得禘禮的人，就像縮天下於手掌，一邊說，一邊用手指其掌；後世常以「指掌」比喻簡單明瞭。他老人家的意思也是說，懂得禘禮，治國就變得很容易，一切都清清楚楚，明明白白。（本章重點：禘祭是天下的縮影）

祭如在，祭神如神在。子曰：「吾不與祭，如不祭。」【八佾3．12】

前兩句，舊注都說第一句是講祭鬼，第二句是講祭神。孔注說「祭如在，言事死如事生也。

祭神，謂祭百神也」，「事死如事生」可見於《左傳》哀公十五年、《禮記・中庸》，因此當然是指祭鬼。但《皇疏》添油加醋，進一步解釋原文既說「祭如在」，當然是相對於「不在」，不在的肯定是鬼。朱注對此無異議，現在各種注本也都採用這類說法。

我看，這種說法不對。原文只說「祭如在」，並沒說「祭鬼如鬼在」，祭鬼說，明明是添字解經。我的理解是，「祭如在」是泛言祭什麼就好像那個對象在眼前，並不確指是神是鬼，下文遞進，才強調「祭神如神在」。

最後兩句，前人說孔子如果有事，無法親臨祭祀，要別人代替，這個人若不敬，還不如不祭（《集解》《集注》），但這種解釋也有點彆扭。我的理解是，孔子說祭祀一定要虔誠，一定要投入，要有親臨其境的感覺，如果沒有這種感覺，還不如不祭。（本章重點：祭祀要全心全意）

子曰：「射不主皮，爲力不同科，古之道也。」【八佾3・16】

此章是講射禮。

「射不主皮」，見《儀禮・鄉射禮》，舊說「皮」是箭靶，「射不主皮」是不射穿箭靶，但箭靶在古代叫「侯」，皮製的叫「皮侯」，似乎沒有單稱爲「皮」的，「主皮」何以是射穿箭靶（「主」是謂語，「皮」是賓語），也有點奇怪。如果是指射穿箭靶，似當讀爲「射不主破」；「破」，即「破的」之「破」。

我想，孔子的意思大概是說：射禮時，有否射穿箭靶都不重要，因爲每個參賽者張弓的力度

都不一樣。（本章重點：個別差異）

子之燕居，申申如也，夭夭如也。【述而7・4】

這是講孔子下班以後怎麼樣。

「燕居」，是退朝之後在家休息。

「申申如也，夭夭如也」，古代雅學解釋單音詞叫「釋詁」「釋言」，解釋疊音詞叫「釋訓」，「申申」「夭夭」屬於後者。這兩個詞並不見於《爾雅》《小爾雅》，但《廣雅》有，《廣雅・釋訓》只籠統地說「容也」，即形體表現出來的樣子。馬融說這兩個詞是「和舒之貌」。《史記・萬石君傳》的顏師古注說「申申」是「整敕之貌」，王念孫《廣雅疏證》則說「未知孰是」。

我想，孔子下班回家，一定是輕舒腰腳，完全放鬆，絕不會正襟危坐地緊繃著，不像顏師古說的那樣。（本章重點：下班後的孔子）

寢不尸，居不（容）〔客〕。【鄉黨10・22】

這是講坐臥之姿。

「寢不尸」，「尸」同「屍」，即仰面朝天睡覺，直挺挺的，像死人的模樣。孔子說，這種睡姿不可取；現代的醫生也說，睡覺最好朝右側臥，就像臥佛那樣。

「居不容」，《集解》《鄭注》《釋文》，以及唐開成石經皆作「居不客」，「容」是客之誤。這裡是說，平日在家的坐姿可以比較隨便，用不著像見客時那樣。（本章重點：坐臥之姿）

見齊衰者，雖狎必變。見冕者與瞽者，雖褻必以貌。凶服者式之，式負版（販）者。有盛饌，必變色而作。迅雷風烈必變。【鄉黨10·23】

此章是講在什麼情況下，一定要改容易色。

「見齊衰者，雖狎必變」，是說見到穿喪服的人，無論你與對方再怎麼熟稔，仍要改容易色（作哀痛狀）。「狎」，是熟悉的意思。

「見冕者與瞽者，雖褻必以貌」，是說見到戴禮帽的人與盲人，無論再怎麼熟稔，都要有禮貌的表示。「褻」，是親密的意思。

前面這兩項，與【子罕9·10】所提的略同。

「凶服者式之，式負版（販）者」的「凶服」是喪服或戎服，乘車時若碰到這種人，要手扶車前橫木，俯身致意。「式負版（販）者」，舊注以爲是「持邦國之圖籍」，讓人覺得莫名其妙，清俞樾懷疑應讀爲「負販」（《群經平議》）；「負販」，是背貨賣東西的。

「有盛饌，必變色而作」，是說赴盛宴，當各種大菜端上來，要像今歐美人那樣改容易色（作驚訝狀），並抬一下屁股（從跪坐的腿上抬一下）。

「迅雷風烈必變」，是說天上響驚雷，屋外颳大風時，也要改容易色。（本章重點：遇不同情

況有不同面色反應）

升車，必正立，執綏。車中不內顧，不疾言，不親指。【鄉黨10．24】

這是講乘車。

一是登車時，一定要正對著車廂的尾部，手挽著登車用的帶子（即「綏」），往上登。二是在車內時，不要回頭說話（以防站立不穩），不要大聲說話（怕有失風度，以及使馭馬受驚），不要以手指指點點（理由同前）。（本章重點：乘車之禮）

孺悲欲見孔子，孔子辭以疾。將命者出戶，取瑟而歌，使之聞之。【陽貨17．20】

「孺悲」，生卒不詳，《集解》以爲是魯人。《禮記．雜記》：「恤由之喪，哀公使孺悲之孔子學士喪禮，《士喪禮》於是乎書。」前人或以孺悲爲孔門弟子。

此人拜會孔子，吃了閉門羹。孔子明明在家，卻託辭有病，不見，讓通報者出去告訴他。孔子不見就不見，還要讓孺悲知道自己故意不見他，於是把瑟搬出來，故意鼓瑟高歌，讓孺悲知道——我在家，我就是不見你。不見的原因是什麼？不知道，可能是無人介紹，或孔子對他不待見。

這段話很有意思。我們中國人喜歡禮，俗話說「禮多人不怪」「當官的不打送禮人」，但我們的禮很多都是虛禮。像是我的老家，中午時，老鄉都會端著大碗，一蹲一大排，你從街心過，他們照例會說「吃上俺些飯哇」，這是客氣。你呢，也要左右點頭，一一答禮「吃哇吃哇」，絕不能說我不吃，也不能說我吃過了，更不能眞的去吃。我在內蒙古那陣子，便常聽到人家說——「請客吃飯是個禮，鍋中沒下你的米」。（本章重點：孔子不想見孺悲）

孔子於鄉黨，恂恂如也，似不能言者。其在宗廟朝庭，便便言，唯謹爾。朝，與下大夫言，侃侃如也；與上大夫言，誾誾如也。君在，踧踖如也，與與如也。【鄉黨10・1】

這一章是講說話。

古代，在不同場合跟不同身分的人說話，自有講究。場合分兩種，一種是「鄉黨」，一種是「宗廟朝廷」；前者是和父老鄉親、街坊鄰居談，後者是和上朝的大臣或國君談。大臣又分下大夫和上大夫，見不同的人，表情、語氣還得不一樣。如果國君在場，更要十分恭敬、十分小心。

「鄉黨」，古代的居民組織有國、野之分，國又有鄉、遂之分。《周禮・地官・大司徒》講「鄉」，是五家爲比，五比爲閭，四閭爲族，五族爲黨，五黨爲州，五州爲鄉。「鄉黨」，是這類居民組織的統稱。

「恂恂」讀「循循」，是不善言辭的樣子。《史記・李將軍列傳》說：「余睹李將軍，悛悛如鄙人，口不能道辭。」意思是李廣這個人老老實實的，像個鄉巴佬，笨嘴拙舌，連話都說不清楚；《漢書・李廣傳》也有同樣的描述。「悛悛」讀「圈圈」，正作「恂恂」。孔子在父老鄉親、街坊鄰居面前講話，就是這副模樣。

「便便」讀「駢駢」，同「辯辯」，和前面的「恂恂」相反，是能言善辯的意思。《史記·孔子世家》引此，正作「辯辯」。孔子在「宗廟朝廷」和他在「鄉黨」面前不一樣，宗廟朝廷是祭祀祖宗和國君聽治的地方，不懂說話怎麼行？到了這種場合，孔子就變得能說會道了。只不過，他講話比較謹慎，非常注意分寸。

「朝」，指上朝，上朝是見國君和其他官員。

「侃侃」，古書亦作「衎衎」，《廣雅·釋訓》訓「和」，是輕鬆愉快的意思。這是指和下大夫說話。下大夫，地位比較低，可以隨便一點。

「誾誾」讀「銀銀」，孔注說是「中正之貌」，許慎說是「和說（悅）而諍也」（《說文·言部》）。什麼叫「中正之貌」？什麼叫「和說（悅）而諍」？不明白，大概是和氣之中仍透露些許嚴肅吧？反正比「侃侃」嚴肅，不那麼隨便，只要知道這是在跟大官講話就對了。跟大官講話，不能隨隨便便，總得比較恭敬，比較嚴肅。

「踧踖」讀「促即」，是指在國君面前要有點哆哆嗦嗦的樣子，要因敬畏而顯局促不安，這比起跟上大夫講話還要緊張得多。

「與與」，馬融說是「威儀中適之貌」，意思也不太清楚。大概是說，在國君面前，人雖然緊張，仍要不失風度吧？（本章重點：與各式各樣的人說話）

君召使擯，色勃如也，足躩如也。揖所與立，左右手，衣前後，襜如也。趨進，翼如也。賓

退，必復命曰：「賓不顧矣。」【鄉黨10．2】

這一章是講待客。

待客要講「體面」，體是肢體，面是臉色，即手腳的動作要合適，臉上的表情也要合適。

「君召使擯」，是受國君之命招待客人。「擯」，爲迎客之禮。

「色勃如也」的「色」是臉色，古人叫顏色。孔注說「必變色也」，「變色」是根據客人的身分地位和見面的場合氣氛改容易色，周圍人樂，你也跟著樂，周圍人悲，你也跟著悲。如果是大人物，更得畢恭畢敬。待客一定要懂得隨機應變，改容易色，但擠眉弄眼，太過分也不行，那樣就成了孔子討厭的「令色」。「勃如」，《論語》中帶有「如」字的單字，有很多相當於疊語，像是這裡的「勃如」，就相當於「勃勃」；勃有「發」的意思，這裡指臉色從鬆弛狀態突然振作起來，【泰伯8．4】叫「動容貌」。

「足躩如也」的「躩」，讀「決」，是形容腳步很快，《皇疏》引江熙說「不暇閒步」。

「揖所與立，左右手」，是不斷對站在自己身邊的人打躬作揖，左拱一下手，右拱一下手。

「衣前後，襜如也」，是形容打躬作揖，身體一俯一仰，衣服前後擺動。「襜如」的「襜」，讀「攙」，作名詞，本指圍裙，即蔽膝，加上如字，就變成形容詞，等於「襜襜」。《楚辭．九歌》中的「裳襜襜而含風兮」，王逸注說「襜襜」是衣服擺動的樣子。

「趨進，翼如也」，這裡是說跟在客人背後走，要小心翼翼。

最後幾句意思是，客人走了，負責迎客的人一定要報告國君，說客人已經不回頭了。（本章

重點：應有的待客之道）

入公門，鞠躬如也，如不容。立不中門，行不履閾。過位，色勃如也，足躩如也，其言似不足者。攝齊升堂，鞠躬如也，屏氣似不息者。出，降一等，逞顏色，怡怡如也。沒階，趨進，翼如也。復其位，踧踖如也。【鄉黨10．3】

這一章是講上朝。

「入公門」，禮書說諸侯之宮有三門：庫門、雉門、路門，公門指哪道門或哪些門，前人吵得不亦樂乎。反正，群臣上朝總要經過一道道宮門，才能到達國君聽政的地方，即所謂「路寢」。

「鞠躬如也」，是低頭哈腰的樣子。

「行不履閾」的「閾」，是門檻，即過門檻時不要踩門檻，而要舉足邁過去。

「過位」，是越過群臣站立的地方。群臣站立是站在堂下，院子的左右。中間，有走道通往堂階。西周金文經常提到「入門，立中廷」，這「入門」的「門」是路門，「立中廷」是站在院子的左右兩邊，各就各位。

「攝齊升堂」的「齊」，讀「資」，是指衣裳的下襬，即提著衣裳的下襬循階登堂。

「屏氣似不息」的「屏氣」，是指憋氣，即屏住呼吸，好像不出氣的樣子。

這段話分兩部分，先講入，後講出；先講上，後講下。整個過程是——

一是入公門時，要低頭哈腰，好像門很小，容不下自己。

二是過門檻時，不要站在門檻中、踩門檻過，而要貼著門的右邊，邁過門檻往裡面走。

三是離開自己站立的位置，要從中間的走道穿過群臣站立的行列，臉色要振作，步伐要加快，說話作欲言難盡狀。

四是登堂朝見國君，要提著衣裳的下襬，低頭哈腰，大氣不敢出。

五是下堂往外走，每下一層臺階，臉色都要有所變化，逐漸放鬆，作怡然自得狀。

六是下完臺階，趕快走，務必小心翼翼。

七是回到原來站立的位置，作局促不安狀。（本章重點：上朝的儀態與步履）

> 執圭，鞠躬如也，如不勝。上如揖，下如授。勃如戰色，足蹜蹜如有循。享禮，有容色。私覿，愉愉如也。【鄉黨10・4】

這章是講執圭、享禮、私下見面的禮貌規定。

首先是姿勢，要「鞠躬如也」，即像〈先師孔子行教像〉中的孔子，身體微向前傾，雙手捧之，好像有點拿不動的樣子。手勢則分兩種：一種是上執，手的位置相當作揖的位置，在心口之上；一種是下執，手的位置相當遞東西給別人的位置，在心口之下。《魯論》的「下如授」作「趨如授」。

其次是臉色和走路的樣子。臉色得「勃如戰色」，「勃如」可見【鄉黨10・2】的解釋，

「戰色」是戰戰兢兢的樣子。步伐，「踧踖如有循」，類似京劇的走臺步，跑圓場，「步武輕移，前後套迭」，一溜小碎步，往前走。「踧踖」讀「素素」，是形容小碎步。

「享禮」，是外國使節來訪，行聘禮之後，客人把禮品擺在堂下的儀式。「有容色」，是露出非常欣賞的表情，就像現在西方人接受禮物那樣，一定要當場打開，作驚喜狀。

「私覿」的「覿」，讀「迪」，是私下見面。「愉愉如也」，是顯得輕鬆愉快。（本章重點：不同場合應表現的儀態）

> 君子不以紺緅飾，紅紫不以爲褻服。當暑，袗絺綌，必表而出之。緇衣，羔裘；素衣，麑裘；黃衣，狐裘。褻裘長，短右袂。必有寢衣，長一身有半。狐貉之厚以居。去喪，無所不佩。非帷裳，必殺之。羔裘玄冠不以弔。吉月，必朝服而朝。齊，必有明衣，布。【鄉黨10．5】

這一章是講穿戴。

衣服的顏色。君子的衣服最忌大紫大紅：第一，不要用紺、緅這兩色作領子和袖子的顏色；第二，不要用紅、紫二色作內衣的顏色。「紺緅」讀「幹鄒」，是兩種接近紫色的顏色。「褻服」，是平常在家裡穿的衣服。

夏衣。夏天穿葛衣，涼快透氣，但不能直接見人，外出一定要罩上一層外衣。「袗」讀「枕」，單衣叫袗。「絺綌」讀「吃細」，絺是細葛布，綌是粗葛布。

冬衣。冬天穿皮襖，外面也要有罩衣，罩衣的顏色和皮襖的顏色要相稱，緇衣（黑色）配羔裘（黑色），素衣（白色）配麑裘（白色），黃衣（黃色）配狐裘（黃色）。「裘」是翻毛的皮襖；「羔」是黑羊；「麑」讀「尼」，是小鹿。「褻裘」，是在家裡穿的皮襖。這種皮襖比較長，右邊的袖子比左邊短，這樣裁製便於做事。

被子。程樹德說：「今日本之被，有領有袖，惟長較常服之衣倍其半，蓋即古寢衣之制。」「常服之衣」，長度是指脖子以下的高度；「倍其半」，是此高度的一倍半，如果身高一百七十公分，被子就要有兩百一十公分；「寢衣」，即被子，大被叫「衾」，小被叫「被」。被子，屬於床上用品，有人說這個詞不雅，應按照日語改叫寢具。

坐墊。要用皮毛厚的狐貉之皮爲之。「居」，有坐的意思。

佩飾。喪服滿了之後，便可以佩戴任何飾品。《禮記·玉藻》說「古之君子必佩玉」「君子無故，玉不去身」，只有服喪期間才不佩玉。

衣服的尺寸。上朝和祭祀禮服需裁製得最寬大，叫「帷裳」。除此之外，尺寸要遞減。「殺」，讀「曬」，是遞減的意思。

喪服。弔喪要穿白，不能如歐西之俗穿得一身黑。「羔裘玄冠」，是黑皮襖、黑帽子，喜事才穿，和西人相反。

朝服。「吉月，必朝服而朝」，什麼叫「吉月」，前人有爭論：一說是月朔，即每月的第一天（孔注以來的舊注都這麼說）；一說是正月，吉可訓「始」，始日始月皆可以吉名之（清夏炘《學禮管釋》）；一說是「告月」之誤，如《禮記·緇衣》，「尹告」誤「尹吉」，「告月」見於《春秋經》和《公羊傳》，是月朔告廟之禮（清王引之《經義述聞》）。

這三說，第一說不可信，古書可以把月朔叫「月吉」，但沒有稱月朔爲「吉月」的；第二說，程樹德以爲最合理。但相比之下，還是第三說更好，清人俞樾便取了王說，但又辯論告月並非告朔，告朔是歲末天子頒朔授曆於諸侯，而告月是每月之末，有司以下月之朔告於諸侯國的國君（《群經平議》）。我想，不管是什麼日子，朝見國君一定要穿朝服，總沒有錯。

齋服。「齊」同齋，「明衣」是浴衣。古代齋戒一定要洗澡，洗完澡一定要穿浴衣。浴衣是布做的。古無棉布，所謂的布，是麻布或葛布。程樹德說：「日本國俗，浴時例有浴衣，猶古制也。清初學者不知浴衣之制，於是種種曲說由此而生。」（本章重點：日常穿戴之禮）

> 齊必變食，居必遷坐。食不厭精，膾不厭細。食饐而餲，魚餒而肉敗，不食。色惡，不食。臭惡，不食。失飪，不食。不時，不食。割不正，不食。不得其醬，不食。肉雖多，不使勝食氣。惟酒無量，不及亂。沽酒市脯不食。不撤薑食，不多食。【鄉黨10·6】

這一章是講吃喝。首先是從正面講吃。

「齊必變食，居必遷坐」，是說齋戒期間，一定要換掉平常吃的某些食物和飲料（如蔥、蒜、韭、酒），也要換跟平常不同的位置坐。「齊」同齋，指齋戒。「變食」，指改食。「居」，同【鄉黨10·5】中「狐貉之厚以居」解釋，是指坐的位置。「遷」亦有變換之意。

「食不厭精，膾不厭細」，是強調食物的加工要非常講究，越精細越好。「食」是稻粱類的穀物，特別是小米。「精」是舂得很細的米。「膾」是生魚片或生肉片，成語「膾炙人口」，膾是生肉，炙是烤肉，最是好吃。臺灣學者蕭璠考證⑦，「膾」就是生魚片或生肉片，尤其指生魚片，中國叫「魚生」。他說，吃生魚片蘸青芥末並非日本獨有，我國歷史上一直就吃，而且也沾芥末吃。像是詩人稱美的「松江鱸魚膾」，就是生鱸魚片。內蒙、青海、西藏的人，他們也吃冬天儲存、春天化凍的生牛肉片和生羊肉片。

然後再講「七不食」——

「食饐而餲，魚餒而肉敗，不食」，「饐」讀「億」，是形容米飯受潮；「餲」讀「愛」，是形容米飯餿臭；「餒」是形容魚腐敗；「敗」是形容肉類（牛肉、羊肉、豬肉等）腐敗。

「色惡，不食」的「色惡」是顏色難看。

「臭惡，不食」的「臭惡」是氣味難聞。「臭」讀「嗅」。

「失飪，不食」，煮熟叫「飪」，沒煮熟叫「失飪」。

「不時，不食」的「不時」是指不按正常時間吃飯。古人一天吃幾頓飯，時間怎麼安排好像不太固定。我們從古代的時制名稱來看，它分兩種，一種是十二時制，只吃兩頓，半上午（八～十點之間）一頓，半下午（十六～十八點之間）一頓。一種是十六時制，吃三頓吃，早餐一分爲二，六～十二點之間安排兩頓，晚飯時間大體相同。上午的飯叫「食」，如果是分兩頓，那麼一頓叫「蚤食」或「朝食」，一頓叫「暮食」或「晏食」，下午飯叫「餔」。也有人把「不時」解釋爲不吃當令的糧食、蔬菜和酒肉，不對。如果是這樣，孔子的嘴也太刁了。

「割不正，不食」，古人吃肉，主要是大塊吃肉，不像後世一定要切成肉片、肉絲、肉丁。分解牲肉的方法也要講究，方法不對不能吃。

「不得其醬，不食」的「醬」類似西人的醬料，有肉醬、芥醬等等。吃魚、吃肉配什麼醬很講究，搭配不當就是「不得其醬」。醬的作用不僅是提味，還有養生治病的功效，特別是防範生魚生肉中的寄生蟲。

最後還有四條，也是禁忌。一是肉吃得再多，也不要超出肉食、主食的合理搭配；二是喝酒不限量，但不要醉得一塌糊塗，胡言亂語，發酒瘋；三是從外面買來的酒肉不要用；四是薑食留而不撤，不要因爲擺在跟前，就不停地吃。這四條，有些詞要解釋一下——

「食氣」應讀「食餼」，「餼」讀「細」，是饋贈的食物。

「沽」同酤，買東西叫「賈」，買酒叫「酤」；「市」是市易，也是買；「脯」是乾肉。這樣的酒肉，孔子認爲不衛生，不新鮮。

「不撤薑食」，前人有各種解釋。晉陶宏景說，薑是案前常備的零嘴，可以吃，不宜多吃（《本草經》注）。但清王夫之說，晚飯後，吃薑可提神，防止夜裡打瞌睡，但不宜多吃（《四書稗疏》）。薑，是別的食物撤去後仍留下來的食物。今日的餐點仍有薑食。

⑦ 蕭璠，〈中國古代的生食肉類肴饌——膾生〉，《中央研究院歷史語言研究所集刊》，第七十一本，二〇〇六年六月），頁二四七—頁三六五。

中國人吃喝考究的確有很多長處，但現在有很多人大吃特喝，划拳行令，轉圈敬酒（強人所難，還叫什麼敬），借酒裝瘋，實在討厭。（本章重點：吃喝有禮）

祭於公，不宿肉。祭肉不出三日。出三日，不食之矣。【鄉黨10・7】

這一章是講祭肉。

「祭於公，不宿肉」，是說參加國君舉行的祭祀，祭祀後便向下分發祭肉，千萬別放過夜。「祭肉不出三日」，這種祭祀分兩次，有可能在第三天才得到祭肉，而祭肉超過三天就不新鮮了，所以說「出三日，不食之矣」。（本章重點：祭祀分得的祭肉）

食不語，寢不言。【鄉黨10・8】

這一章是講吃飯、睡覺，別說話。

但吃飯不說話，上床也不說話，太壓抑。

我討厭借酒裝瘋，但也不喜歡悶頭吃飯。吃飯是享受，又不是汽車加油，只是補充能量。在飯桌上談話也是種享受，邊吃邊談，腸胃享受，大腦也享受。當然，說話和吃飯的時間怎麼搭配，節奏怎麼掌握，也要講究。營養學家說，胃和大腦會互相打架，打完的結果是胃受傷，腦子倒沒事。（本章重點：吃飯、睡覺都別說話）

雖疏食、菜羹、瓜祭，必齊如也。【鄉黨10．9】

這一章是講吃粗食。

「疏食」是粗食；「菜羹」是菜湯；「瓜祭」是吃瓜前，用瓜把祭瓜。這些都是比較差的食物。中國原產的瓜，主要是甜瓜，即今香瓜。我國帶「瓜」字的植物，很多都不是原產而是外來的（如西瓜），有的傳進來早，有的晚。

「齊如」，相當於「齊齊」。「齊」讀「齋」，是嚴肅恭敬的樣子。

這一章是說，即使吃粗飯也得一臉嚴肅。（本章重點：正經吃飯）

席不正，不坐。【鄉黨10．10】

這是強調坐席要正，可能也和吃飯有關。（本章重點：坐的姿勢）

鄉人飲酒，杖者出，斯出矣。【鄉黨10．11】

這一章是講鄉飲酒禮。

「鄉人飲酒」，是指鄉飲酒禮，可參看《儀禮．鄉飲酒禮》。

「杖者」，是拄拐杖的老頭，古書也叫「丈人」。古文字，「考」字的形狀就像拄拐杖的老頭。古代中國，五十歲就算老人，雖然現在看並不怎麼老。這一章的意思是說，酒會結束，要讓老人先走。（本章重點：禮讓老人）

鄉人儺，朝服而立於阼階。【鄉黨10・12】

這一章是講儺。

「鄉人儺」的「儺」，讀「挪」，指鄉人舉行的驅鬼除邪儀式。《禮記・郊特牲》說「鄉人，孔子朝服立於阼，存室神也」，也是類似的話。這是禳除殤鬼的祭儀。

「阼階」，東西的臺階，主人所立之處。（本章重點：驅鬼除邪）

問人於他邦，再拜而送之。【鄉黨10・13】

這一章是講送別使者。

「問」，是訪問之意。楚簡常見某國之客問於某國之辭，「問」都是指出使某國，訪問某國。這裡是說，派人出使他國，出發前要再拜送別。（本章重點：送別使者）

康子饋藥，拜而受之。曰：「丘未達，不敢嘗。」【鄉黨10・14】

這一章是講接受大人物的贈藥。

「康子」，是季康子。季康子送藥給孔子，當在孔子的晚年，是他返回魯國之後，即前四八四～前四七九年。

賜藥和賜食不同。「丘未達，不敢嘗」，大人物賜食，接受的人必先嘗之，但賜藥不同，不能馬上嘗。季康子送藥給孔子，孔子拜而受之，但不嘗，他的理由是「未達」。一是自己的身體怎麼樣，要斟酌；二是送來的藥，藥性如何也要研究。孔子認爲，對於這類饋贈，不接受不對，貿然嘗之也不對，正確的作法是先接受，但不嘗。這是合乎禮貌，也是給對方面子的作法。（本章重點：大人物送藥給自己）

> 廄焚。子退朝，曰：「傷人乎？」不問馬。【鄉黨10・15】

此章是記孔子任魯司寇時的事（前五〇〇～前四九八年）。當時，馬廄著了火。這段話看似簡單，但爭論很多。

首先，這裡的「廄」是什麼廄，過去有「公廄」「家廄」兩說。「公廄」說，是根據《鹽鐵論・刑德》《孔子家語・子貢問》，前一本書作「魯廄焚」，後一本書作「國廄焚」；「公廄」是指魯君的馬棚。「家廄」說，見《皇疏》，曰「孔子養馬處」。清宦懋庸說，孔子當魯司寇，爵位爲上大夫，按當時的待遇，他家的馬棚該有五輛車、廿匹馬（《論語稽》）。這是個爭論。

還有個爭論則和朱注有關。朱熹說，孔子「貴人賤畜，理當如此」。這種理解是用漢代舊說，《鹽鐵論・刑德》說「問人不問馬」，鄭玄說「重人賤畜也」，皆其所本。但他多此一舉，又指出孔子「非不愛馬，然恐傷人之意多，故未暇問」，那別人就要問，難道聖人眞的不關心馬嗎？像程樹德就說「聖人仁民愛物，雖有先後親疏之別，而無貴賤之分」，怎麼可以貴人賤馬，非把一個「理」字塞進來，說「理當如此」？牛馬爲人服務，不錯，但並非命該如此，如《列子》說蚊蟲叮人，虎狼食肉，並非老天爲蚊蟲生人，爲虎狼生肉。程氏認爲這段話應改讀。怎麼改？唐代就有異說。如：唐陸德明的《經典釋文》說，孔子是先問傷到人沒有，問完這事才問馬；唐李匡義的《資暇集》說「聖人豈仁於人，不仁於馬」。程氏也說，孔子是聽到沒傷人後，才問馬。李敖在鳳凰臺的電視節目提到，「不問馬」是「後問馬」，也延續了前面的這些思路。這些理解都很有趣，但求之過深，孔子到底怎麼想？鬼知道。（本章重點：孔子不在意馬？）

君賜食，必正席先嘗之。君賜腥，必熟而薦之。君賜生，必畜之。侍食於君，君祭，先飯。

【鄉黨10．16】

這一章是講吃飯。

「食」，是熟食，可以直接吃。國君賜食，必定把席子擺正，先嘗一嘗。

「腥」，是生肉，國君賜食，要煮熟了再吃。

「生」，是活物，國君賜食，暫時不吃，一定要先養一陣。

「侍食於君，君祭，先飯」，是說陪國君吃飯，要在「君祭」之前先爲國君嘗飯。「君祭」是指祭拜「先食」，這是指發明食物的神，類似的神還有「先農」「先蠶」「先牧」「先酒」等等。（本章重點：國君賜食）

疾，君視之，東首，加朝服，拖紳。【鄉黨10．17】

這一章是講探望病人。

《禮記．玉藻》：「君子居恆當戶，寢恆東首。」國君探望病人，病人應該躺在西邊，頭面東，把朝服蓋在身上，拖著大帶。（本章重點：病中，國君探訪）

君命召，不俟駕行矣。【鄉黨10．18】

這一章是講接受國君的召見。

國君召見時，不可怠慢，不等把馬備好就往外衝。（本章重點：國君召見）

入太廟，每事問。【鄉黨10．19】

這一章與【八佾3．15】重複了。（本章重點：孔子認眞學禮）

禮壞樂崩

孔子的弟子宰予，反對以「三年之喪」服父母之喪，他說一年也就夠了。宰予有一句名言——「君子三年不爲禮，禮必壞；三年不爲樂，樂必崩」（【陽貨17．21】），這段話正是「禮壞樂崩」的出典。

一個時代好不好，孔子說，要看禮樂。他說「天下有道，則禮樂征伐自天子出；天下無道，則禮樂征伐自諸侯出。自諸侯出，蓋十世希不失矣；自大夫出，五世希不失矣；陪臣執國命，三世希不失矣。天下有道，則政不在大夫；天下有道，則庶人不議」（【季氏16・2】）。春秋，是禮壞樂崩。

孔子謂季氏，「八佾舞於庭，是可忍也，孰不可忍也？」【八佾3・1】

「季氏」，這裡的季氏是指哪一位？過去有平子、桓子、康子三說。《左傳》昭公二十五年，臧孫賜派人到季氏家抓臧會，「平子怒，拘臧氏老，將禘於襄公，萬者二人，其眾萬於季氏」，臧孫賜批評季平子破壞昭公祭祀襄公，引起魯大夫對季平子的不滿，可能就是講這件事。

「八佾舞於庭」的「佾」，是樂舞，以八人爲一佾，八佾有六十四人。此字和西周金文表示鐘磬之列的「肆」字有關，鐘磬一肆也是八枚。古文字多假「逸」字爲肆。古人說，天子用八佾，諸侯用六佾，大夫用四佾，士用二佾。這裡的八佾是魯侯僭用，還是季氏僭用？一般認爲是季氏僭用。魯侯用八佾，已是僭越；季氏用，更是僭越。「庭」，即西周金文講冊命儀式時，常說的「中廷」，「中廷」是堂下的院子。「舞」，是在院子裡舞，人是在堂上觀。

「是可忍也，孰不可忍也」，現在是成語，意思是忍無可忍。（本章重點：知禮犯禮）

三家者以《雍》徹。子曰：「『相維辟公，天子穆穆』，奚取於三家之堂？」【八佾3・2】

「三家」，指魯國的三大貴族——孟孫氏（或仲孫氏）、叔孫氏、季孫氏。

「徹」，在這裡是指祭祀完畢後的撤祭。天子之禮，撤祭時要唱〈雍〉，叫「歌徹」。〈雍〉是《詩・周頌》中的一篇，孔子引〈雍〉，人家原文講得清清楚楚——「相維辟公，天子穆穆」，主祭的是「天子」，相禮的應是「辟公」（即魯侯才配享有的身分），關孟孫氏、叔孫氏、季孫氏這些大夫什麼事。這是明知故犯，自己打自己的嘴巴。

「堂」，古代宮室建於臺上，前爲堂，後爲室。歌徹是在堂上。孔子的意思是，三家只是魯國的大夫，他們竟敢在自家的堂上行此大禮，和他們的身分太不相稱，哪一點符合〈雍〉的原文？（本章重點：明知故犯）

季氏旅於泰山。子謂冉有曰：「女（汝）弗能救與（歟）？」對曰：「不能。」子曰：「嗚呼！曾謂泰山不如林放乎？」【八佾3・6】

「季氏」，肯定是指季康子，因爲下文顯然是冉有擔任季氏宰時才會發生的對話，而冉有所事正是季康子。

「旅」，西周金文多以「旅」字冠於器名之上。或說「旅」是祭名，或說「旅」是陳列之意。一九五四年，山東泰安市內有個位於泰山南面、名叫東更道的地方，發現過一個祭坎（祭祀用的器物坑），祭坎以大石板覆蓋，內藏六件浴缶和一件三足鐵盤，橫排成一字，估計就是旅祭泰山的遺跡。

「泰山」，古人喜歡把名山叫「大山」，如華山也叫華大山，霍山也叫霍大山。「大」同

「太」，秦系文字往往把太寫成「泰」。泰山本來只是齊魯地區的一座名山，後來成爲五嶽之首，不但魯國祭、周公祭，很多帝王也祭。祭泰山，只有天子和公侯才有資格，季康子祭泰山是僭越之舉，孔子看不下去。

「冉有」，冉求，字子有，也稱冉有，是孔門第二期的學生。冉有任季氏宰，大約在前四九二～前四七二年。前四九二～前四八四年，孔子仍在周遊列國，然後才回到魯國。孔子跟冉有的這番談話，當是他老人家回到魯國之後，即前四八四～前四七九年。

「女（汝）弗能救與（歟）」的「救」是阻止的意思。孔子對冉有說，季氏這麼做，你不能阻止他嗎？冉有說：「不能」。

「曾謂泰山不如林放乎」的「曾」，是難道、竟然的意思。這段話的背景不清楚，前人有各種猜測。我懷疑，「林放」可能是爲季氏掌祭禮的官員。古代管山林的官叫林衡，他也可能是以官爲氏。這段話的背景可能是，季氏旅泰山都是林放的餿主意，由於此舉不合乎禮，孔子對此很生氣，說你們怎麼什麼都聽林放的，難道泰山還不如林放嗎？你們怎麼就不想想，泰山之神會接受這樣的祭祀嗎？你們糊弄誰，可糊弄不了泰山。（本章重點：騙得了泰山嗎）

子曰：「禘自既灌而往者，吾不欲觀之矣。」【八佾3・10】

「禘」，是祭自己族姓所出的祖先，如姬姓祭黃帝，薑姓祭炎帝，嬴姓祭少昊等等。西周金文中的「禘」，或作「帝」，或作「啻」，和「帝」是同一個字。帝，是祖神，它與根蒂之

「蒂」、嫡庶之「嫡」有關，是老祖宗的老祖宗。禘就是祭帝，屬於古禮中的郊祀；古書說，禘是配天而祭，原因是帝住在天上，古人把天叫「帝廷」。

「灌」，亦作「祼」，是以圭瓚酌鬱鬯之酒灌地降神的禮儀。「圭瓚」是一種盛酒的勺，「鬱鬯」讀「唱」，是一種用黑黍釀成的酒，調以鬱草製成的香料。禘祭包括了很多儀節，灌禮是其中的一道程序。孔子說，灌禮以後的每一步，他都看不下去。

看來這些儀節都不合於禮，這是批評魯侯的非禮。（本章重點：魯國祭帝）

子貢欲去告朔之餼羊。子曰：「賜也，爾愛其羊，我愛其禮。」【八佾3．17】

「告朔之餼羊」，是指行「告朔禮」的犧牲。「告朔」，朔是陰曆每月初一。東周時期，每年秋冬之交，周天子要把第二年的曆書頒給諸侯，諸侯接受曆書，藏於祖廟，每逢初一要殺一隻羊祭於祖廟，然後回朝聽政；祭廟叫「告朔」，聽政叫「視朔」。「餼羊」的「餼」讀「細」，是殺而不烹的生羊。

此時，告朔之禮久已不行，但有司仍供羊於廟，虛應故事。子貢覺得既然魯君人都不來了，告朔、視朔之禮久已不行，還有什麼必要供這隻羊，豈不浪費？不如連羊也去掉算了。孔子說：不行，你心疼的是羊，我心疼的是禮。他的意思是，如果連這隻羊也廢了，這個禮就徹底廢了。

（本章重點：最後的禮節）

子曰：「臧武仲以防求爲後於魯，雖曰不要君，吾不信也。」【憲問14·14】

「臧武仲以防求爲後於魯」的「防」，在今山東曲阜市東，是臧氏的私邑。此事見《左傳》襄公十四年。臧氏，是魯三桓以外的另一支重要貴族。臧武仲本是臧宣叔繼室所生的幼子，宣叔廢長立幼，臧武仲即位不合法；而他又參與季氏的廢立，同樣是廢長立幼，此舉既得罪被廢的季氏長子，也得罪孟氏，在孟氏和季氏的矛盾中他無法立足，遭到誣陷和圍攻，最後逃到齊國。

孔子說他聰明，主要是兩條：第一，他很清楚，季氏喜歡他其實是害了他，孟莊子死後，必然有殺身之禍；第二，他逃跑後，請被廢的哥哥回來繼承臧氏，並以自己的私邑防作爲交換條件，請魯襄公批准此事。

傳文末尾，孔子有一段評價，有助瞭解臧武仲。他說：「知之難也。有臧武仲之知，而不容於魯國，抑有由也，作不順而施不恕也。《夏書》曰：『念茲在茲』，順事，恕施也。」意思是，他這個人很聰明，但不容於魯國，這是事出有因：廢長立幼，是屬於「作不順」；得罪被廢之人，是屬於「施不恕」。孔子認爲，他把防邑交出來，其實帶有威脅成分。（本章重點：名不正且心機深）

子曰：「古者民有三疾，今也或是之亡也。古之狂也肆，今之狂也蕩；古之矜也廉，今之矜也忿戾；古之愚也直，今之愚也詐而已矣。」【陽貨17·16】

「狂」分兩種：一是放得開，自由自在，無拘無束；一是無法無天，放到別人頭上去了。

「矜」也分兩種，這個字的訓詁既有莊重、敬謹之意，也有急躁、急切之意。孔子認爲「君子矜而不爭」（【衛靈公15．22】），「矜」是莊重、敬謹，「爭」是急躁、急切，在這一章稱爲「忿戾」。

「愚」則有眞假之分：假裝的直，騙人的直，古人叫「賣直」。

孔子說，古人有三種毛病：狂（狂放）、矜（矜持）、愚（愚直）。現在卻連這些古人這些毛病都不得見——古代的狂是直言無諱，現在的狂是放蕩不羈；古代的矜是嚴以律己，現在的矜是對人粗暴；古代的愚是過於直率，現在的愚是假裝直率。（本章重點：古風令人懷念）

●管仲、昭公不知禮

孔子對自己所處的時代、對當時的政治家，經常毫不留情地批評。批評什麼？就是兩個字——「非禮」。他不但批評魯國的國君，批評三桓（尤其是季氏），也批評其他國家的政治家。就連他很佩服的政治家管仲，他也說「管氏而知禮，孰不知禮」（【八佾3．22】）。

不過，「禮」並不下達庶人、老百姓，孔子批評非禮的對象多半是統治者，老百姓本來就不知禮，沒有必要批評。

子曰：「管仲之器小哉！」或曰：「管仲儉乎？」曰：「管仲有三歸，官事不攝，焉得儉？」「然則管仲知禮乎？」曰：「邦君樹塞門，管氏亦樹塞門。邦君爲兩君之好，有反坫，管

氏亦有反坫。管氏而知禮，孰不知禮？」【八佾3·22】

「管仲」，是輔佐齊桓公取威定霸的能臣，一般都以爲是「大器」，即棟梁之材，但孔子卻說「管仲之器小」，對他頗有微辭。

孔子對管仲的批評主要是兩條：一是「不儉」，二是「不知禮」。

一「不儉」，是指「管仲有三歸，官事不攝」。「三歸」，見《晏子春秋》內外雜篇、《韓非子·外儲說下》《戰國策·周策》《說苑·善說》。前人聚訟主要有五說：一說娶三姓女，僭用天子之禮；一說築三臺，藏女子、錢財於其中；一說有三處宅子；一說是管仲的采邑，爲地名；一說是市租取三之義。無論哪一說，都指管仲多吃多占，很奢侈。「官事不攝」，意指每個官員都不稱職，官員人數太多。

二「不知禮」，主要指管仲僭用齊君才配享用的待遇。「邦君」指齊君。「塞門」是宮室入門後的門屏，後世也叫影壁或照壁。「反坫」，是招待外國國君的宴會上，回放酒爵的土臺。

孔子評論管子，一方面評得很高，一方面評得很低。批評，只見於此章，主要是說他在國內的表現不怎麼樣；稱讚，有三章，見【憲問14·9／14·16／14·17】，誇他「九合諸侯」「一匡天下」的功績。孔子很少以仁許人，獨稱管仲爲仁，爲什麼？主要是因爲他對尊王攘夷有大功。他對管仲的整體評價仍是高的。（本章重點：孔子對管仲的負評）

總結／附錄

五四運動時，全盤西化論的代表胡適曾說，我們要廢黜孔子的神聖性，恢復孔子的本來面目，意即他做為先秦諸子一員的身分。這是中國的意識形態第一次受到強有力的挑戰。天風撲面，風從海上來。

孔子留下的遺產：從烏托邦到意識形態

——總結

現在人讀古書，有個壞毛病，就是束書不讀，光問有什麼用。孔子離我們很遠，距今兩千多年，他做夢都想不到（他只夢周公），我們會拿他幹什麼用。後人說《論語》有大用，主要是兩條，一條是可以治天下，一條是可以學道德，爲治天下者治。這兩大用途，也可以說成一個用途——用道德治天下，不但救中國，而且救世界。而這神聖化的孔子和道德化的政治，便是傳統的「中國意識形態」。

半部《論語》可以治天下？

孔子最神氣，是宋以來。趙匡胤是丘八，朱元璋是農民，元代和清代都是以騎射奪天下的異族王朝。「宰相須用讀書人」，他們比以前的帝王更明白。現在講孔子，主要是程朱陸王；說《論語》，主要是道德修養，根子是宋學。宋代是尊孔的黃金時代。

宋代有個著名傳說，宋太祖、宋太宗的宰相趙普，是靠「半部《論語》治天下」，而且說得頭頭是道——他是以「半部佐太祖（宋太祖）定天下，以半部佐陛下（宋太宗）致太平」，廿篇全能派上用場。據說，趙普平生唯讀一本書，就是《論語》。他是馬上學馬上用，廿四小時內，立刻見效——「次日臨政，處決如流」。

當代著名歷史學家洪業，小時候讀《論語》也碰過這一傳說。他說：「家塾老師開始教我讀《論語》，大約在我十歲左右。當時老師說，這是了不得的好書。宋初的宰相趙普用了半部治天下。我覺得很興奮，沒有幾個月，全部的《論語》竟能背誦。稚年自豪的思想：趙普才得半部，而我有其全；一匡天下，敢不勉乎！」

但是，趙普的「半部《論語》治天下之說」僅見於南宋中葉的《樂菴語錄》，上距趙普兩百年，更早的線索似乎沒有。於是洪業在《洪葉論學集》一書中考證，這只是後人的傳說，就像小華盛頓砍櫻桃樹的故事，不過是後人的想像和編造，根本不可信。

《論語》是一部雜亂無章的書，趙普怎麼用半部定天下，半部治天下？誰也不知道，但很多人還是樂於相信它肯定可以治天下。洪業雖不相信趙普說過「半部《論語》治天下」的說法，但《論語》可以治天下，他自己卻深信不疑；他相信夫子之言，哪怕一章一節，一字一句，也足以治天下。他舉《論語》的許多名言佳句爲例，說，光是一個「信」字，已經足夠。宋以來，學者好疑古書，但疑心病最重的學者，對這所謂《論語》治國的效果卻深信不疑，這是因爲什麼都可懷疑，就是聖人不能懷疑。

神聖的孔子受到挑戰，是到了五四運動。全盤西化論的代表胡適，他的話即使放到今天也很公允：我們要廢黜的只是孔子的神聖性，恢復的反而是孔子的本來面目，意即他做爲先秦諸子一員的身分。《古史辨》是這一運動的直接產物。胡適的學生顧頡剛，連聖人（孔子）的聖人（三皇五帝、堯舜禹）都敢懷疑。中國的意識形態第一次受到強有力的挑戰。天風撲面，風從海上來。

我在北京大學講《論語》，講完最後一課，問學生，「半部《論語》治天下」，你們相信這個說法嗎？如果相信，請具體告訴我，你要怎麼用《論語》治天下——用哪些話，怎麼治，治什麼？當然，假設前提是，你已經當了一國領袖。他們都答不出。只有一個學生說，我爸爸從小跟我講，夫子之言不可違。另外，我曾聽過有人（當然是知識分子）說，他最想生活在宋代。我想，他說的宋代肯定是東挑一塊，西挑一塊；上挑一段，下挑一段——沒有宋江、方臘，沒有遼、金、西夏。蘇東坡，只看他如何遊山玩水，做詩文。宋徽宗，只看他如何寫字畫畫，玩古董。當時的天下怎麼樣？一部宋史自有交代，不用我多說。

「半部《論語》治天下」，象徵意義大於實際意義。用《春秋》斷獄，用《河渠書》打井，都是老故事。用《論語》代替《語錄》，有意義嗎？治天下是誰的事？孔子說「不在其位，不謀其政」，你又不是宰相。做百姓的治於人，責任只在配合（學道德）——除非準備往上爬，否則全是瞎操心。文雅的說法是「干卿底事」，不文雅的說法是「關你屁事」。

孔子的周公夢，純屬烏托邦

孟子說孔子是「聖之時者也」，魯迅說這話如果翻成現代語，除了「摩登聖人」，實在沒有更好的詞——「孔夫子做定了『摩登聖人』是死了以後的事，活著的時候卻頗吃苦頭。」「孔夫子之在中國，是權勢者們捧起來的，是那些權勢者或想做權勢者的聖人，和一般的民眾並無什麼關係」。

活孔子是烏托邦，死孔子是意識形態。孔子的時代，禮壞樂崩，不理想。但他卻是個理想主義者。古代的理想主義往往是復古主義，道理很簡單：古代雖爲過去，畢竟有文獻記載和故老傳聞，實實在在；將來是什麼玩意兒，虛無縹緲。古人才不會「相信未來」。更何況，他們都是循環論者，古往今來，治亂盛衰，有如寒來暑往，秋收冬藏，一輪接一輪。冬天太冷，人們會懷念夏天，很自然。生於東周季世的孔子，一心要回到西周盛世，也順理成章。

先秦諸子各持不同政見，共同點是不滿現實。當時是亂世，誰都批，批絕對有理。批判現實，抬出古代是利器，當時的諸子幾乎都用它，誰都以古非今。以古非今，古是什麼古？不是遠古是近古。孔子的「古」分兩層，大同社會是一層，小康社會是一層。唐虞盛世過於遙遠，他誇歸誇，並不追；夏、商、周，三挑一，他從周；也不是越古越好，他所從的周，不是東周而是西周；西周，不是晚期而是早期的。他生於魯，長於魯，誰都說周禮盡在於斯——他做的是「周公之夢」，可惜這個理想是幻想，從來就沒實現過，也不可能實現。

孔子的現實目標，是挽救東周。但那個世界上下陵替，叛變成風：諸侯執天子之命，卿大夫執諸侯之命，陪臣執卿大夫之命，頭頂長瘡，腳底流膿，怎麼救？他的原則是：天子和諸侯，我尊天子；公室和大夫，我尊公室。顧頭不顧尾。理想主義者的腦袋瓜，總是善惡分明。然而困境在於，如果舉世渾濁，並沒光明黑暗可以對著幹，你將做何選擇？比如魯國，周禮最多，但當時的上流君子，誰都很無禮：魯公是大壞蛋，三桓是中壞蛋，陽貨是小壞蛋，你該跟誰對著幹？孔子這一生到處奔波，魯國不行奔衛國，衛國不行奔陳國，楚國他也去過，全都令他失望。如果放棄選擇，只能當隱士，他又不肯。周公之夢是烏托邦，浮海居夷是賭氣話。

孔子因禍得福

校園裡有句名言：學生是靠老師出名，老師是靠學生出名，但歸根結柢，是老師靠學生出名。孔子的時來運轉，就是先例。孔子死後，學生很有出息，《漢書．儒林傳》載：「大者爲卿相師傅，小者友教士大夫」。甚至，《史記．儒林列傳》也特別提到他的五個學生：子路、子張、澹臺子羽、子夏、子貢，但其中子路是死於孔子前。知識分子，全都朝從政的大道狂奔。這條道路，是他老人家指出，後人趨之若鶩。從政提高了儒學的影響，也改變了儒學的方向。戰國晚期，韓非說儒學是顯學，《莊子．天下》《荀子．非十二子》也把儒學擺在頭一位，考古出土發現的儒籍最多，可以證明這一點。但他們離現實越近，離理想越遠。

但儒家也不是一成不變，從子夏居西河到李斯爲秦相，他們的歸宿是法家。戰國晚期，荀卿「最爲老師」，他是儒家的集大成者。荀卿有兩個學生，韓非和李斯。他們一邊習儒籍，一邊讀

《老子》，所學帝王術，所幹秦王政。秦王政，就是後來的秦始皇。學生比老師講實際，這是一般的規律。

秦漢大一統，是政治家的傑作。秦始皇時代，制度大一統、宗教大一統、學術大一統。制度成功；宗教可觀，畢竟這作法前所未有，他立過的國家級祠畤，估計有兩百個；但最不成功的是學術。當年，秦始皇混一海內，盡收天下之書，悉召藝能之士，設博士之官，請他們獻策獻藥興太平，也有短暫的蜜月（其實也不短，有九年的時間）。他一心想跟知識分子交朋友，卻不歡而散，身邊跟的兩種士全都鬧翻了——文學士（簡稱文學），是文科的知識分子（以儒生爲主的人文學者）；方術士（簡稱方士），是理科的知識分子（當時的科學家，也是迷信家）。大家都來湊熱鬧。

西元前二一三年，「備員弗用」的文學士終於有了用——他們爲秦始皇祝壽。可惜，機會方來，他們就鬧內訌，周青臣面諛，淳於越拆臺，導致禁書和焚書，這主意出自李斯，並非秦始皇。李斯是前儒生，最懂收拾同行①。方術士，占星候氣的不敢講話，求仙訪藥的攜款逃跑。秦始皇大怒，非要查辦他們，才殃及儒生。當時，知識分子內鬥，互相揭發，導致四百六十多人遭

① 參看《史記・秦始皇本紀》。秦取六國，以吏治為重，儒術不過為緣飾。他請知識分子興太平，「別黑白而定一尊」，只是為了統一思想，和漢武帝並無不同。他禁書、焚書，也和清初類似，只是為了消除民族記憶。李斯熟悉知識分子，也懂政治，下手特別狠。知識分子整知識分子，是老傳統，李斯害死韓非，已經開了頭。

活埋。我們要知道，所謂「坑儒」，未必都是儒，其中還有方術士，檢舉有功、僥倖漏網、沒被活埋的也大有人在，到了漢初又被請出來。②

古人說，「天下非一人之天下也，乃天下之天下也」。得人心者得天下，失人心者失天下。秦滅六國，傷了六國的心，也傷了儒家的心，《史記·儒林列傳》載：「及至秦之季世，焚《詩》、《書》，阬術士，六藝從此缺焉。陳涉之王也，而魯諸儒持孔氏之禮器往歸陳王。於是孔甲爲陳涉博士，卒與涉俱死。陳涉起匹夫，驅瓦合適戍，旬月以王楚，不滿半歲竟滅亡，其事至微淺，然而縉紳先生之徒負孔子禮器往委質爲臣者，何也？以秦焚其業，積怨而發憤於陳王也。」秦失其鹿，天下共逐之。孔鮒（孔子的七世孫）投了農民軍，死於陳下。他是反秦戰爭的烈士，也是秀才造反的先驅。迫害成就英雄。漢代大平反，態勢一切翻轉。六國的後代，全都找出來，置守塚，血食天下，造反的陳勝也在其中，視同六國諸侯。孔子沾了這個光③。

儒家做爲受害者，終於打了翻身仗，重新揚眉吐氣。當時的文化融合，物質文化主要是楚文化和秦文化的融合，精神文化主要是齊魯文化和秦文化的融合。山東人都往陝西跑。漢高祖弔封孔子，孔子的故居成了博物館。司馬遷訪之，流連不忍去。漢唐以來，孔子擬於王侯，從一介布衣變世襲貴族。皇帝改朝換代，他卻是萬世師表。當初想不到。

古往今來，全世界的統治者治天下都靠三大法寶：一是國家（管制度），二是宗教（管靈魂），三是學術（管思想）。中國也不例外。各大文明取徑不同，只是配方不一樣。

幅員廣大的國家，行政效率高的國家，以古老中國最典型。它是大國家小宗教，國家大一統，宗教多元化。亞述帝國、波斯帝國、亞歷山大的馬其頓帝國，還有後來的羅馬帝國，都不如它命大祚長。與之相反，中世紀的歐洲，小國林立，至今書不同文，車不同軌，唯一的統一是基督教；歷史上的草原帝國還有阿拉伯世界，也都是宗教大一統壓倒國家大一統。只是結構不一樣。中國沒有宗教大一統，但有學術大一統。國家大一統，是靠學術大一統。

學術大一統，宗教大一統，秦始皇都試過，漢武帝是繼承者。漢武帝，罷黜百家、獨尊儒術，是學術大一統；整齊六國宗教，是宗教大一統。前者可安定社會精英，後者可安定天下百姓，全是爲了收拾人心。先秦六家，傳到漢代主要是兩家——儒家和道家。「墨家」絕無後，其他三家「名、法、陰陽」，純屬技術和工具（名、法是刑名法術之學，陰陽是數術方技之學），沒有獨立地位。戰國晚期，道家融名、法、陰陽於一身，勢力相當大，漢初仍如此。漢武帝整齊學術，兩者換位，名、法、陰陽被儒家接收（酷吏是法家的嫡脈），如同剪其羽翼。但道家仍有餘威，不絕統緒，後來發展爲道教，成爲長期的競爭對手。這是學術大一統。

② 這兩件事，焚書歸焚書，坑儒歸坑儒，相距有兩年。

③ 司馬遷作三十世家，將《孔子世家》《陳涉世家》並列，他稱陳勝為陳涉（涉是其字），屬於尊稱。

秦代有兩百個祠畤，西漢有七百個祠畤，都是領國家津貼。漢武帝的郊祀系統分東西兩大塊，但太一崇拜（太一加三一）是所有崇拜的中心，最像普世宗教④。這是宗教大一統。

秦漢大一統，漢武帝是頂峰，到他爲止似乎萬事大吉。然而，他萬萬想不到，事情到此並未結束——他最後的傑作，還會大翻盤。漢武帝死後，貢禹、韋玄成毀廟，匡衡、張譚廢祠，王莽用小郊祀代替大郊祀（即只在長安四郊設祭），這是秦漢大一統的後續事件。他們推翻了漢武帝的宗教大一統，西漢的七百個祠畤全被他們一筆勾銷。這件事，意義非同小可，可惜史家不重視。

史家說，王莽行事多憑幻想，所以改革全都破產，其實不盡然。王莽確有惡名，他以外戚身分篡漢，從王朝正統看，罪該萬死。可是我們不要忘記，他可是正統的儒生、大學者。他是根據孔子的夢想推翻武帝的宗教大一統。後世的郊祀，就是王莽的遺產。王莽的郊祀制度，既解決了皇家祭祀大典的正統性，也確立了儒家對宗教信仰的領導地位，這是他的勝利。但他滿足的只是上層精英，卻失去了下層大眾。東漢時期，民間信仰失控，導致借術立教。立教的結果是宗教多元化，國家瓦解，社會顛覆。釋之入，道之立，大教領小教，正好填補了這個空白。這是結構性的大變化。秦漢兩朝，累積了四百多年的社會劇變和制度創設，至此畫上句號。

上述背景，對瞭解孔子的歷史地位很重要，而孔子的遺產主要有三項——

一、它保留了孔子時代的古典教育，也就是以人文學術爲主的教育。後世的讀書人讀什麼，怎麼讀，都和這種教育有關。

二、孔子強調「學而優則仕」，讀書一定要做官。它把讀書人和中國的選官制度緊緊拴在一起。中國的文吏全是陽儒陰法，不分職等一貫如此。科場不利，入幕坐館、行醫賣卜，都不是正途。

三、孔子提倡忠孝，這對中國的道德有影響，尤其是孝悌，對民間的影響也很深。以德治國是中國的意識形態。

歸納而言，中國的意識形態是人文學術和家庭倫理——不是哲學，不是宗教。

孔子的三大遺產，也因此決定了中國的文化結構——

一、重文輕武、重文輕理。這從圖書分類可以看得很清楚。《漢書・藝文志》把圖書分六類——「六藝、諸子、詩賦」爲人文類，「兵書、數術、方技」爲技術類，分兩半。《隋書・經籍志》把圖書分四類，兵書、數術、方技淪爲子部的附庸，連四分之一地位都沒有。所謂學術，是人文學術一統天下。

二、重當官，輕產業。中國的文人士大夫或所謂儒林，漢學家把他們翻成official-scholar，他們若非已經當官的學者，就是準備當官的學者，機會不同，但目標一致。讀書人拙於謀生，急

④ 太一是道的別名，既是哲學本體，也是宇宙中心。漢代學術雖定儒學於一尊，但宗教卻和道家的關係更大。漢武帝後，道家在政治上丟了陣地，但在下層社會，在宗教方面，影響卻比儒家大，足以與儒家長期抗衡。東漢晚期，道家變道教，接收了兩漢宗教的所有遺產仍保持這種優勢，儒道之爭是古代思想的兩極，時間延續得最久長。

於用世，除了當官，什麼都不屑爲之。秦始皇重視農戰，雖焚坑，醫卜農桑之書不禁，但漢唐以下，宋明以來，士農工商，只有士（不是武士，而是文士）才是正經出身，萬般皆下品，唯有讀書高。實用之學，一直走下坡路，始終處於頹勢。

三、重道德，輕宗教。古代中國的百姓，和全世界各地其他平民一樣，對宗教的需求很強烈，但秦漢以降，從來都是國家在儒學之上，儒學在釋、道之上，大教在小教之上。王莽以下，國家大典是國家大典，民間信仰是民間信仰，全然二元化，但宗教本身則多元化。這一直是政治上的不安定因素。孔子，地位雖高，但和百姓有距離感，大家敬而遠之。道教、佛教和其他小教，對民間更有影響力。宗教是儒家的弱點。

人造孔教和孔教烏托邦

孔子不是工具，也不是道具。後學不仁，以「聖人」爲芻狗。中國知識分子西化派和本土派是歡喜冤家，表面上水火不容，實際上相互學習。孔子的遺產是人文主義，但因西化刺激，本土派條件反射，首先是模仿西方，將孔子宗教化。近代，國人目睹西方用武力傳教，才懷有把儒學變成世界宗教（或準宗教）的強烈衝動。如辛亥革命第二年孔教會成立，會長是康有爲，他的《孔子改制考》，不但把儒家說成教，先秦諸子也都是教。中國一貫的傳統卻是只取經，不傳教。

孔子的學派本來叫儒家。儒家是思想流派，並不是僧團教派，就像當時的道家或其他家，本來也不是教派。但孔子有一套救世主張，喜歡聚合徒眾，到處宣傳，還有點蒙難的經歷，做為思想正統，做爲意識形態，又頗有幾分宗教味道。儒家與道教、佛教並立，爲了保持對稱，也被稱爲教，而且很早就有這種說法⑤。

儒家是宗教嗎？這個問題，對「宗教擺第一」的西方而言是大問題。當年的禮儀之爭，就是爭這個問題。中國人，燒香磕頭，拜天地君親師，是宗教不是宗教，對羅馬教廷是無法繞過的大問題。他們不但向中國傳教，還把中國介紹給歐洲。我們要知道，最早輸出「孔教」的，不是我們是他們。他們引進孔子，前後態度反差非常大；這事，對反省中國有幫助。

中國是一面鏡子，照見的是歐洲自己。西方初遇中國，孔子代表了「中國形象」。這個形象是由宋明理學塑造，有我們自己的標準，但在歐洲人心中卻經常改變——十七世紀充滿神祕，十八世紀狂熱崇拜，十九世紀罵聲一片，廿世紀臧否不一。中國製造的孔子，西方製造的孔子，都是人爲製造的孔子，做爲過程和一脈相承的思想，有人稱「人造孔教」。孔子的以德治國，曾是西方啓蒙時代的福音，有人稱「孔教烏托邦」。烏托邦的本義，是個到處找不到、說不定可以在哪兒撞見的好地方，地理大發現，使他們逼近了這類幻想。

十七世紀，傳教士把遙遠、古老的中國介紹給歐洲，西方突然發現，中華帝國就是他們苦苦

⑤ 英文的Confucianism，既可以是儒家，也可以是儒教。就像Taoism，既可以是道家，也可以是道教。

追尋的烏托邦。烏托邦是西方的古老傳統，這個傳統推始於柏拉圖的《理想國》，畢竟中國以道德文章選官，君王也飽讀詩書，曾使西人誤解——這就是文藝復興以來，他們朝思暮想，想在海外發現的哲學王⑥。

十八世紀，西方正逢啓蒙時代，是「孔教烏托邦」的黃金時代：「哲人王（中國皇帝）統治下的人民最幸福」「中國的儒教是令人欽佩的」「人類肯定想像不出一個比這更好的政府」……他們眞是讚不絕口。康熙皇帝、乾隆皇帝被啓蒙思想家捧上了天；與之並世的歐洲君王，路易十四、路易十五、腓特烈大帝、彼得大帝、凱薩琳二世，在他們的遊說下皆奉中國爲榜樣。「孔教烏托邦」，一度成爲反迷信和暴政的工具。用孔子的理性哲學代替宗教，用中國的開明君主代替他們的專制君主，當時很時髦。這是中國和歐洲的蜜月期，國人最樂道。

然而，好景不長。理性變成瘋狂，哲學變成荒唐。十八世紀末，法國大革命，群眾的激情有如洪水猛獸，他們埋葬了啓蒙時代，也埋葬了「孔教烏托邦」。革命廢止教會，把國王送上斷頭臺，卻創造了另一個專制君主——拿破崙。他不但恢復法國的教會，還請羅馬教廷加冕他爲皇帝。這個「革命的皇帝」，把歐洲拖入十多年的血腥戰爭。人們終於發現，歐洲君主都是窮兵黷武、極端專制，美好的理想只存在於哲學家的頭腦中。中國的皇帝也一個樣。

十九世紀，人們不再相信「孔教烏托邦」。康德說，不能指望國王變成哲學家，或哲學家變成國王。雖然法國恢復了共和，國王沒有了，政教分離了，文官考試被制度化，但和最初的理想完全不一樣。此時，中國也被西方打敗，陷入長期混亂，暴露了眞實面貌。眞實的中國，讓他們越來越失望。他們寧可待在自己對中國的浪漫幻想中，或在中國的邊疆地區另尋新的烏托邦，也絕不願看到這個腐敗、墮落、停滯、專制、邪惡、黑暗的鴉片帝國。中國的形象跌入谷底。有人說——幻想的孔子本不存在：道德不是政治，理想不是現實。眞實的中國平淡無奇：過去不是天堂，現在不是地獄。

東方之道德大行天下？

近代的王國維曾說，東方之道德將大行於天下。亞洲，只是東方的一部分；東亞，只是亞洲的一部分；我們，只是東亞的一部分。中國即東方，這是大言不慚⑦。文明是傳染病。西方的病是世界通病：第一是窮兵黷武，第二是瘋狂開發，這些都該批判，沒問題。但這類病，發達國家發得早，急性轉慢性，一時半刻要不了命；不發達國家發得晚，一般都是急症。一個經常上急診室的病

⑥ 當時的西方人喜歡把什麼學問都說成是哲學，他們把中國的人文學術叫哲學，把中國的文人叫哲學家。
⑦ 東方，是道地的西方概念。西人所謂東方，概念很籠統，就像一切非基督教文化，全是異教文化；二分法，不是西方，就是東方。歐洲人的地理視野是隨歐洲勢力擴張而來，由近及遠。他們所謂的東方，本指北非、西亞，後來擴大到中亞、南亞、東南亞、東亞。所謂亞細亞生產方式或東方專制主義，就是他們的籠統印象。

號，自救之不暇，還想救別人，可笑。讀「新儒家宣言」⑧，我的感覺，一是空洞，二是滑稽。

古今中外，人心同理。古人說「非我族類，其心必異」，這是種族偏見。孔子說「性相近，習相遠」，推廣於世界，是同樣的道理。道德多是老生常談，古今中外差不多。孔子教我們學好，人家的道德也沒教他們學壞。西方重個人，未必輕集體；重物質，未必輕精神；重技術，未必輕人文。我們的推論是自欺欺人——「他們，人和自然的關係太緊張，不像我們是天人合一」，這是完全說反了；「他們不養父母，無孝心」，更是不懂人家的國情。在中國，大家庭早已解體，養老院正在興辦，經濟不獨立老想賴父母生存的啃老族日益增加。道德，從來就是生存策略；以前不理解，現在該明白。四世同堂，孝養父母，是生存策略。小孩獨立、老人自尊，也是生存策略。

俗話說，老婆是人家的好，孩子是自己的好。科技是人家的老婆，道德是自己的孩子。中國近代爭體用，老是喜歡說「西洋科技好，中國道德高」，這話經不起深究。中國的道德，哪點比人高？特別是社會公德。說話不算話，拿人不當人，此國之所以不昌也。愚見以爲，道德也應進口。有人說「現在道德差，祖宗水準高」。我也不相信。比如孔子大講道德那個時期，就是社會太缺德——哪朝哪代盛極而衰，這樣的事所在多有。宋以來，以忠孝治國，也很失敗。道德的供求定律是：越沒道德才越講道德。我相信，中國人什麼時候不再滿口仁義道德，道德水準就提高了。

國學和國粹真的是寶？

一九八〇年代罵祖宗，九〇年代愛祖宗，現在的時髦是賣祖宗，氣候一直在變。但天不變，道亦不變，怎麼說，怎麼有理。孔夫子是中國傳統的符號，但中國傳統卻不等於孔夫子。中國文化博大精深，豈是一個儒字所能概之，特別是在五四之後的視野下。

什麼叫「國學」？就是「國將不國之學」。第一，西學不入，無所謂國學，它是存心跟西學對峙。第二，所謂國學都是不中不西之學。太中不算，太西也不算。比如傳統考據太舊，應歸入清代學術；考古學和比較語言學太新，是地地道道的西學。我所認可的國學大師，都是以新材料、新思想或新學術改造舊學的大師。大師都是另起爐灶、足以轉移風氣的人，完全拒絕新學而名重一時的大師，好像還沒有。有，也是徒有虛名。

什麼叫「國粹」？這也是因西化而起。西化，凡西化推廣不及的地方，還剩下點什麼化不掉，便是所謂國粹。武術方術，中醫中藥，窮鄉僻壤唐人街，老人愛聽的地方戲，各種祭拜，更是國粹中的國粹。古蹟、古物、古書，祖宗留下的東西越來越少，應該搶救保護，我完全同意，

⑧ 是指牟宗三、徐復觀、張君勱、唐君毅的〈為中國文化敬告世界人士宣言〉，文章中所說的「世界人士」是西方人。他們向這些人提出要求，你們「應向東方人學習」五件事，第一是「『當下即是』之精神，與『一切放下』之襟抱」，第二是「一種圓而神的智慧」，第三是「一種溫潤而惻怛或悲憫之情」，第四是「如何使文化悠久的智慧」，第五是「天下一家之情懷」，這全是昏話。

但說發揚光大，那就過了。古董可以放在展示櫃中欣賞，但不必把自我擺進去。

西方有科學幻想，我國有人文幻想，比如俠客和奇女子，就是這等幻想。金庸弘揚了這一傳統，讀者無其數。武俠，是中國的名牌產品。據說，打義和團那時期，中國人就有一種精神。這種精神是什麼？實在耐人尋味。港臺武打片，殺入好萊塢很讓國人自豪，它們有個永恆主題：東方不敗（如國術家霍元甲、陳眞）。李小龍是經典，他的墓在西雅圖，我弔謁過兩次，截拳道號稱「道」——「以無限爲有限，以無法爲有法」（墓上題辭），然而他卻死得早。

中國近代，兵敗氣短，讓人覺得百不如人，但我們有功夫。擂臺上，外國大力士蠻壯如牛，瞄準肚皮狂擊無效，叫人著急，最後還是倒在我們的腳下。日本武士怎麼樣？他們有功夫，也頂不住我們的精神。中華有神功。還是老舍的〈斷魂槍〉寫得好：夜深人靜，沙子龍把門關好，一氣扎下六十四槍，遙望星空，微微一笑，只說「不傳不傳」。但近百年來，眞眞假假虛虛實實，這類幻想，卻綿綿不絕。毛賊般飛簷走壁、上房揭瓦，早成過去。現在的功夫片，鋼絲懸吊，空中對打，背景如詩如畫。幻象升級，升不上去怎麼辦？不妨來點荒誕。大家齊聲喝彩，要的就是荒誕。有種說法很流行：越是民族，才越是世界。

知識分子的宿命

《韓非子・五蠹》提到「儒以文亂法，俠以武犯禁」，亂法犯禁的結果，是整頓和歸順，軸心時代的先知、哲人和宗教家，全都難逃此劫；孔子也不例外。大眾所愛，也能成爲意識形態。阿育王皈依，君士坦丁受洗，孔子成爲帝王師⑨，到底是誰的勝利？孔子理想中的烏托邦，不是煙濤微茫的海上神山，不是隱士幻想的世外桃源，只是周公時代的君子國。他的聽眾，也不是他稱之爲「小人」的人民大眾，而是他稱「君子」的讀書人。所以孔子不是大眾英雄，也不是宗教家，而宗教的基礎是人民大眾。

知識分子最有智慧，最有道德，最有理想。讓他們管國家，誰都覺得踏實、放心。其實，這是危險的託付。眞理難容謬誤。知識分子心明眼亮，比誰都專制。如果手中有刀，首先喪命的，就是他的同類。孔子把從政當使命，這在中國是傳統；學者稱爲擔當，我看是惡習。我們的知識分子，很少有人抗得住當官的誘惑。柏拉圖的《理想國》理想是知識分子專政——一切靠道德和智慧，這和孔子的設想相似，至治之極，政刑將無所用之。柏拉圖，一怕暴君，二怕暴民。在他看來，由最聰明的人當政才是唯一出路。他的典型表達是：讓哲學家當國王，或讓國王當哲學家。

柏拉圖的理想國，名曰哲人專政，實爲軍人專政，不但共產，而且共妻。學者說，它的靈感來自斯巴達：軍事共產主義加奴隸制。柏拉圖三說敘拉古國王，均無功而返。失望之餘，他歎氣

⑨孔子的頭銜，除了聖、王，還有公、侯，這些全是追認。歷代統治者對別的頭銜還比較大方，唯於「王」字比較吝嗇，往往要去掉，他們害怕造成領導的二元化。去掉王字的聖人，其實是就是偉大導師（「至聖先師」的師、「天地君親師」的師）、精神領袖，有點準宗教的味道。

說道，我理想中的第一等國家只有天上才有，地上的國家還是交法律去管吧。

以良知定是非（上不唯領導是聽，下不阿群眾所好），不能搞政治；以民主定是非（操縱多數，平衡利益），不能搞學問。這是學者和政客的不同。什麼是政治？什麼是學術？聖門之徒，常常分不清。烏托邦的功能是否定現存秩序，意識形態的功能是維護現存秩序。從烏托邦到意識形態，是知識分子的宿命。孔子不能救中國，也不能救世界。從來就沒有什麼救世主，也不能靠神仙皇帝。要創造人類的幸福，全靠我們自己。

最後我想說，我讀《論語》，時間短了點，這只是毛坯，希望以後還有機會修改。

——附錄

論語是本什麼樣的書

《論語》是本什麼樣的書，古人怎麼讀它，今人怎麼讀它，這件事，說起來很枯燥，但不可缺少。

《論語》的文本

《論語》一書，是戰國時期編成，大家都這麼看。但戰國時期的《論語》不一定就是現在這個樣子，有些話可能在今本之內，有些話可能在今本之外，而且有好多不同的傳本。當時的《論語》是什麼模樣，因爲沒有出土發現，我們不知道。我們只知道，孔子死後，春秋末年和戰國早期，他的學生，或學生的學生，非常活躍，戰國中期以來，古書經常引用《論語》，比如《孟子》，就有十二條引文和今本《論語》相近。

現在，大家談《論語》編定的年代，戰國早期？中期？還是晚期？首先要問，你心中的《論語》是哪一部《論語》或什麼樣的《論語》，是今本這樣的？還是某種形成中的本子？這個問題很複雜。學者討論郭店楚簡《老子》，就碰到過這類問題。現在大家都說，《孫子》《老子》和《論語》是年代最早的子書，但它們的年代關係到底是什麼模樣，其實還是一個值得討論的問題。我的看法是，撇開編輯過程不談（這個過程很長，即使漢代，也還在繼續），這本書的內容大約形成於孔、孟之間的戰國早期，年代範圍大致在前四七九～前三七二年之間。

《論語》是本語錄，但究竟是原始紀錄的匯集，還是從大戴（德）小戴（聖）《禮記》式的儒門傳記（不是今語傳記，而是記錄「師說」的書）中摘編，或兩種情況都有，情況還有待調查。我的印象是，這書恐怕不是原始紀錄。我們讀《論語》可以明顯感到它的各章不一定是同一來源（比如孔子的稱謂就不一樣）。此外，《論語》多短章，有些內容甚至見於他書，比《論語》更詳細，所以我的感覺是，《論語》多是摘抄和節略。

漢初的《論語》是什麼模樣，我們也不太清楚，只知道，當時的人引用《論語》，還很少稱之爲《論語》，情況同於先秦。高祖時，《論語》等儒書還吃不開，但很快他就明白，在儒生的帽子裡撒尿不太妥當。漢高祖推翻秦朝，是靠兩個方法收拾人心，一是落實民族政策，二是落實知識分子政策；這兩個方法配合使用。漢高祖十二年（前一九六年），他去世前不久，有兩個重要舉措。十一月，他自淮南還，路過曲阜，曾以大牢祭孔（《史記·孔子世家》《漢書·高帝紀》）。這是爲知識分子平反。十二月，學孔子號召「繼絕世」，他下令，爲七國絕無後者，秦始皇、楚幽王、魏安僖王、齊湣王、趙悼襄王，還有陳勝，置守塚，奉祭血食。其中以秦始皇待遇最高，賜守塚二十家，其他人各十家（《史記·高祖本紀》）。這是爲六國平反。這兩件事，都是大翻案，很有象徵意義。司馬遷作《史記》，將孔子和陳涉並列，寫入他的三十世家。惠帝時，除攜書之令，是進一步。《論語》便是在這一背景下復出，和諸子之書一起復出。

《論語》復出，最初視同子書，有如「諸子傳記」，那時只是儒家的傳記（不是今語的傳記）。古人引書好以類名，如《孫子兵法》只稱「兵法」。《論語》在漢初也是如此，多半稱爲「傳」，並不視爲經典。文帝時，五經之學未備，《論語》《孝經》《孟子》《爾雅》已先置博士，叫「傳記博士」。四大傳記，以《論語》地位最高，當時在《漢書．揚雄傳》中有「傳莫大於《論語》」的說法。武帝時，有一件大事，是發現「孔壁中書」，其中有廿一篇以古文抄寫的《論語》，也有一百卅一篇今大小戴《禮記》的古文前身，當時被當做同類讀物。

王充說，《論語》原書有「數十百篇」，大概就是合此二書而計，這是廣義的《論語》。狹義的《論語》，意即與今本《論語》大致對應的《論語》，據說是從孔安國開始。孔安國以古文《論語》授魯人扶卿，才定書名爲《論語》。但還有一種說法，見於《漢書．藝文志．六藝略》的「論語類」。《漢志》是本之漢代成、哀二帝時期的《別錄》和《七略》，反映的是昭、宣以後的情況。當時的《論語》文本分成三個系統：

《古論》。古文本，廿一篇，同王充所說。何晏說，它與《齊論》《魯論》篇次排列不一樣，文字也有差異，彼此對照，異文有四百多字。桓譚也在《新論．正經》說，異文有六百四十字。此書舊有孔安國傳，而世不傳，《漢志》只錄文本，無師說。何晏的《集解》，所集八家有孔安國傳，來歷不明，學者多懷疑它也許是由扶卿和馬融傳下來的。①

《魯論》。今文本，廿篇，和《古論》一樣都是魯地的傳本，區別只在於《古論》最後一篇將「子張問」以下的內容裁篇別出，題爲〈從政〉，比《魯論》多出了一篇。《古論》是以古文抄寫的舊抄本，《魯論》是據口傳隸寫的新抄本，文字也有出入，兩本可能比較接近。《魯論》的傳授者最多，但傳《魯論》者似亦兼修另外兩家。如王充說，孔安國授《古論》於魯人扶卿，扶卿就是傳《魯論》。此書有〈夏侯說〉廿一篇、〈安昌侯說〉廿一篇、〈王駿說〉廿篇；前兩種篇數皆從《古論》，也是證明。其中「夏侯」即夏侯勝，「安昌侯」即張禹，「王駿」是王吉的兒子。〈安昌侯說〉即《張侯論》的前身，後世所傳的《魯論》，主要就是這個本子，但張禹雖從夏侯勝受《魯論》，亦從王吉、庸生受《齊說》。王駿是王吉的兒子，恐怕原來也是學《齊說》。可見《魯論》的傳授兼採了《古論》和《齊論》。

《齊論》。今文本，廿二篇，比《魯論》多出了〈問王〉〈知道〉兩篇；同樣的廿篇內，章句也頗多於《魯論》（估計也多於《古論》）。此書有〈齊說〉廿九篇，不注所出。但此類小序說，西漢傳《齊論》者有王吉、宋畸、貢禹、五鹿充宗、庸生，其中以王吉最有名。王充講他當時的傳本，只提到廿篇本和廿一篇本，沒有廿二篇本，《齊論》似已失傳。

成、哀之際，六藝經本今古融合，而有張禹的《張侯論》。它是《漢志》著錄本以外的一個重要本子。《張侯論》的文本兼《古論》，注釋採《齊說》，它在東漢最流行，就是漢熹平石經採用的標準本。

東漢時期，《古論》只有馬融傳之；《齊論》似已併入其他系統，沒有傳人；《魯論》則靠《張侯論》傳世。鄭玄傳馬融之學，他的注本也是如此，篇次和章序是按《魯論》，字句是按《古論》，並且揉合了《齊說》，名氣最大。今本《論語》的來源是《張侯論》，但各家注本略有差異，各種集注本加以整合，又產生新的差異。這些差異自要注意，但並不重要。

《論語》的書題、篇題與內容結構

《論語》的「論」是編纂之意，「語」是言語之意，這是它的字面含義。大家讀《論語》原書，可以對這兩個字的含義有進一步瞭解。它的每一篇都是由孔子的話、學生的話，以及他們的相互問答、還有其他一些談話（與孔門以外的人）構成，似乎沒有什麼複雜含義要解釋。

但我們要注意，古代的「語」有多重含義；一種是故事性的敘述，可以是一個人講，也可以是幾個人相互對話，特點是結合「事」，也叫「事語」，它是史學體裁中非常活躍的一種，一般比較長，比如《國語》的語，就是這種語；一種是子書常用的敘述方式，特點是捨事而言理，也有敘述體、對話體兩種，這是「諸子百家語」的語，也比較長；還有一種則是「語曰」的語，它有點相當於「不聽老人言，吃虧在眼前」的老人言，其實算是成語掌故之義的語，比起前兩種，

① 參看：何晏《論語注疏解經序》，阮元校刻《十三經注疏》，北京：中華書局，一九八〇年，下冊，頁二四五四～頁二四五六。

它更短。不過，《論語》的「語」和第一種事語當然不一樣，與一般子書的語、成語掌故的語也有區別。比起子書，它短了點，比起成語，它又長了點；尤其是《論語》的後十篇（〈先進〉～〈堯曰〉），有許多章其實比較長。這是講《論語》的書題。

今本《論語》的廿篇篇題都屬於「拈篇首語爲題」。這種篇題，是指從每篇開頭的話隨便摘二或三個字，當做標籤，並非根據主題來題篇。這種方式在古書中極爲常見，這對《論語》最合適。因爲《論語》各篇都以短章拼起來，每篇本來就鮮少有共同主題，只能把各章的內容歸納一下，比如〈鄉黨〉講儀容的內容比較多，我們就說這一篇主要是講儀容。

如果大家眞的想從內容或思想分析《論語》，我們可以做兩個工作。一是編主題索引或主題摘編，把《論語》各章全部打亂，重新組合；但我們要明白，這是分析，不是新編。二是編年代索引或按年代排比有關章節，比如我們讀《史記．孔子世家》，司馬遷是把《論語》的一些話插在他的年代敍述中，也是把原書打亂了排。但這樣排只能求其大概，能排的排，不能排的不排，不要硬編硬排，輔以文學想像。比如現在有些《孔子傳》，就是歷史和文學亂摻和，把很多想像寫在裡面，這對讀者是誤導。

還有，《論語》的章句劃分也很重要。古書的「篇」是由章組成，「章」是由句組成，篇與篇或章與章，彼此的起迄不一樣，前後的順序不一樣，這對文義的理解會有影響。今本《論語》有廿篇，它的各篇怎麼分章，大致上是一樣的，但有幾篇很不一樣。比如〈鄉黨〉原來不分章，本書分廿五章；〈陽貨〉原分廿六章，本書也分廿六章；〈堯曰〉今本分三章，古本則把它的後兩章另分爲一篇，本書則仍分三章。這是《論語》在結構上的特點；我們除了一章一章、一篇一篇去讀，還要掌握它的整體關聯。

《論語》是語錄體和袖珍本

在現存子書中，《論語》是很特殊的一類。它是用結構鬆散的語錄體寫成，絕大多數都是三言兩語，章與章之間也多半沒有關聯。這和敍述體或對話體的其他子書都不一樣，和分章不分篇（只分上下兩部分）的《老子》也不一樣。這本書是怎麼編出來的，一直是古書形式研究很重要的課題。

一個可能是，它是直接記錄口語，隨時聽到隨時記下來，保持原始面貌；一個可能是，它是從某些篇幅較長的篇章中摘出來，屬於名言選粹；當然，也許兩種情況都有可能。《論語》以後的語錄，有禪宗的語錄、宋明理學的語錄，這些語錄多從講演和談話中摘錄，它們的特點是選擇性很強，可說是「經典化中的經典化」，無論存有多少原始成分，都是經過選擇和編輯後的結果。《論語》的編輯則和《朱子語類》類似，都是合許多不同的刊本而成。這是第一點。

其次，我們應注意的是，《論語》是用短簡抄寫的「袖珍本」。和現在的書有各種開本一樣，古代竹簡也有長短之分。王國維先生考證，東漢時期，當時的五經《詩》《書》《禮》《易》《春秋》，都是寫在二尺四寸的大簡上。傳記則不同，是抄在比較短的簡上，比如《孝經》，僅一尺二寸；《論語》更短，只有八寸，這在當時都屬於「袖珍本」。

漢代抄《論語》是用短簡，這可與某些出土發現進行比較。比如郭店楚簡，這批楚簡，整理者稱爲《語叢》的由小至大有四種尺寸。這些「簡」也都屬於「語」的摘錄，其中《語叢一》《語叢二》《語叢三》是儒家語叢，正與《論語》相似。特別是其中的《語叢三》，不僅形式相似，語句也有相近之處。如：《語叢三》的「志於道，狎於德，比於仁，游於藝。」（簡51），可與【述而7・6】的「志於道，據於德，依於仁，游於藝」相參照。我懷疑，早期的《論語》也許就是這樣的東西，現在的《論語》就是從這類語叢摘錄和選編。

現在的《論語》，字數有一萬五千八百卌六字（不包括重複的一百八十六字，古人統計字數，習慣不計重複的文字）。這個數字，在古書中不算太長，但比起《易經》《老子》《孫子》卻多出不少，因爲那三本書，字數都在五、六千字左右，而《論語》的篇幅差不多正好是它們的三倍。我們今天寫字，五千至一萬字，只夠一篇短文的篇幅，但在古代卻是一本書。它可以反映古人對閱讀承受量的理解，即一部經典天天讀、月月講，對他們來說，一定長度的篇幅才合適，才不會讓他們心煩意亂，或昏昏欲睡。

《論語》是小學德育課本和讀經入門書

中國古代的學校，有小學和大學之分。小學是啓蒙階段，大學是深造階段。學制方面，古書有幾種不同記載，其中《大戴禮・保傅》《白虎通・辟雍》《漢書・食貨志》，以及許愼的《說文解字敘》均談到：八歲入小學學書數（讀寫和算術），十五歲入大學學禮樂、射御。孔子說他自己是「吾十有五而志於學」，有人說孔子上過學，有人說沒有，他是自學成才。如果是上學，大概屬於〈保傅〉等篇說的大學一年級。

漢代的教學是繼承先秦，它也有大小學之分，小學是學曆算（背干支表和九九乘法表）、書法，以及讀《論語》《孝經》（九至十四歲）；大學是習五經（十五至廿歲）。《漢書・藝文志》把《論語》《孝經》放在六藝經典的後面，就是把它們當閱讀經書的入門書和參考資料。漢代的崔寔於《四民月令》說「（十一月）研水凍，命幼童讀《孝經》、《論語》、篇章、小學」，可見《論語》和《孝經》是當時的德育課本和啓蒙書籍。孔子認爲：修齊治平，家庭是國家的基礎；道德文章（即所謂「文行」），道德是文章的基礎。在當時，讀書是爲了做官，要做官，先要當村裡的模範（即所謂「孝廉」），要當這樣的模範，就要讀《論語》《孝經》，讀完才讀五經。宋以來，有四書五經，即《論語》《孝經》之外，加了《大學》《中庸》，但順序還是先讀四書，再讀五經，這是《論語》在中國文化傳統中的實際地位。

關於孔子和《論語》，關於中國的道德政治，我們該怎麼看？是不是將大行於天下，不但救中國，還救全世界，現在不必談，道理是：咱們還是先讀孔子的書，再評價他的思想。

——附錄

有助讀懂《論語》的古今參考書

今天讀《論語》可以有多種讀法。最簡單的辦法是按原書一章章往下讀，按順序讀。此外，還有兩種讀法是打散了讀：一是以「孔子的生平」爲綱目，把他的學生和其他人物也串連起來，盡可能爲《論語》的章節編年，等於把《論語》當成孔子的傳記讀（像是司馬遷的《史記》，以及清代也有好幾種）；另一種是以《論語》「涉及的思想概念」爲綱目，按照概念條列有關文字，進行歸納和總結。

但我們眞正進入《論語》時，讀法其實和古人不一樣。《論語》是古書，我們不是古人，讀古書的方法自然沒法和古人一樣，也不必一樣。前人研究《論語》，無論是考據派和義理派皆各有所長。要注意的是，《論語》和一般的古書不同，前人的研究往往籠罩在「聖人」的氣氛下進行，閱讀時總有很多預設前提和心理暗示。我主張，讀古書最好倒著讀，先讀近人的書，再讀古人的書；而且現代普及本有個好處，那就是偏見和說教較少。至於古人的書，主要是用來查，若要入手還是晚近一點的書更合適。

今本和今注

閱讀《論語》，書店和圖書館比較容易找到近人的著作，這裡選出九本不同類別的書，簡單介紹如下：

推薦書（集注類）

・程樹德《論語集釋》，北京：中華書局，一九九〇年。（本文稱程書）

這是一部集注類作品，一部延續清代學術的作品。程樹德深愛孔子，以捍衛孔子和「發揚吾國固有文化」為職志，將一生心血傾注於此書，晚年患腦血栓，足不能行，口不能言，完全靠他人代查代抄才寫成此書。程氏徵引了六百八十種古書，光是《論語》《四書》兩類就有兩百零三種，遠遠超過劉寶楠的《論語正義》，最詳備。這是自古本《論語正義》之後集大成的作品，要想瞭解古人的說法，最好參考這本書。程氏對舊注新說、文字考證和義理發揮，兼收並蓄，超越劉書。在所有的參考書中，程書最基礎，最重要，雖有疏漏錯誤，到目前為止仍是最好的參考書。我們後人在理解《論語》上的提煉和簡化都是以此為基礎，也就是儘量吸收前人的研究成果。

對我來說，我讀《論語》的參考書，主要是這本。此書不僅詳備且眼光好，對歷代注釋的得失了然於胸，摒棄了「漢宋門戶之見，考據訓詁之爭」，以此做為取決標準較好。

入門書（普及本）

・楊伯峻《論語譯注》，北京：中華書局，一九五八年初版、一九八〇年二版。（本文稱楊書）

・孫欽善《論語注譯》，成都：巴蜀書社，一九九〇年。（本文稱孫書）

・錢穆《論語新解》，北京：三聯書店，二〇〇二年。（原書寫於一九六三年，本文稱錢書）

・李澤厚《論語今讀》，北京：三聯書店，二〇〇四年。（本文稱李書）

・金良年《論語譯注》，上海：上海古籍出版社，一九九五年。（本文稱金書）

這五本書都是帶有白話翻譯和簡明注釋的普及本，現代讀者最需要這一種。翻譯，不光是普及，也是一種提升，作者的很多理解，包括他對語法關係的理解，都體現在他的翻譯中。西方的漢學家需要這些翻譯，我們也需要翻譯。原因是古今之間的距離已越來越大，我們也等於站在古代中國的外面研究它。我的這本書沒有譯文，大家可以參考這五本書的白話翻譯。

楊伯峻的《論語譯注》，立論多依《論語正義》。楊伯峻是《論語疏證》的作者楊樹達的姪兒，兩人都是著名的文史專家。《論語譯注》的初稿經楊樹達審讀，二稿經王力、馮友蘭和童第德審讀，一般認爲應有相當水準。注重文法，也是楊氏叔姪著作的一個優點。一九八〇年代前，此書在中國大陸最流行，影響很大，一般人都是讀它。總的說起來，是部平實可靠之作。

錢穆的《論語新解》，純以義理爲主，考據少而議論多，立論多依朱熹的《論語集注》，很多筆墨都花在琢磨聖人的心法上。錢氏另有《劉向歆父子年譜》和《先秦諸子系年考辨》兩部書爲平生力作。

李澤厚的《論語今讀》，則是名氣最大。但我以爲，**孫欽善的《論語注譯》**可能更好。雖然知道這本書的人不太多，它的優點是注釋比較精練，也比較準確，尤其注重辭語互見，常用《論語》本身解《論語》，對於互見關係注得很細，這對理解《論語》非常重要。

進階書（考證類）

- 楊樹達《論語疏證》，北京：科學出版社，一九五五年。（本文稱《疏證》）
- 趙紀彬《論語新探》，北京：人民出版社，一九七六年。（本文稱趙書）
- 牛澤群《論語札記》，北京：北京燕山出版社，二〇〇三年。（本文稱牛書）

這三本書都是考證類的札記。

《論語疏證》的作者楊樹達，他是文史界的老前輩。他的姪兒楊伯峻說《疏證》的特點是——「把三國以前所有徵引《論語》、或者和《論語》有關的資料都依《論語》原文疏列，有時出己意加案語」，但我的讀後感是，此書雖有心得，然勝義不多。

《論語新探》的作者趙紀彬，治《論語》頗有年頭，《趙書》的研究水準實遠出於時下的流行新作，很多細節考證至今仍有參考價値，是一本頗爲有趣的參考書。另，他的《關於孔子誅少正卯問題》，也是很重要的參考書。

牛澤群的《論語札記》，文言，筆記體，旁徵博引，好用雜說，好講邏輯，好酷評前賢，痛批時彥，好海闊天空進行題外發揮。作者熟讀《論語》，對歷史上的尊孔、批孔和時下的復古風潮有獨到見解，不阿俗，不跟風，是一本有趣的參考書。

古本和古注

古本

簡本《論語》（本書簡稱「簡本」），即河北定州八角廊西漢墓出土的《論語》。這是出土發現年代最早的古本，很珍貴，簡文釋文被收入河北省文物研究所定州漢墓竹簡整理小組，編纂的《定州漢墓竹簡〈論語〉》（北京：文物出版社，一九九七年）。此本的下限不晚於漢宣帝五鳳三年（前五十五年），年代在《漢志》著錄本之前，大體相當於王充所說——「至昭帝女讀二十一篇，宣帝下太常博士。時尚稱書難曉，名之曰傳，後更隸寫以傳誦」這段時間範圍內的本子。這是西漢本。它屬於《古論》《齊論》《魯論》哪一種《論語》本子，這個問題有爭論。我的看法是，西漢晚期是今、古文本的融合期，情況類似武威漢簡的《儀禮》，很難按上述三家進行歸納。

古注

- 《論語鄭氏注》（本書簡稱《鄭注》）。
- 《論語集解義疏》（皇侃的集解和疏，本書簡稱《皇疏》）。
- 《論語集解》（何晏的集解和邢昺的疏，本書簡稱《集解》；若單指《邢昺疏》，則簡稱《邢疏》）。
- 《論語集注》（朱熹的注，本書簡稱《集注》，隨文敍述則稱朱注），北京：中華書局，一九八三年。
- 《論語正義》（劉寶楠的集解和疏，本書簡稱劉書），北京：中華書局，一九九〇年。

《論語鄭氏注》。此書久佚，清以來有不少輯佚書，近代還發現了敦煌和吐魯番所出的多種唐寫本，學者有深入研究。這是東漢本，在東漢最有名，魏晉以來逐漸爲何晏的《集解》取代。

《論語集解義疏》。原書久佚，但日本有多種舊鈔本，如大正十二年（一九二三年）的懷德堂本。清朝回傳中國，有《知不足齋叢書》刊印的根本伯修氏校本，即《叢書集成初編》所收。《四庫全書》本「夷狄有君」章疏犯諱被刪，不是原貌。在宋人《邢昺疏》出現以前，它是最有名的義疏。皇侃是六朝梁人，這是六朝本，主要是疏何晏的《論語集解》，但也參考了江熙的《論語集解》。

《論語集解》。通行本爲阮元校刻的《十三經注疏》本，即「魏何晏集解附宋邢昺疏」的本子。它是用東漢以來的八種本子拼成，在《鄭注》之後最流行。此書也有敦煌本，學者曾進行過深入研究。這是三國本。**《邢昺疏》**／**《邢疏》**，即邢昺所著的《論語正義》，是宋人邢昺爲何晏的《論語集解》作的疏，是漢、宋之分的轉捩點，《邢疏》出而《皇疏》衰，收入阮元校刻《十三經注疏》。

《論語集注》，收入朱熹的《四書章句集注》。朱注，長於義理，是《四書》系統的權威注本，爲宋學的代表作。書中雖引二程，但主要是朱熹的話。說是集注，也不太像集注，朱熹的注簡單明瞭，好讀，但主觀成分較大，理學味道太濃，先入爲主的偏見也比較多。

《論語正義》。作者劉寶楠是清代《論語》考據的集大成者。寶應劉氏是研究《論語》的世家，劉寶楠年輕時曾與劉文淇等人抓鬮，發誓各治一經，他抓得《論語》，從此全力治《論語》，到死都沒完成，最後是由其子劉恭冕續編成書。劉書初刻於同治九年（一八七〇年），年代最晚，最詳備，是清代研究《論語》的代表作。比起朱熹的《論語集注》，劉書更加忠實可靠，它吸收了清一代更新、也更多的研究成果。

這幾部古注中，《集解》是最流行的，我們用的文本主要是這一種，但《集注》、劉書也很重要，它們分別代表宋以來的兩個注釋系統，即宋學和漢學的系統。但要想快速查閱古人的說法，劉書則比其他幾部古本、古注更加重要。但這部書的篇幅比較多，內容比較繁，必須有所選擇才能化繁爲簡。今人程樹德的《論語集釋》是一本跟它類似的書，篇幅甚至更多；我們若要看前人有什麼說法，也可以從程書入手，它已將劉書的很多內容抄了進去。

《論語》的海外譯本和海外研究

《論語》在漢學典籍中翻譯得最早，明萬曆廿二年（一五九四年），利瑪竇就把《四書》翻成拉丁文，以後的譯本也層出不窮。但西方和中國初次見面，彼此都摸不透。他們對孔子和《論語》的印象時好時壞，十六至十八世紀，狂熱崇拜（但也有不同聲音）；十九世紀，壞話很多。康熙、乾隆時，他們崇拜，這之後他們不崇拜。一九四九年之前和之後，一九六六年之前和之後，一九七八年之前和之後——中國的形象不斷在變，他們對孔子和《論語》的印象也在變。但我們不要忘記，西方有西方的價值觀。十九世紀大局已定，他們是萬變不離其宗。

西方人不是不知道《論語》在中國，地位高、影響大，但他們是局外人，不會以我們的好惡為好惡，相反地，他們從來都是以自己的標準去取；我們自己的看法是好是壞，當然也會影響他們。

西方人對孔子的想像

《論語》給西方人的印象是什麼？我可以舉一個例子。像是黑格爾講東方哲學，一是指中國哲學，二是指印度哲學。中國哲學方面，他舉了三本書，《論語》《易經》和《老子》。關於

《論語》，他說：「我們看到孔子和他的弟子們的談話，裡面所講的是一種常識道德，這種常識道德我們在哪裡都找得到，在哪個民族裡都找得到，而且可能還要好些，這是毫無出色之處的東西。孔子只是一個實際的世間智者，在他那裡，思辯的哲學是一點也沒有的——只有一些善良的、老辣的、道德的教訓，從裡面我們無法獲得什麼特殊的東西。西塞羅留給我們的《政治義務論》便是一本道德教訓的書，比孔子所有的書內容豐富，而且更好。我們根據他的原著可以斷言：爲了保持孔子的名聲，假使他的書從來不曾有過翻譯，那倒是更好的事。」

黑格爾提到西塞羅的書，是他用來參照和對比的作品。人家西方也有講倫理道德的書，講得並不差，那我們的優越性在哪裡？好像很費口舌。《論語》在西方即使和中國自己的書比，也有問題。在他們的印象裡，此書不像《老子》《孫子》，因爲這兩本書的文化背景都不明顯，書中幾乎沒人，講的全是通用道理，而且富於哲理和機智；也不像《易經》，可以激發他們對東方神祕主義的無窮幻想。《論語》給人的印象是，說宗教不像宗教，說哲學不像哲學，人物多（有一百五十六人），頭緒亂，難讀。西人讀《論語》尤其有種揮之不去的印象，就是覺得它——淡流寡水。像是詹啓華（Lionel M. Jensen）的《Manufacturing Confucianism: Chinese Traditions and Universal Civilization》一書中第六頁，有幅名爲〈書房裡的孔子〉（Confucius at the office，Gary Larson繪）插圖，可反映西方人一般對孔子的印象是——他不過是個平庸的智者。畫面上，孔子正拿著一根鵝毛筆伏案寫字，黑板上是他的格言「路上可能有霧，開車要小心」「別讓床上的臭蟲咬了」「外面下雨，所以待在家裡」。

當然，最近孔子和《論語》有點升溫，我知道美國和法國都有一些譯本和論著，甚至還有人替我們琢磨，挖空心思幫孔子說好話①。現在，譯成西文的漢學典籍中名氣最大的並不是《論語》，相反地，倒是黑格爾說的另外兩本書，及《孫子兵法》。第一名是《老子》，第二是《易經》，第三是《孫子》，它們在書店最暢銷，新譯本不斷出現，十分走俏。

西方人是重視孔子，但不像我們這樣重視，我們要有清醒的認識。宣傳孔子，無論是以光大中國文化的角度捧，還是模仿其他普世性宗教（基督教和伊斯蘭教），當成類似的救世學說來講，對中國的形象都是幫倒忙，有百害而無一利，越是與其他宗教爭勝，越有基本教義派（Fundamentalism）之嫌。爭它幹嘛？

西方研究孔子和《論語》的人，主要是學者和漢學家。一般大眾不知道，也不關心。國外學者有什麼譯本、討論和評價，若有興趣，大家可以去找一點書來讀。以下列出幾本值得介紹的參考書：

・D. C. Lau, Confucius: The Analects, Hong Kong: The Chinese University Press: 2000. 這是香港中

① 像是美國的郝大維（David L. Hall）、安樂哲（Roger T. Ames），《通過孔子而思》（Thinking Through Confucius），何金俐譯，北京：北京大學出版社，二〇〇五年。作者認為，過去西方人讀《論語》老是讀不出名堂，主要在於他們太從自認為的普遍原則出發，誤以為此書是講「道德的」，其實這書的奧妙在於它是「審美的」。當然，作者也對孔子的哲學有所批評，像是把「唐人街現象」歸咎於孔子哲學，還說長城是「唐人街現象」的象徵，這根據的就是西方人的流俗之見。

文大學中國文化研究所劉殿爵教授的譯本，更是主編《中國古代典籍導讀》（Early Chinese Texts: A Bibliographical Guide）的知名教授魯惟一（Michael Loewe）教授所推薦的英譯本。

・Herrlee G. Creel, Confucius and The Chinese Way, New York: Harper & Row Publishers, 1960. 此書有簡繁中文譯本：顧立雅《孔子與中國之道》，高專誠譯，鄭州：大象出版社，二〇〇〇年。／H. G. Creel《孔子與中國之道》，王正義譯，台北：韋伯出版社，二〇〇三年。

・Herbert Fingarette, Confucius: The Secular as Sacred, Waveland Pr Inc, 1998. 此書有中文譯本：赫伯特・芬格萊特《孔子：即凡而聖》，彭國翔、張華譯，南京：江蘇人民出版社，二〇一〇年。

・Roger T. Ames and Henry Rosemont Jr., The Analects of Confucius: a Philosophical Translation, New York: The Ballantine Books, 1999. 此書有中文譯本：安樂哲、羅斯文《論語的哲學詮釋》，余瑾譯，收入鄭家棟主編的《新傳統主義叢書》，北京：中國社會科學出版社，二〇〇三年。

・Lionel M. Jensen（詹啓華）, Manufacturing Confucianism: Chinese Traditions and Universal Civilization, Duke University Press Books, 1997.

- E. Bruce. Brooks（白牧之）and A. Taeko. Brooks（白妙子）, The Original Analects: Sayings of Confucius and His Successors, New York: Columbia University Press, 2001.

國家圖書館出版品預行編目資料

喪家狗:孔子不矯情——論語裡的品德課／李零著;——初版. ——臺中市:好讀, 2011.9

面：　公分，——（名家私塾；4）

ISBN 978-986-178-206-5（平裝）

1. 論語 2. 研究考訂

121.227　　100015201

好讀出版

名家私塾 04

喪家狗（上）孔子不矯情——論語裡的品德課

作　　者／李　零
總 編 輯／鄧茵茵
文字編輯／簡伊婕
行銷企畫／陳昶文
校　　對／瞿正瀛（《論語》原典）
發 行 所／好讀出版有限公司
台中市 407 西屯區何厝里 19 鄰大有街 13 號
TEL:04-23157795　FAX:04-23144188
http://howdo.morningstar.com.tw
（如對本書編輯或內容有意見，請來電或上網告訴我們）
法律顧問／甘龍強律師
承製／知己圖書股份有限公司　TEL:04-23581803

總經銷／知己圖書股份有限公司
http://www.morningstar.com.tw
e-mail:service@morningstar.com.tw
郵政劃撥：15060393 知己圖書股份有限公司
台北公司：台北市 106 羅斯福路二段 95 號 4 樓之 3
TEL:02-23672044　FAX:02-23635741
台中公司：台中市 407 工業區 30 路 1 號
TEL:04-23595820　FAX:04-23597123

初版／西元 2011 年 9 月 15 日
定價／280 元
如有破損或裝訂錯誤，請寄回知己圖書台中公司更換

Published by How-Do Publishing Co., Ltd.
2011 Printed in Taiwan

ISBN 978-986-178-206-5

讀者回函

只要寄回本回函，就能不定時收到晨星出版集團最新電子報及相關優惠活動訊息，並有機會參加抽獎，獲得贈書。因此有電子信箱的讀者，千萬別吝於寫上你的信箱地址

書名：喪家狗（上）孔子不矯情——論語裡的品德課

姓名：______________ 性別：□男□女 生日：____年____月____日

教育程度：________________________

職業：□學生 □教師 □一般職員 □企業主管

□家庭主婦 □自由業 □醫護 □軍警 □其他______________________

電子郵件信箱（e-mail）：______________________ 電話：________________

聯絡地址：□□□ ____

你怎麼發現這本書的？

□書店 □網路書店（哪一個？）_________________ □朋友推薦 □學校選書

□報章雜誌報導 □其他____

買這本書的原因是：____

□內容題材深得我心 □價格便宜 □封面與內頁設計很優 □其他____________

你對這本書還有其他意見麼？請通通告訴我們：

____

你買過幾本好讀的書？（不包括現在這一本）

□沒買過 □ 1 ～ 5 本 □ 6 ～ 10 本 □ 11 ～ 20 本 □太多了

你希望能如何得到更多好讀的出版訊息？

□常寄電子報 □網站常常更新 □常在報章雜誌上看到好讀新書消息

□我有更棒的想法____

最後請推薦五個閱讀同好的姓名與 E-mail，讓他們也能收到好讀的近期書訊：

1. ____

2. ____

3. ____

4. ____

5. ____

我們確實接收到你對好讀的心意了，再次感謝你抽空填寫這份回函

請有空時上網或來信與我們交換意見，好讀出版有限公司編輯部同仁感謝你！

好讀的部落格：http://howdo.morningstar.com.tw/

請填妥後對折黏貼，直接投郵即可，無須貼郵票。

廣告回函
台灣中區郵政管理局
登記證第 3877 號
免貼郵票

好讀出版有限公司　編輯部收

407 台中市西屯區何厝里大有街 13 號
電話：04-23157795-6　傳眞：04-23144188

沿虛線對折

購買好讀出版書籍的方法：

一、先請你上晨星網路書店http://www.morningstar.com.tw檢索書目或直接在網上購買

二、以郵政劃撥購書：帳號15060393 戶名：知己圖書股份有限公司並在通信欄中註明你想買的書名與數量

三、大量訂購者可直接以客服專線洽詢，有專人爲您服務：
客服專線：04-23595819轉230 傳眞：04-23597123

四、客服信箱：service@morningstar.com.tw